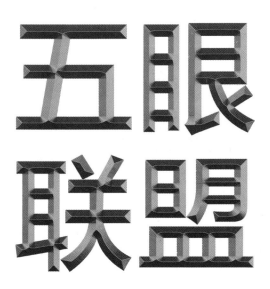

[英]安东尼·韦尔斯 _著   蒋宗强 _译

BETWEEN FIVE EYES

FIFTY YEARS INSIDE THE FIVE EYES INTELLIGENCE COMMUNITY

ANTHONY WELLS

中信出版集团 | 北京

图书在版编目（CIP）数据

五眼联盟 /（英）安东尼·韦尔斯著；蒋宗强译
. -- 北京：中信出版社，2022.3
书名原文：Between Five Eyes: Fifty Years
Inside the Five Eyes Intelligence Community
ISBN 978-7-5217-3121-7

I. ①五… II. ①安… ②蒋… III. ①情报－国际组
织 IV. ① D814.9

中国版本图书馆 CIP 数据核字（2021）第 080885 号

五眼联盟

著者： ［英］安东尼·韦尔斯
译者： 蒋宗强
出版发行：中信出版集团股份有限公司
（北京市朝阳区惠新东街甲 4 号富盛大厦 2 座 邮编 100029）
承印者： 天津丰富彩艺印刷有限公司

开本：787mm×1092mm 1/16　　印张：22　　字数：231 千字
版次：2022 年 3 月第 1 版　　印次：2022 年 3 月第 1 次印刷
京权图字：01-2020-6564　　书号：ISBN 978-7-5217-3121-7
定价：69.00 元

目 录

推荐序

20 世纪 70 年代，我在担任一线作战指挥军官期间，充分接触到大量详细描述苏联军备力量的文件以及英国皇家海军的多份作战指令，这些指令向我们透露了苏联海军的作战方式以及如何击败它，但我当时并未想这些信息是如何获取的。

1988 年，我从驱逐舰指挥官的岗位调至英国国防部国防情报组，担任"3 号人物"。这个岗位的前身是"海军情报局局长"。从那时起，我才开始了解"五眼联盟"情报机构及其对维护西方世界的关键作用。

我由此进入了一个隐秘的情报世界。一群为了国家利益履行职责的人共同组成了这个组织，一旦成为这个组织的成员，就意味着融入了一个特殊的"大家庭"。我自从加入以后，就始终参与其中。无论是在 1997—2000 年先后担任国防情报组负责人、内阁办公室联合情报委员会副主席，还是在 2000—2002 年担任海军舰队总司令，抑或在 2002—2006 年担任第一海务大臣，以及在 2007—2010 年担任安全部长时，我都未曾与之脱离。

直到近年，"五眼联盟"情报组织才引起广泛关注，媒体报道它有可能参与了在 5G（第五代移动通信技术）网络上禁用华为电信设备的决策。但是几乎没有人了解"五眼联盟"是什么，也不了解它的历史和外延。安东尼·韦尔斯曾经深入"五眼联盟"情报组织，对情报世界也有总体认知，能够恰当地解读与之相关的事情。我想不出有谁比他更适合解释其中的复杂关系以及"五眼联盟"形成以来的发展状况。

* * *

1945 年，历史上最具破坏性的战争结束了。

获胜者包括英语民族国家以及以苏联为首的社会主义阵营。苏联击溃了德国国防军的进攻，但它无法凭一己之力对抗德国，正是由于美国在后方持续补充物资，苏联的坦克部队才得以开进德国。

1941 年 12 月，美国决定参战之前，大英帝国及其领地已经对抗希特勒一年多了，美国参战使西方海洋强国能够调动全部力量去对抗德国和日本。也正是得益于绝对的海上优势，它们才能够击败德国和日本。到了 1945 年，美国成为唯一的真正赢家，也是当时世界上最富有、最强大的国家。

能够明确的一点是，情报是盟军的王牌之一，也是赢得战争的关键。英国官方历史曾估计，布莱切利庄园和美国情报机构将战争缩短了几年。

英国在密码破译方面的突出能力得到了美国的认可。因此，两国于 1943 年签署了一项与 1941 年《大西洋宪章》有关的非正式协议——《英美通信情报协议》（BRUSA）。1946 年 3 月 5 日，双方签署了正式协定。之后数年，加拿大、澳大利亚和新西兰也加入进去，从而形成了"五眼联盟"。人们经常谈论的"特殊关系"①，其现实基础就建立在这些协议之上。

"二战"结束以后，英语民族国家中的美国、大英帝国及其领地在建立世界新秩序过程中发挥了领导作用。战后秩序重建起来，尽管多次面临紧张局势和挑战，但一直维持至今。耐人寻味的是，由英联邦和美国等海洋国家组成的联盟，比苏联等大陆国家更快地适应了战后经济发展和秩序重建。

人们很快就看清楚了，当时的苏联并不想建立一个由自由国家组成的世界，它不想让其他国家追求各自的目标和经济发展。苏联在东欧建立了霸权，压制思想自由，对西欧构成了威胁。

1946 年 3 月，丘吉尔发表了著名的"铁幕演说"。1949 年，北大西洋公约组织（NATO）正式成立。

西方世界之所以能够避免与苏联开战并最终赢得冷战，"五眼联盟"情报组织是关键因素。它不断演变以应对变化中的世界，包括苏联解体和其他威胁力量——流氓国家、恐怖主义，甚

---

① "特殊关系"（Special Relationship）特指英美两国政治关系。——译者注

至毒品和犯罪——的出现。

　　自形成以来，"五眼联盟"一直服务于维护西方世界的秩序，这本书是对该组织较为详尽的介绍。

艾伦·韦斯特（Allan West）

英国皇家海军上将、斯皮特黑德男爵、

巴思大十字勋章（GCB）、杰出服役十字勋章（DSC）获得者、

英国枢密院顾问官

2020 年 5 月 23 日

前　言

本书讲述了 1968—2018 年我在英美情报机构长达 50 年的工作经历。英美两国情报界的关系特殊，我的身份也非同一般——我享有双重国籍。虽然英美两国同属"五眼联盟"主要成员，但严格从国别意义上讲，它们毕竟是不同国家，各自的情报机构依然维持最高安防等级。尽管如此，我依然能同时在两国情报界担任职务，并亲历其内部运作。在从事情报工作的过程中，我也曾服役于英国皇家海军，受命前往美国华盛顿特区以及美国太平洋舰队第 3 舰队"班布里奇"号（USS *Bainbridge*）核动力巡洋舰与美军共同执行任务。1977 年，美国海军作战部长詹姆斯·霍洛威三世上将（Admiral James Holloway the Third）对我进行了表彰。这次经历对我而言非常重要。

我于 1983 年移民美国之后，在"科罗纳多"号（USS *Coronado*）战列舰和"佛罗里达"号（USS *Florida*）战列舰做过文职工作，还曾在美国海军管辖的多个机构和部门短暂交流，并被派遣执行任务。此处略举两例：我在内华达州法伦海军航空站参加过面向海军校官的顶级飞行员训练课程（Top Gun course），也在位于夏威夷州珍珠港马卡拉帕的太平洋舰队总部以及太平洋舰队潜艇部队司令部待过。除了在海军部门执行任务以外，我在长达数十年的时间里，先后以多种身份任职于美国国防部多个部门，以及美国情报界的三大关键机构：中情局（CIA）、美国国家侦察局（NRO）和美国国家地理空间情报局（NGA）。此外，我还在美国国家安全局（NSA）、美国海军军事情报中心（NMIC）、美国海军情报系统分支机构和特殊项目小组、美国国防部长办公室（OSD）做过交流。尽管我是一名英国公民，但我的接密范围却很广，其中包括位于俄亥俄州代顿的莱特·帕特森空军基地，以及加拿大、澳大利亚和新西兰的所有关键情报机构。

在我看来，英美情报机构与更广泛的"五眼联盟"的主要纽带在于"特殊关系"。自"二战"结束以来，它们开展了数十年的人员交流（我是在20世纪70年代中期到美国交流的），每周7天、每天24小时进行情报交换与评估，定期举行正式或非正式会晤，共同拟定和执行情报搜集、情报研判等方面的战略和计划，并向各自国家的政治领导人提供真实、精准、及时的行动情报。我同时为首相们和总统们服务，这种特权给我了独一无二的观察视角。

本书以时间为序，从1968年开始讲起。当年，我首次被带入情报界。我的引路人哈里·欣斯利爵士（Sir Harry Hinsley）堪称"二战"时期英美情报界最优秀的成员之一,他曾在英国密码破译中心布莱切利庄园工作,后来成为英国情报界的一位元老级人物,也是英国"二战"情报史领域的官方专家。从 1968 年到 2018 年的半个世纪里,英美两国以及"五眼联盟"历经剧变、动荡、挑战、成功和失败,在诸多领域建立了非同一般的关系。我在书中追溯了相关机构的发展历程。

本书并不自诩无所不知,因为那样既荒谬,也浮夸。我写作本书也不是为了给外行人讲述情报业务。我希望借助本书实现这样一个理想:通过讲述长达半个世纪的历史,使读者能与之对话,进行自己的观察,得出自己的结论,从而形成现代情报观念。

作为一名受过全面训练且得到美国两大情报机构认可的安全部门的官员,我撰写本书没有违反美国、英国或"五眼联盟"其他成员国情报组织的任何安全法规或程序。本书是一本基于开源信息的出版物。首先,在原始资料方面,我使用的是自己收藏的大量非机密信息,包括文件、个人笔记、日记以及我的家庭图书馆藏书。其次,我还在参考文献中补充了一些引用的资料,英美两国政府报告中的多份非机密材料也在参考文献中标注了出来。

第一章
英美特殊关系的基础
（1968—1974 年）

为什么英美存在"特殊关系"？为什么会有"五眼联盟"？历史从一个层面来看是复杂的，从另一个层面来看却是简单的。最重要的一点在于，两国的关系经受了战争的考验，或者说源自两国在"二战"期间的生存需求。1941 年 8 月，温斯顿·丘吉尔与富兰克林·罗斯福在纽芬兰岛附近普拉森舍湾"威尔士亲王"号（HMS *Prince of Wales*）战列舰上举行的历史性会晤就证明了这一点。

"五眼联盟"包含为了一个共同目标而联合起来的五个国家。数十年来，情报机构的人员交流及整合对这个组织中的成员国来说至关重要。在伦敦、华盛顿、渥太华、堪培拉和惠灵顿，五国使馆都同彼此的情报机构及下属部门保持着重要联络。除了常规的使馆人员结构之外，五个国家还要保持情报人员的交换与流动，让不同机构的情报专家并肩工作。这种维护关系的运作方式是我们理解"五眼联盟"的关键。如今，"五眼联盟"已经成为一支强大的国际外交力量，无疑也是世界上最厉害的情报组织。对比之下，苏联和华约组织有些相形见绌，它们内部面临着不同文化带来的割裂，当苏联军队占领东欧国家之后，这些因素都无助于促进彼此之间建立类似五眼联盟那种足以延续至今的合作和忠诚。

丘吉尔与罗斯福的历史性会晤

1941 年 8 月，丘吉尔与罗斯福在"威尔士亲王"号战列舰上举行了会晤。当时距离日本偷袭珍珠港还有数月之久。此番会晤不仅商定击败希特勒的"大战略"，还决定发扬英国海军上将雷金纳德·"眨巴眼"·霍尔（Reginald "Blinker" Hall）及"40 号房间"（见附录）的重大传统——基于通信拦截，分享有关德国和日本的最敏感情报。随着战事的推进，加拿大、澳大利亚和新西兰也受邀加入这个高度机密和高安防等级的俱乐部，不仅交换情报，还交换重要人员和设备。这些做法一直延续至今，未来还将继续延续下去。回望过去，这两位政治家的会晤标志着英美特殊关系的建立，以及之后"五眼联盟"的诞生。

"二战"期间以及之后，情报界发生的几乎所有事情都被英国政府保密。直到 1974 年，关于"二战"和恩尼格玛密码机的有限信息，以及布莱切利庄园的存在，才为英国公众和世界所知。随后几年内，一些信息慢慢公布出来，完全改变了我们对"二战"的理解。由英国政府资助出版、哈里·欣斯利爵士撰写的英国"二战"情报史专著说明了一切。这一点不言自明。国家安全和国际关系领域的专业人士，以及那些研究政治军事进程的人并不总是知道或考虑过情报方面的问题。当然，这并非他们的错，因为无论是在"二战"期间，还是在"二战"结束至冷战愈演愈烈之际，发展壮大的"五眼联盟"所开展的情报工作一直都具有高度保密性。

在纽芬兰海域那次重要会晤之后将近 80 年里，科学技术发生了巨大变化，比如切断海底光缆、智能密码分析和计算机网络欺骗。回顾过去，单是数字革命就足以令人难以置信。"二战"期间，艾伦·图灵在布莱切利庄园革命性地应用基础计算机技术破解恩尼格玛密码机，获取"超级机密"（ULTRA）。美国海军上校约瑟夫·约翰·罗切福特（Joseph John Rochefort）及其同事在美国海军情报局利用技术手段破译日军密码，获取高级机密"魔术"（MAGIC）。他们都为"二战"的胜利做出了贡献。之后数十年，科技的车轮并没有停止前进，出现了云计算、网络、数字通信和信号处理技术。"五眼联盟"国家应该如何最大限度地利用这些新兴技术服务于情报联盟以及亲密盟友的战略和战术利益，并使之最符合它们的国家安全需要呢？"五眼联盟"国家是否需要以一种新的形式再现夏威夷情报站"HYPO"站长罗切福特上校的卓越成就呢？"二战"中，他与来自英国远东联合局（FECB）的密码学家密切合作，合作地点先是在新加坡，失守后辗转到了肯尼亚和科伦坡。中途岛海战似乎是一次海战和战略上的胜利，但仅仅如此吗？如今，新技术的运用使五国能够紧密抱团，当今世界的战略形势或许使它们觉得的确需要以不同的形式，为了不同的目标，再夺取一场"中途岛海战"般的胜利。

丘吉尔与罗斯福在"威尔士亲王"号战列舰上签署的《大西洋宪章》为两国联合监控苏联和华约的通信奠定了基础。这种联合行动最早体现在构建一个名为"梯队"（Echelon）的网络通信拦截与情报搜集系统。后来，随着电子通信技术以及"五眼联盟"国家对于共同威胁的感知发生变化，这个系统也与时俱进，得到大幅拓展。从一开始，数据的搜集、分析和分发就被列为"绝密"。共享情报的范围最初局限于信号情报，后来逐步囊括人力情报、卫星图像情报和各类地理空间情报。"五眼联盟"成员国各自组建了独立机构来管理各类情报的来源和搜集方法。继1941年8月发表《大西洋宪章》之后，英美之间的第一个重大协议就是1943年5月17日英国政府代码及加密学校（英国政府通信总部前身）和美国陆军部（后来美国国家安全局就是从该机构独立出去的）签订的《英美通信情报协议》（又名《布鲁沙协议》）。1946年3月5日，英国和美国秘密签订了《英美协定》，规定两国之间可以交换任何有关外国的情报，为之后英美之间开展各类信号情报合作奠定了基础。

后来，《英美协定》范围扩大，1948年加拿大加入，1956年澳大利亚和新西兰加入。1955年，英美签订了一份新修订的《英美协定》。"五眼联盟"开始通过拦截卫星传输、电话网络和其他更敏感的手段，大规模搜集所有频段和带宽的政府、私人和商业通信内容，包括电话、传真、电子邮件、可视数据以及其他通信数据。"五眼联盟"与通信公司建立了悠久的合作关系，后来的科技公司，比如谷歌、苹果和微软，也与"五眼联盟"开展了合作。自"二战"结束以来的数十年里，"五眼联盟"开展了很多重大的情报活动，其中一些延续至今。

特殊关系的最早起源

在无线电报成为一门科学和商业技术之前，西欧国家主要依靠人力情报或者截获邮件获取情报。1909 年，英国设立了对外情报机构"军情六处"（MI6，即英国秘密情报局），英国皇家海军指挥官曼斯菲尔德·卡明（Mansfield Cumming）成为首任掌门人。同年，英国还设立了负责国内反间谍和国内安全的"军情五处"（MI5，即英国国家安全局）。

英国人是通信情报领域的鼻祖。1887 年，英国政府设立了海军情报局（Naval Intelligence Department），作为海军部的情报部门，1912 年进行重大改组后，改称海军情报部（Naval Intelligence Division）。在"一战"爆发之前，该机构就意识到高频通信技术的发展预示着必须通过地面电话线或海底电缆进行跨国拦截。"一战"之后，英国建立了所谓的政府代码及加密学校。"二战"期间，为了免遭德军轰炸，该校便从伦敦迁至布莱切利庄园，成为"二战"时期的密码破译中心。这个校名一直沿用到1946 年。那年 6 月，该校变成了英国政府通信总部，办公地点迁至苏格兰切尔滕纳姆市郊区。这些组织都是一脉相承的，负责拦截通信与信号。它们源源不断的驱动力就是赶上甚至在理想情况下领先于各类前沿通信技术。

英美情报合作以及"五眼联盟"的历史与英国政府代码及加密学校、布莱切利庄园、后来的英国政府通信总部的发展有直接关系。美国情报能力最早主要是以海军情报工作为基础建立起来的，而"二战"期间，布莱切利庄园同美国海军情报局及其在夏威夷设立的情报站"HYPO"建立了至关重要的联系，这标志着英美特殊关系和"五眼联盟"的真正开端。此外，英国特别行动处与美国战略情报局（OSS，即"中情局"前身）交换人力情报和开展联合行动对"二战"局势产生了极其重要的影响，也标志着"五眼联盟"在人力情报和其他秘密行动相关方面进行合作的开端。

自 20 世纪 70 年代以来，一批卓越的战争研究专家对英国"二战"情报史开展了深入研究，其中最著名的是哈里·欣斯利爵士。他后来进入了学术界，在英国政府的全面支持下，能够接触到第一手的历史文件，也能阅览布莱切利庄园在"二战"期间的所有文件。如今，在他的研究成果的基础上回望历史，英国政府通信总部和美国海军情报局之间的合作情况不仅变得更加清晰，而且在很大程度上改变了我们对"二战"历史的解读。

"二战"结束后不久，1947 年美国《国家安全法》及其 1949 年修正案对国防和情报体系做出了重大战略调整，成立了国防部长和副国防部长办公室，海军部长在指挥系统上隶属于国防部长。根据《国家安全法》，美国还创建了空军，将其与陆军分开。首任国防部长詹姆斯·福雷斯特尔在该法案实施之前担任海军部长（他曾反对做出这些变革）。自 1947 年以来，国防部长办公室扩大了许多倍，任命了大量工作人员。

1986 年美国《戈德华特-尼科尔斯国防部改组法》巩固了 1947 年和 1949 年这两部法案所建立的法定框架，建立了联合作战体系。对于具有远大抱负的将官来说，联合作战其实已经成为一个必然选择。然而，海军部长办公室、海军作战部长办公室和海军陆战队司令办公室仍然完好无损，它们的工作人员依旧没有

变动。与海军部长不同，国防部长是国家安全委员会的成员。在
1949 年之前，海军部长一直是总统内阁的成员，改革之后，海
军部长成为国防部长继任人选排序中的第三位，凸显了海军部长
的历史地位。

　　1947 年美国《国家安全法》还设立了中情局和国家安全委员
会。中情局局长同时担任美国情报界的总负责人以及总统的首席
情报顾问，直到 2005 年 4 月 21 日，随着国家情报总监职位的设
立，中情局局长才失去这两个角色。国家情报总监还成为国家安
全委员会的成员。中情局局长继续管理中情局各方面的工作，并
通过中情局下属的国家秘密行动处指挥中情局在全球范围内的秘
密行动。当英美这种特殊关系进一步拓展并催生"五眼联盟"之
后，美国同其他三个国家（加拿大、澳大利亚和新西兰）的情报
合作逐渐纳入了新的情报工作架构。

　　1798 年，美国国会通过了组建海军的法案，在那之后，美
国海军一直是维护国家安全的关键实体。"二战"结束后，随着
1947 年美国《国家安全法》带来的重大变革，海军失去了曾经
享有的主导地位，然而，海军情报工作几乎没有发生改变。

　　英国同时也在发生变革。我们今天所知道的国防部于 1964
年合并，旨在加强英国三支武装部队——皇家海军、英国陆军和
皇家空军之间的合作与协调。在英国，皇家海军的地位一直比较
高。皇家海军陆战队是皇家海军的一部分，皇家海军陆战队司令
享有与美国海军陆战队司令同等的地位和威望。然而，皇家海军
陆战队的规模一直只是美国海军陆战队的一小部分，没有像美国

海军陆战队那样得到应有的国家认可。"一战"结束后，一些英国人意识到三个军种之间有必要进行更多的协作，便提出组建联合参谋部，但这一提议在1921年被首相大卫·劳合·乔治否决了。尽管如此，出于军种间协作的考虑，英国还是在1923年组建了参谋长委员会。

1936年，英国设立了一个内阁级的国防协调大臣职位，以便在纳粹侵略日益加剧的情况下负责监督英国军备重整。1940年温斯顿·丘吉尔成为首相后，设立了国防部长办公室，以便更好地协调国防事务，并直接控制参谋长委员会。一个值得注意的重要事实是，丘吉尔先后两次担任英国海军大臣职位，第一次是在1911—1915年，第二次是在1939—1940年。该职位是英国海军部委员会负责人，可以由非军人担任，性质上相当于美国的海军部长。1939年9月，英国对德国宣战，丘吉尔再度担任该职务的时期被称作"丘吉尔回归"。在"二战"期间，丘吉尔同时担任首相兼国防大臣。工党赢得1945年大选后，克莱门特·艾德礼担任首相，于1946年在下议院通过了《国防部法案》。在该法案通过之前，海军大臣是内阁成员。新的国防部则以拥有内阁席位的国防部长为首，三个军种的负责大臣继续保留下来，以督导各自军种的工作，但不再拥有内阁席位。1947—1964年，国防部的工作分属于五个相互独立的部门，分别是海军部、战争部、空军部、航空供应部和早期的国防部。这些部门在1964年合并组建了国防部，废除了历史上大权在握的海军大臣一职。因此，1964年的变革颇具历史意义。虽然发生了这么多次机构调整，但英国情报系统依然在"五眼联盟"的轨道上正常运转（现在运转机制更加完备）。

最后一件事发生在1971年，当时航空供应部的国防职能成为国防部的一部分，但这对"五眼联盟"的情报业务没有任何影响。首任国防部长彼得·桑尼克罗夫特任职时间很短（1964年4月—10月），当时是亚历克·道格拉斯-霍姆爵士（Sir Alec Douglas-Home）领导的保守党政府。后来，哈罗德·威尔逊领导的工党政府上台后，丹尼斯·希利（Denis Healey）出任国防部长（1964年10月—1970年6月），这是一个非常重要的时期。紧随其后的是彼得·卡林顿勋爵（1970年6月—1974年1月），当时是爱德华·希思领导的保守党政府。1964—1974年的十年间，英国国防政策在国防部长和非常庞大的官僚机构的领导下充分得到了巩固，但"五眼联盟"之间的关系没有发生变化。事实上，随着冷战的加剧，情报共享和人员交流反而有所增加。

* * *

如同许多英国男孩一样，我在成长的过程中充分了解了光辉的探险航行（詹姆斯·库克船长是我崇拜的英雄）、纳尔逊精神以及技术革命（从帆船时代到蒸汽动力时代，再到核能时代）。这些变革发生的原因、方式等细节深深地吸引了我。我的内心一直有着强大的动力，这不仅因为我是一名职业海军军官，还因为我对整个海洋历史颇感兴趣，并且热衷于探究英国皇家海军和美国海军如何在"二战"期间凝聚成为一股无比强大的力量。

格林尼治皇家海军学院的布莱恩·兰夫特（Bryan Ranft）教授是海军史与国际事务领域的专家。1968年，他说想带我去见一位愿意为我的学术研究提供帮助和指导的人。他很了解这个人，并告诉我这个人读过我在20世纪30年代撰写的关于德国公众舆论的研究报告，读完非常喜欢。在布莱恩·兰夫特看来，这个人是在情报理论和实践方面最博学的人之一，特别是在海军情报方面。

这次谈话改变了我的人生。

我要见的这个人是剑桥大学圣约翰学院的教授哈里·欣斯利爵士。兰夫特教授事先在剑桥大学安排了一次会面，并且向我的正式导师劳伦斯·马丁教授解释了这件事。自那次会面之后，我开始跟着欣斯利教授开展学术研究，同时，作为皇家海军中尉，我还在伦敦灌木公园里面一处名为"上舍"（Upper Lodge）的建筑物内履行我的职责。皇家海军全力支持和资助我的研究。起初，我并没有意识到一小群经验丰富的"二战"情报专家将成为我的导师，并给我的工作提供大力支持。

1969—1972年，我花了很多时间和欣斯利教授待在圣约翰学院。他的房间里堆满了各种论文、书籍、原始文件和学生写的文章。在那个房间里，我学到了很多关于"二战"的知识。有一天，他说想为我介绍一些鲜为人知的、非常特殊的资料，并让我前往英国国会广场附近一幢靠近英国外交部的大楼见他，除此之外，就没有多说什么了。到那之后，他带着我进入一个戒备森严的地下室，只有极少数人拥有访问权限。后来，我得知当时外交部几乎所有工作人员和英国情报人员都不知道这个地下资料库的存在，更不用说知道这些资料的内容了。

恩尼格玛密码机和超级机密

我在这个地下室里研究的是"二战"期间的恩尼格玛密码机和超级机密。这里简直堪称一座数据"金矿"。在接下来的几个月内，我请假离开了灌木公园，前往伦敦研究这些材料。有人事先对我明确讲了几个方面的注意事项，包括永远不得向任何人透露关于恩尼格玛密码机的详细内容以及这些数据对"二战"的影响，永远不能透露参与破解者的信息，也不能透露关于布莱切利庄园这个秘密地点的信息。密码破译人员在这里所做的工作改变了"二战"的结局。

欣斯利教授这一举动拓宽了我的研究视野和思路，让我接触到了恩尼格玛、超级机密以及美国交换过来的高级机密"魔术"，认识到了英美情报机构的合作、内部情况、英美特殊关系、《华盛顿协议》等诸多事情。根据英国《官方保密法》，为了接触这些信息，我必须宣誓保密。

考虑到情报来源、搜集方法、谍报技术以及政治原因（这一点可能是最重要的），一些材料至今仍然是保密的，这符合英国和美国的最佳国家利益。布莱切利庄园里面发生的一些事情，以及丘吉尔首相和罗斯福总统之间发生的某些事情无疑最好留给后人去研究。欣斯利教授想让我明白的是，如果我不了解布莱切利庄园，不了解那里发生的一切，不了解那里的资料，不了解它的影响，那么我所做的关于1880—1945年英国海军情报的研究就是不完整的。一方面，他想教育我；另一方面，他希望我深入研究布莱切利庄园那群战争赢家（他本人就是其中一位杰出的成员），并终有一日成为这方面的领军者。

1974年，哈罗德·威尔逊首相领导的政府资助出版了一本书，名为《超级机密》(*The Ultra Secret*)。该书作者是"二战"时期的皇家空军中校弗雷德里克·威廉·温特博瑟姆（1897—1990年）。他曾负责在战时向少数拥有权限者传递布莱切利庄园在破译密码方面的成果。事实上，他是通过一个"特别联络小组"来管理情报传递流程的，他本人无法接触到破译技术、情报分析和精细数据的详情。这本书首次让英国公众知道了布莱切利庄园的存在及其成果，但它有许多不准确之处，且存在一些错误的事实和解释，从而受到了严厉的批评。英国政府没有允许公布布莱切利庄园的详细成果，其中包括原始情报材料、情报分析过程、机密报告，以及对"二战"期间一些政策和行动计划的影响。

事实上，英国政府批准温特博瑟姆出版这本书之后，便打开了潘多拉的盒子，很多受过教育的英国公众对"二战"情报史产生了相当大的兴趣。此外，政府工作人员、学术界以及情报机构内部都掀起了热烈议论。美国情报界震惊不已。

在英国首相的直接许可下，欣斯利教授获得政府委托，开始撰写"二战"期间英国情报工作的官方历史，此后，大部分情报材料（但绝非全部）得到了正式公布和解密。在英国文书局的赞助下，这套多卷本的历史著作得以出版。[1]这套著作改变了对"二战"之前、期间和之后发生的事情的解释。欣斯利得出了大胆的结论：布莱切利庄园和美国情报部门将战争时间缩短了几年。这套著作还极大地影响了人们对于海军作战的理解。然而，更引人注目的是，这套著作披露了在丘吉尔与罗斯福达成各种协议之后，英国在整个战争期间同美国进行了密切合作，而且同加拿大、澳大利亚和新西兰建立了情报合作。这些协议是英美两国"特殊关系"的起点。"特殊关系"一词看似简单，但却凸显了两国关系极为重要的内在事实。

英美两国共享的重要情报涵盖各个层面和来源，特别是来自美国海军的"魔术"和来自英国布莱切利庄园的"超级机密"。要注意到这样一个至关重要的事实，即在这个时期的一连串合作和数据交换过程中，最重要的对接工作是由美国海军和英国皇家海军的情报组织完成的，后者还与加拿大、澳大利亚和新西兰的皇家海军建立了直接、密切的工作关系。布莱切利庄园的管理工作主要掌握在英国皇家海军手中，而美国海军是"魔术"机密的主要提供者。丘吉尔和罗斯福都有直接的个人控制权和影响力，可以决定哪些人如何以及何时使用这些特殊的情报。两位领导人自然都不希望这些特殊情报的来源被泄露出去。他们规定，为了确保情报安全和行动成功，可以不惜一切代价。

丘吉尔和罗斯福还规定，如果一份情报存在太高的泄密风险，那么即便可能给敌人造成严重损失，也不得利用该情报去开展作战行动。不能为了短期利益而牺牲长期利益。在他们去世后，支持这种政策倾向的文化、传统和安全架构至今仍存在于"五眼联盟"之内。关于"五眼联盟"成员国之间依然存续的特殊关系，没有哪位英国首相或美国总统会有意或无意地泄露（因偶然的疏忽而泄露）实质性的机密信息。在美国和英国的所有情报组织和政府机构中，没有一个像美国海军、英国皇家海军，以及加拿大、澳大利亚和新西兰这三个友邦的皇家海军那样如此紧密地联系在一起，并共享敏感的数据。自从"五眼联盟"建立以来，五国海军在所有情报事务上都保持着紧密联系。在情报的行动层面，整个合作局面基本上一直维持协作。

我在伦敦灌木公园那处名为"上舍"的建筑物内全身心地投入我的研究生涯之际，还在伦敦那个地下秘密资料库、公共档案室、海军历史图书馆、大英博物馆、国家海事博物馆开展攻读博士学位所需的学术研究，访谈了许多关键人物，并分析了大量私人收藏的日记和纪念物等资料。当我深入、详细地探究了1880年以来英国情报部门的起源和发展，并见识了一些最敏感的情报搜集和分析行动之后，我意识到自己了解的内容宛如沧海一粟，微不足道。自19世纪末以来，英国政治军事情报机构经历了一个从未中断的发展过程，而我只是这个过程中的"一点"，是成千上万人中的一个，他们组成了过去、现在和未来。1969年，我只有25岁，未来还要在前人的基础上开拓新的事业。我加入了一个拥有久远历史和遗产的群体，搜集到的知识和信息超过了前人。

我意识到前人做出了很多积淀，我研究的那些人很有天赋，他们令我充满动力和激情，我必须将自己的研究做出最佳水平，每一天都要比前一天做得更好。我当时只是皇家海军的一名中尉，周围都是平民和穿制服的军人，他们没有等级意识，也不存在霸道作风，他们是领导者，培养、帮助和鼓励了像我这样的人。在冷战时期，我只是一个年轻的情报工作人员。苏联、华约组织以及其他力量结成阵营，不那么认同英国、五眼联盟、北约以及其他盟国，作为英国情报组织中的一员理应尽职尽责，这是一次挑战，也是一个机会，更是一种责任。

20世纪60年代英国民众对情报工作的了解

20世纪60年代末，大多数英国民众对本国重要的情报组织知之甚少。他们充其量仅仅知道这些机构的名字，比如军情六处是一个情报机构，可能有詹姆斯·邦德之类的人物（他们或许相信电影里面的情节都是真的）；他们也通过各种逮捕和审判间谍的新闻，知道军情五处是反间谍组织，负责搜出叛徒，同时定位和追踪外国特工。20世纪50年代和60年代曝光了多起间谍丑闻，吸引了英国民众的注意力，其中最轰动的就是"剑桥五人帮"①，包括哈罗德·吉姆·菲尔比（Harold Kim Philby）、盖伊·伯吉斯（Guy Burgess）、唐纳德·马克林（Donald MacLean）、安东尼·布兰特（Anthony Blunt）以及约翰·克恩克罗斯（John Cairncross）。

---

① "剑桥五人帮"是指第二次世界大战期间苏联在英国安插的5名双重间谍，他们因为反对法西斯主义而同情共产主义，从而被克格勃招募，并向苏联提供情报。——编者注

他们背叛了自己的祖国，成为克格勃的间谍，向苏联提供了大量情报，导致多名英国特工死亡。其中三人在遭到英国当局逮捕前逃走，伯吉斯和马克林于1951年5月逃走，菲尔比于1963年逃走。

除了"剑桥五人帮"之外，其他很多间谍案也被曝光了，其中包括英国多塞特郡波特兰岛海军基地的间谍。英国在这个基地开展高度敏感的水下战争研究。一些间谍属于非法居民，在没有得到苏联驻英国大使馆外交保护的情况下开展秘密行动。其中包括哈里·霍顿、艾塞尔·吉、戈登·朗斯代尔，以及毛里斯和罗纳·科恩夫妇。这对夫妇以"皮特和海伦·克罗格"的掩护身份在英国开展间谍活动。军情五处和伦敦警察厅特科追查到了他们，将其悉数逮捕。

英国原子弹研发项目中也出现了多名间谍。第一位是克劳斯·福克斯，他出生于德国，是一位理论物理学家，作为英国代表团的成员参与"曼哈顿计划"。第二位是艾伦·纽恩·梅，是一位英国公民，也参与过"曼哈顿计划"，1946年在加拿大被苏联叛逃者出卖。第三位是梅利塔·纳伍德，她或许最成功，至少自1938年以来一直为苏联效力，但直到1999年才暴露出来。这位女士被普遍认为是苏联招募的最能干的女间谍。她的身份是被瓦西里·米特罗欣（1922—2004年）揭露的。瓦西里·米特罗欣曾经效力于负责搜集国外情报的克格勃第一总局，后来在1992年叛逃到英国。公众通过媒体、议会质询、辩论以及审判才熟悉了梅利塔·纳伍德的背叛轨迹，但军情五处和军情六处披露的细节却是完全模糊的，甚至连这些反间谍机构的位置都是保密的。那时，这种保密做法自然是有充分理由的。当然，我现在可以安全地透露军情六处的办公地点曾经位于泰晤士河南岸滑铁卢桥旁边的"世纪大厦"（Century House），后来转移到泰晤士河南岸上游一座更加雄伟壮观的大厦，这座大厦今天已经被公众熟知，并且还出现在几部电影里，包括《007：大破天幕杀机》。

"世纪大厦"曾经是一个被严守的秘密。同样，英国政府通信总部的存在、作用和任务也是高度机密，军情五处直到1989年才得到法律上的承认，而英国直到1994年《情报服务法案》才正式向世界宣布政府通信总部和军情六处的存在是事实。

伦敦灌木公园那处名为"上舍"的建筑物内发生的事情与军情六处或军情五处都无关，军情六处或军情五处必须严格遵循"按需知密"原则，即只有需要知密者才被允许知密，决不让其知道无须知道的事情，以防发生泄密事件。"上舍"每天24小时不停地运转，不停地搜集和分析各种信息，提供了冷战时期一些最敏感、最有价值的情报。帮助搜集这些关键信息的人也和这些分析人员并肩作战。信息搜集是一个更广泛的行动计划的一部分，该计划还包括敏感资产的转移。这些资产往往只有得到首相亲自批准之后才能转移到其他地方，风险等级很高，只有最佳、最受信任、经过严格审查的人才能参与这个谨慎保密的计划。

我跟着哈里·欣斯利教授一起做博士论文研究的同时，还以海军军人的身份加入了"上舍"里面一个最有趣的小组，即应用心理学小组。我早期对纳粹心态的洞见和研究，以及同欣斯利教授及其他"二战"老兵一起工作的经历，使我能够另辟蹊径，从非同寻常的心理学角度来分析冷战时期的对手。这个应用心理学小组的负责人是德高望重的爱德华·艾略特（Edward Elliott）。他毕业于伦敦大学学院，不是职业军人，是我的上司。我的同事是一位非常出色的绅士艾翁·威廉姆斯（Eon Williams）博士。他是威尔士人，"二战"时期做过皇家空军飞行员，与爱德华一样毕业于伦敦大学学院。他和我紧密合作，而且从各方面来看，我只能算是一个资历颇浅的搭档。然而，艾翁年长且经验丰富，从不专横，总是乐于分享所思所想，颇有团队精神，堪称一个完美搭档。那是一个神奇的年代，激发出无穷的智慧，对我们的情报工作成就和情报产品质量要求很高，一切都只求最好，宁缺毋滥。我们需要更多的外界帮助，所以我们四处游历，既要广泛结交，又要搜集数据。

20 世纪 60 年代末 70 年代初，英国乃至世界上最杰出的心理学家之一是汉斯·艾森克教授。他于 1916 年出生于柏林，后入籍英国，卒于 1997 年，曾是英国心理学教授西里尔·伯特爵士（1883—1971 年）指导的一位博士研究生。汉斯·艾森克专门研究智力和个性，他当时供职于我的母校伦敦国王学院下属的精神病学研究所，这个研究所也是伦敦国王学院医学院的一部分。艾翁和我多次拜访他。他非常乐于助人，为我们提供了深刻的见解和令人振奋的线索，帮助我们塑造了工作方法和产品结构。为了寻求外部帮助，我们去全球各地出差。有一次我前往哥本哈根联络一位著名的专家，正是在这次出差过程中，我首次亲身经历了与苏联情报机构克格勃特工的接触。他们的一个监视小组找到了我，显然，哥本哈根似乎有一组特工每天24小时对我进行盯梢。在大多数情况下，我都能成功地甩掉对方，或者将其诱入死胡同，但当时我只是简单地意识到自己就是一个目标。大约六个月后，我接受了系统的反间谍训练，这对我大有裨益，让我了解到冷战进行得何其如火如荼，以及苏联在世界范围内的渗透何其深入与隐蔽。

1972年初，我离开了伦敦灌木公园里面那处名为"上舍"的秘密飞地。我原以为自己会被任命军舰上的某个职务，但当任命我的人（负责管理我的职业生涯和任命的高级官员）打来电话宣告我的命运时，我感到惊喜，因为我竟然被任命为格林尼治皇家海军学院的高级讲师和导师。要知道，在1972年春天，我只是一名海军上尉，竟被授予这么高的职位，的确是破格提拔。后来，我了解到这次任命要归功于布莱恩·兰夫特教授和格林尼治皇家海军学院的院长、大英帝国司令勋章获得者、海军少将爱德华·埃利斯爵士（1918年9月6日—2002年1月13日），正是他们专门要求任命我代替一位即将退役的海军军官（这位军官在格林尼治皇家海军学院的毕业生眼中是一位传奇人物）。

当任命我的人向我解释了这个职位的性质以及我将教授的课程时，我意识到接替一位比我年长25岁的军官似乎极具挑战。我在格林尼治花了一天时间同布莱恩·兰夫特教授会面。我教的课程有好几门，其中我最喜欢的课程包括"格林尼治上尉课

程""特殊职责人员课程""皇家海军参谋人员课程",偶尔也会
以客座讲师的身份前往海军战争学院(Naval War College)教授
情报类课程(情报类课程是格林尼治的高级课程,专为皇家海军
上尉以及陆军、皇家空军同等级别的军官开设)。

我很喜欢这里的教学工作,包括讲课以及提供小组辅导(这
种小组通常不超过 6 名军官)。我专攻那些自己拥有专长的领域,
涵盖了情报历史、情报在战略及政策制定中的作用,以及对海军
作战行动的影响。我在情报方面做了大量的研究,很快就意识到
我掌握的相关知识格外丰富,可以传授给那些对情报一无所知或
知之甚少的人。我掌握的情报知识超出了格林尼治的军人和平民
学术人员的认知范围,这使我建立了自信,并敢于在高级指挥官
和舰长面前坚持自己的观点。这些都是基于我之前掌握的知识,
以及我通过做研究和为情报机构提供建议而获得的经验。我定期
前往伦敦市中心,拜访国防部和情报机构。我想拓展研究范围,
增加我的知识储备,以帮助我的学生,并完全跟上最新的情报动
态。我以前在伦敦国王学院做研究期间建立的人脉帮了我大忙。

我的学生都是各个领域出类拔萃的人才,许多人有着杰出的
职业履历,大多数人在马尔维纳斯群岛海战以及之后的海湾战争
中担任高级职务。我很荣幸能在英国查尔斯王子曾经就读的学
院[2]同皇家海军的精英们一起分享对未来的看法和思考。

历史渊源为冷战时期的英美情报合作奠定了基础

英美两国在"二战"期间开展合作的历史渊源为冷战期间及

之后的五国情报合作奠定了基础。随着其他国家的军事能力不断发展，"五眼联盟"成员国必须掌握确凿的科技情报，这是不言自明的。因此，每个成员国都必须在情报能力、工作架构、力量部署、海外基地、后勤支持等方面不断改进，以维护关键的国家安全利益。"二战"期间，每个国家的情报组织都精简高效。在苏联与华约组织出现后，美国的情报组织开始扩张。

"二战"期间，英国的王冠可以说是由布莱切利庄园那些密码破译天才保管的。在美国，与这些英国天才相对应的群体是美国海军情报局的情报人员。英美两国这两个群体在战争期间发挥了极其重要的作用，有大量的资料记录了相关事实。信号情报和破译敌方通信密码对盟军的胜利至关重要。加拿大、澳大利亚和新西兰加入英美情报俱乐部的时间稍晚一些，但也扮演了举足轻重的角色。战争期间，美国战略情报局、英国军情六处和英国特别行动处负责开展人力情报工作，以多种方式开展高度敏感的秘密行动去挫败敌方，并在此过程中经常与欧洲、亚洲的各种抵抗组织和团体进行合作。欣斯利爵士、琼斯博士和马斯特曼等战时情报机构的领导人对1945年之后英美情报机构的重组产生了重要影响。比如，他们对英美情报机构招募的新人开展培训工作，影响了其他三国情报组织的工作方式与科学研究。基于此，1962年发生古巴导弹危机时，这五个国家才拥有非常得力的情报负责人，既有新生代力量，又有在战争期间积累了经验的老一代情报人员。老一代负责培训和指导新生代。

20世纪60年代招募的人员现在基本上都退休了，只有少数人例外。我是 20 世纪 60 年代受欣斯利爵士和海军中将诺曼·丹宁（Norman Denning）等中坚分子教导的幸存者之一。欣斯利当时在布莱切利庄园为主要的海军行动研究密码破解器，而丹宁则在皇家海军著名的"39 号房间"工作，那里是作战情报中心。美国、加拿大、澳大利亚和新西兰的情报组织中都有无数人跟我一样，属于同一代情报新人，他们也受到"二战"情报老兵的训练和教导。

英美两国情报界先后成立了一些新机构，比如美国于 1961 年 10 月 1 日成立了国防情报局，英国于 1964 年 4 月 1 日成立了隶属于国防部的国防情报组。两国现有的情报部门和机构是相互独立的，因为它们履行着不同的情报职能，包括信号情报、人力情报、反间谍以及后来新增的空间情报。与这些职能对应的情报组织包括美国国家安全局、英国政府通信总部、美国中情局、英国军情六处、美国联邦调查局的反间谍部门和英国军情五处（负责英国国内反间谍工作）。最重要的是，"五眼联盟"其他三个成员国通过广泛的人员交流项目、使馆联络以及全天候的情报数据交换实现了高度整合。后来，美国于 1960 年建立了一个独特的情报组织——美国国家侦察局，隶属于国防部，负责为美国政府设计、组装和发射侦察卫星，并分析中情局以及军事机构的航天飞机、卫星搜集到的情报，但其被保密了很多年，直到 1992 年美国政府才正式承认这个情报组织的存在。

"五眼联盟"成员国的海军情报组织均由一名海军情报主任领导。五国海军存在明显的相似之处，而且彼此之间的合作从未中断过。英国政府通信总部和美国国家安全局同加拿大、澳大利亚和新西兰的对等机构建立了格外紧密的关系。在工作层面以及个人层面，人们都建立了良好的合作关系和持久的友谊，这是成功合作的保证。这种合作和友谊在很大程度上归功于前人在"二战"时期奠定的基础。

* * *

就海军情报组织而言，美国和其他四国之间的主要区别在于美国海军更加注重情报官员的专业性，会招募和培训专业的情报官员，其他四国海军则不会这么做，而是从皇家海军所说的总名单中挑选情报官员（这个总名单里面的海军军官相当于美国海军那些岗位不受限制的全职指挥官）。英联邦国家的海军认为，它们的海军情报官员在被招募到情报部门之前应该有广泛的海军工作背景，并且应该在适当的时候回归非情报类的岗位。相比之下，美国海军在"二战"期间及战后专门为情报人员和密码破译人员规划了具体的人事结构和职业发展路径。

英联邦国家海军和美国海军在人事管理上也存在这种区别：英联邦国家的海军遴选情报官员的基础非常广泛，包括非情报类的学术界人士也会被招募到情报工作岗位，而且任期是不固定的。相反，美国海军则培训专业的情报官员，任期是固定的，甚至是终身制。美国海军认为，在英国海军情报体系下，情报官员任职时间相对较短，而在美国海军情报体系下，情报人员受过更加深入的训练，经验也更为丰富，从而能够发挥更大的作用。相比之下，英联邦国家的皇家海军则认为在美国海军情报体系下，情报人员架构过于制度化，可能会导致情报人员在某些关键问题上形成根深蒂固的观点，而且美国海军情报人员脱离了一线岗位，无法准确判断某些情报对于海军行动的价值，从而导致情报成了个别人的私藏，无法及时通报。所以，英联邦国家的皇家海军倾向于让其情报官员到海上去获得扎实的一线工作经验。相比之下，美国则通过在关键位置（比如舰队旗舰和主要作战单位）建立广泛的海上情报基地，让情报人员到基地去，以确保他们获得海上工作经验。然而，无论这两国海军情报体系的优点和缺点是什么，"五眼联盟"成员国的海军一直都能超越分歧，开展合作。此外，美国国家安全局、英国政府通信总部，以及加拿大、澳大利亚和新西兰的类似情报机构也会围绕某些特殊的海军行动开展合作，从而加强各国海军之间的关系。

美国和英国逐渐建立了集权式的国防情报机构，比如美国国防情报局（DIA）和英国国防情报组（DIS），导致两国海军情报组织都面临类似的挑战。美国海军情报局及其局长的职位在机构整合后保存了下来，仍然是一个独立的实体，对海军部长和海军作战部长负责。但英国皇家海军情报局及其工作人员则没这么幸运了，均被纳入国防部下属的国防情报组，该组织的组织架构和指挥链要受制于负责情报事务的副国防参谋长，副国防参谋长对国防参谋长负责，这是英国海军情报部门空前重大的变化。令许多英国人不满的是，海军情报总监这一职位竟然只是由级别较低的一星海军准将担任。

"二战"期间，负责海军情报事务的约翰·戈弗雷是一名三星海军中将，有权直接联系首相温斯顿·丘吉尔。但随着情报机构的集权式变革和国防机构的整体改革，皇家海军的情报部门变成了一个高度官僚化的国防机构的一部分，很多关键岗位都被文职公务员占据了。这样做的一个好处在于的确有助于保持文职人员的连续性，不受军人调动的影响。加拿大、澳大利亚和新西兰倾向于遵循英国的模式，具有明显的军民联合及协同的特征。

美国国家侦察局（NRO）及太空情报

美国国家侦察局负责太空情报系统，其他部门和机构也会参与国家侦察局的项目，包括军事部门和中情局。从 1961 年 9 月 6 日到 1992 年 9 月 18 日，国家侦察局是美国唯一秘而不宣的情报机构，其身份、角色和位置都是高度机密的。该局同"五眼联盟"成员国分享信息，其他成员国的人员在获得美国卫星数据之前都要经过严格审查。该机构的空间情报涵盖多类，包括信号情报、电子情报、图像情报、测量与特征情报，以及其他地理空间数据，其中大部分由美国国家地理空间情报局负责处理、分析和发布。国家侦察局和国家地理空间情报局提供的数据质量之高，令人惊讶。国家侦察局的一些设施位于"五眼联盟"成员国，这是美国和其他四国建立空间情报共享制度的一个重要前提。在空间情报合作过程中，人员交流发挥着重要作用。

地理位置一直是"五眼联盟"合作的一个重要因素，每个成员国都有独特的地理优势，为空间情报的搜集补充了手段，提供了便利。无论是在殖民时期，还是在后殖民时期，英国都在地理位置方面发挥重要作用，至今仍然如此，因为英国管辖的领地遍布世界各地，有很多适合作为搜集信号的地点。这些海外基地不仅为空间情报搜集设施提供了便利位置，还可以用于驻扎和操作侦察飞机，包括今天的无人机和其他无人驾驶飞行器。比如，英国在印度洋上的领地——迪戈加西亚岛就为各种情报行动以及后勤提供了支撑。英国去殖民化的遗产给整个"五眼联盟"带来了便捷的地理位置。

作为一个统一体，"五眼联盟"意识到它可以根据各成员国的地理位置来监听和观察威胁因素。这不仅涉及直接拦截，还涉及更复杂的任务，即跟踪、监听那些监听其他国家的人，其中的复杂程度远远超出1917年时任海军上校雷金纳德·霍尔接手"40号房间"时的理解。比如，如果苏联成功地渗透到其他国家的通信系统中，那么仅仅监听苏联这一个国家的通信系统就能获得多重好处，这一点在中东和亚洲西南部尤为重要。

在针对苏联和华约组织的情报战中，"五眼联盟"总体上取得了胜利，但也有一些例外情况，主要是在传统间谍活动方面发生了一些情报工作人员被苏联策反的案例，比如美国中情局工作人员奥尔德里奇·埃姆斯（Aldrich Ames）被苏联策反，为苏联提供了大量机密信息。后来，随着全球电子邮件和社交媒体被渗透，"防范网络攻击"如同"网络攻击"一样，也成为信号情报领域的一个专业术语。在一些大战略领域以及以"相互确保毁灭"为基础的核威慑关键领域，"五眼联盟"发挥了更加重要的作用，该联盟始终保持着高度警惕，监视苏联核计划及军力部署，并监视与苏联核武器相关的通信和发射系统。华盛顿和莫斯科之间的热线就是由一流的信号情报技术支撑的，相关的指标和预警已经发展到了情报艺术与情报科学的层面。

第二章
来自苏联的挑战
（1974—1978年）

约翰·弗罗斯特、"叮咬行动"和"市场花园行动"

在审视各国对情报机构的投入时，要问一个简单而重要的问题：情报对于维护国家安全、国家经济利益、国家政治利益以及国际秩序的真正价值是什么？从长远来看，情报究竟能带来哪些改变？

1978年，我幸运地客串了一次"仪仗兵"，加入英国皇家海军军械工程学院的仪仗队，参加了南安普敦举行的一场纪念"叮咬行动"的特殊仪式。1942年2月27日—28日，当时新成立的联合作战司令部（时任指挥官为海军准将路易斯·蒙巴顿），决定派遣特种部队发起这次行动，突袭纳粹德国在法国北部布鲁内瓦海岸建立的维尔茨堡雷达，并夺取雷达站的一些关键部件。当时，由丘吉尔首相的"特别项目负责人"、传奇人物琼斯博士领导的英国技术情报界认为维尔茨堡雷达的侦察能力对作战行动至关重要，认为纳粹德国正是利用这种雷达去侦测和跟踪袭击德国的英国皇家空军轰炸机，并且利用这种雷达去帮助德国空军袭击英国。1942年，在美国第8航空队抵达英国并开始使用B-17轰炸机对德国进行日间突袭之前，英国皇家空军曾经对德国开展多次夜间突袭，但遭受了惨重损失。因此，英国技术情报界认为破解德国对英国皇家空军轰炸机的侦察能力是当务之急。

联合作战司令部决定，获取关键雷达部件并将其带回英国的最佳方式是在夜间把皇家空军作战部队空投到布鲁内瓦海岸地区，对雷达站发起突袭，然后在皇家海军的掩护下从海滩撤退。这是一次大胆的袭击，英军大获全胜，不仅带回了关键的雷达部件，还俘虏了一名关键的德国雷达技术员。之后，英国雷达专家终于能够针对这款雷达以及德国其他类似雷达设计出应对之策。

这场代号为"叮咬"的突袭行动由约翰·弗罗斯特少校领导的伞兵团第二营 C 连负责执行，这支空降部队隶属于英国第一空降师。弗罗斯特少校在布鲁内瓦海岸的行动大获全胜后再接再厉，执行了更勇敢的突袭行动。1944 年秋，已经晋升中校的约翰·弗罗斯特领导的伞兵团第二营被派遣到荷兰这个低地国家，计划在著名的阿纳姆大桥发起袭击。这次袭击是"市场花园行动"的关键组成部分，被认为是盟军夺取莱茵河流域关键桥梁、从北部攻入德国的一次大胆尝试。伯纳德·蒙哥马利将军希望在苏联红军占领民主德国和柏林的关键地区之前，派遣军队通过尽可能快的路线抵达柏林。这一作战策略非常大胆，富有想象力，但存在致命缺陷。1944 年 9 月 17 日，弗罗斯特的伞兵营死守阿纳姆大桥，等待着英国第 30 兵团的援军。然而，面对愤怒的德国党卫军装甲军团，弗罗斯特的 745 名士兵装备非常轻，没有任何装甲支援。经过四天的惨烈战斗，弗罗斯特的伞兵只剩下了 100 人，堪称非同寻常的战功和英勇的壮举。1978 年，"阿纳姆大桥"被改名为"约翰·弗罗斯特大桥"。这段往事被拍成电影，名为《遥远的桥》，英国演员安东尼·霍普金斯饰演弗罗斯特。

1978 年，蒙巴顿勋爵和当时已经晋升少将的弗罗斯特视察了当年执行"市场花园行动"的部队，热情地赞扬了时任皇家海军临时委任特殊任务中尉德里克·罗兰等人的出色表现。在阅兵式结束后的招待会上，我有幸见到了一些贵宾，包括弗罗斯特将军。一番寒暄之后，弗罗斯特将军和我围绕着现代皇家海军进行了一番讨论，然后开始详细讨论"叮咬行动"在情报方面的成功，以及"市场花园行动"在情报方面的彻底失败。弗罗斯特将军当时是怎么想的呢？

弗罗斯特将军详细阐述道，为了在法国布鲁内瓦海岸发起突袭行动，他们事先接到了所有来源的情报，包括信号情报、恩尼格玛密码机的破译数据、航拍照片、军情六处派驻法国的特工发回的情报，以及法国抵抗组织的报告。突袭时间和天气状况决定着一切，因此气象学家的角色最为重要，因为空降部队要进入布鲁内瓦海岸地区，皇家海军要协助空降部队从海滩撤退，风、潮汐、海浪、月亮和海滩等因素至关重要。此外，英国皇家海军需要关于德国海军部队行踪的精确数据，弗罗斯特及其团队需要的不仅是大致评估，而且需要关于对手的精确信息，比如驻军构成、部署点位，甚至更详细的信息——敌方武器类型、训练情况、战斗经验以及备战状态等。对突袭而言，出奇制胜和确保安全是至关重要的。情报工作从未让他们失望，在 1942 年那段黑暗的日子里，"叮咬行动"取得了巨大成功，极大地鼓舞了英国民众的士气。

弗罗斯特将军强调了一个至关重要的因素，即安全稳定的即时通信，只有这样，才能在任何天气和地点维持沟通。就无线通信而言，信道和无线电设备的数量非常重要。当一台无线电设备出现故障、损坏、操作人员伤亡或被俘时，若无足够的替补设备，那么无线通信的作用便无法发挥出来。此外，还需要准备多套通信系统，使通信具备良好的抗毁性。

弗罗斯特将军向我描述了我们今天所说的"态势感知"，即实时或近乎实时地了解敌人总体态势的能力。1942 年，英国情报部门为弗罗斯特及其部下提供了当时最佳的态势感知能力和通信条件。一些简单的技巧就能发挥很好的效果：只需一个代码就可以概括整个情况，多个代码可以概括多个意外且紧急事件，因此情报字数被保持在最低限度，也能有效防止遭到拦截和解密。

与"叮咬行动"相比，用弗罗斯特将军的话来说，"市场花园行动"是一场不折不扣的灾难，其主要原因（并非全部原因）在于极其糟糕的情报工作，高层指挥没有重视关于地面实况的情报。他强调说，一些决策者过度专注于战略计划，以至于出现了轻视情报的错误心态，认为战略计划制订好之后，战术层面的细节和执行是水到渠成的事，就像白天过后自然是黑夜一样。他强调了一些失败的细节，其中最关键的失败在于对德军位置、行动和力量的评估，特别是德军重型装甲部队和坦克的情况。事实证明，在阿纳姆大桥上，伞兵团第二营将要面临的恰恰就是这些坦克。一条关于德军装甲师的位置、行动和实力的关键情报线索遭到了严重忽视。弗罗斯特指出，在最初的作战方案开始失灵后，高层指挥官在检查和创建备选方案时显得思虑不周。最后，弗罗斯特及其勇士们没有等来援军，也无路可退。

即便在行军途中，英军也没有感到轻松，因为他们原本应该快速推进到关键桥梁，但很快发现自己面临着无数威胁因素，包括陡峭的地形。这些问题竟然没有事先经过充分考虑，当然也没有事先采取应对举措。由于无线电故障，通信失去了作用。

弗罗斯特将军强调说，在法国布鲁内瓦发动"叮咬行动"之后的两年多里，关于联合作战的知识和模式并没有固定下来成为信条，当然也没有进入"市场花园行动"规划者的思维里面，其中最严重的一个失误是他们忽视了至关重要的情报。

从这次谈话中，我们汲取了一个简单而重要的教训。随着时间的推移，技术趋向于催生更好的解决方案，作战经验可以被纳入作战部队的条令、战术、技术和流程中，而如果不愿在组织和文化层面做出改变，并落实之前汲取的教训，那么同样的错误可能会在新的、不同的作战环境下反复发生。情报的意义就是在通信条件允许的情况下，为作战部队提供最及时的信息流，帮助作战部队获取最佳的总体态势感知，以便减少作战过程中的潜在障碍。"五眼联盟"成员国之间存在广泛、正式的交流协议，会在外勤行动方面密切合作，分享经验、知识和技术，其中既涉及军事行动，也涉及情报搜集行动。"五眼联盟"形成了一种强大的、根深蒂固的文化纽带。从1942年开始形成的"对照检查表"一直沿用到今天。"市场花园行动"的悲剧告诫我们，如果没有严格地遵循这个"对照检查表"，将会导致什么问题。

荷兰阿纳姆的约翰·弗罗斯特大桥（图片来源：维基共享）

"对照检查表"上面列出了各级战略战术情报规划与执行的原因以及需要了解的事项，包括潜在威胁因素以及部队级别、构成、部署、基地和后勤，同时还包括一些战术动态、技术研发、技术获取，以及其他能够塑造选择、选项和决策的情报。"五眼联盟"经过仔细提炼和分析，将它们最终汇集起来，构成了集体共享的情报。如果用一个词简单形容这些情报，那就是"惊人"。

新阶段的英美"特殊关系"

我意识到了英美两国海军关系的重大意义，也意识到了两国海军以及"五眼联盟"全部成员国之间的情报合作关系的重要价值。我开始评估自己是否能够适应不断变化的海军情报工作，以及这可能给我的职业造成什么影响。我认为如果我被派遣在英美两国之间做情报工作，那么我就可以尽己所能，因为两国海军的力量非常强大，这种工作具有重要的意义和建设性，我的经验和技能可以得到最佳利用。1974 年，我对此还不确定。格林尼治皇家海军学院的布莱恩·兰夫特教授和剑桥大学的哈里·欣斯利教授对我产生了很大的影响，使我获得了知识和洞察力，并鼓励我立足当前的情况，从更长远的角度思考如何才能最好地为国家安全做出贡献。

1974 年初，我在格林尼治工作的岁月结束了，之后离开伦敦，开始接受英国皇家海军所谓的"漫长课程"（Long Courses），这主要是有助于提升海军职业生涯的专业类课程。我先后去过海军作战学院（School of Maritime Operations）、"德里亚德"号军舰、通信学院（Communications School）、"水星"号军舰、炮兵和阅兵训练类学校、"优异"号军舰以及核、生物和损害控制学校（Nuclear, Biological, and Damage Control School）。此外，我参加了多种多样的管理类课程。我还在北海度过了很长一段时间，因为我要在"伊斯特本"号军舰上面学习高级航行课程，并参加这方面的资格考试，当时这艘军舰就停驻在苏格兰福斯湾北岸的罗塞斯海军基地。至少从表面上看，我把情报工作都抛在了身后，因为我在"漫长课程"结束之后获得的任命，没有任何一次是与情报相关的。在接下来的几年内，我依然会在海上度过，最初驻扎在英格兰西南部德文郡的普利茅斯海军基地，之后驻扎在汉普郡的朴茨茅斯海军基地。我乘坐"无恐"号军舰和"无畏"号军舰在地中海、北海、挪威海、北冰洋和波罗的海航行数万海里，数次穿越大西洋前往西印度群岛、拉丁美洲和美国，还曾被短时派遣到摩洛哥、马德拉群岛、亚速尔群岛和苏格兰群岛等地。

冷战时期，我所在的舰艇参与了北约在大西洋东部、北海、挪威海、波罗的海和地中海的所有主要演习，还前往美国东部海岸和波多黎各罗斯福路的海军基地同美国海军开展联合训练行动。我们的行动几乎都与应对威慑有关，通过联合军事演习、持久的前沿军力部署以及不断展示盟国海军力量，向苏联及其华约组织成员国发出信号，表明即便它们发动海上战争，结果也将适得其反。我们经常被各式苏联战舰以及通用辅助情报船（AGIs）尾随。AGI 是一组首字母缩写，全称为 "Auxiliary General Intelligence"，指的是苏联海军在冷战时期广泛使用的拖网侦察渔船，它们外表破旧，看似非战斗舰艇，但实际内藏玄机，船顶竖着天线，是苏联海军的情报搜集船。我们定期收到非常有价值的情报更新，不断了解自己的传输模式和通信遭到拦截的可能性。我们的通信专家利用己方技能最大限度地减少拦截，甚至是行政信息方面的拦截，至于高级通信则完全加密。我们多次参加北约演习，比如在挪威海举行的代号为"北方婚礼"（Northern Wedding）的演习，用于威慑苏联的红旗北方舰队（Red Banner Northern Fleet），直到1991年这种演习才结束。我们一直监视苏联海军在北莫尔斯克港、摩尔曼斯克州、阿尔汉格尔斯克州和科拉湾的主要基地，并接收关于其行动的情报。

我们利用舰载机开展了多次空中作战和大型突击演习，并举行反水面战和反潜战演习。同样，我们在地中海东部多个地点也对模拟的苏联目标实施了空中和两栖作战，其中一个地点就是土耳其色雷斯的萨罗斯湾。这个地点位于土耳其西北部，在加利波利半岛北部，是爱琴海北部的一个出入口。这类模拟作战的战略目标是威慑苏联，防止其制造危机，入侵该地区。这些演习的参与者包括英美两国海军陆战队的两栖作战部队。如今回头来看，我们进行的两栖登陆演习堪称对1982年马尔维纳斯群岛海战非常好的预演。在演习过程中，船旗国的高级领导层不断向我们提供关于战略、战术和作战的最新情报，这些情报为我们的演习提供了重要支撑。我们连续几个星期都要处于模拟战争状态，待在各自的战斗岗位上，如同"二战"中的人那样忍受着同样乏味、艰辛的日子。我们与北约盟友亲密友善，所以海上的漫长演习对我们来说易于忍受。在这些演习中，我们每周7天、每天24小时不间断地收到最新情报，我亲眼见证了情报具有的令人难以置信的价值。我之前的两份与情报相关的工作使我获得了丰富的经验和知识，了解情报是如何获取、分析和传递到前线的。

我还在海上漂着的时候，被告知正在接受英国安全部门和海军安全机构的政审。这种审查被简略称为"P-V-ed"（positively vetted），是对从事保密工作的军政人员进行的访问式背景审查。我很想知道这是怎么回事，尤其是因为很多朋友、邻居和专家都告诉我他们接受了安全部门的访谈。当我再次回到汉普郡朴茨茅斯军港时，才清楚地知道自己被政审的原因。我在伦敦拜访了任命我的那个人，对方告诉我，我接下来将前往美国首都华盛顿特区从事新的工作。出于行政方面的考虑，工作地点位于英国驻美大使馆，负责与美国情报机构和美国海军合作，并为其提供服务。

1976年，冷战达到了高潮。美国在中欧地区建立了庞大的军事存在，再加上"相互确保毁灭"原则的影响，对苏联及其华约组织成员国构成了威慑，防止它们对西欧发起重大行动。由此来看，中欧是相对稳定的，但在海洋上却完全是另一番情景。苏联发现可以把海洋作为达到目标的一个手段，而这个目标就是扩大军事存在和影响力，实现政治、军事和商业利益。苏联的影响力可以通过海洋扩展到世界各地，而不受陆地边界的制约。此外，苏联还计划在局部海域挑战和制衡美国以及北约在全球的影响力。苏联海军上将谢尔盖·戈尔什科夫（1910—1988年）充分发挥了海军在促进战略影响力和对外交往方面的作用，这是苏联陆军和空军无法匹敌的。海军在开展军事行动和对外交往时，需要使用和访问其他国家的港口，还要同其他国家签署后勤保障合作协定。1976年，苏联海军已经具备了挑战西方的能力。

到美国后，我加入了一个研究苏联和华约组织的专家组，任务是对苏联的形成历史和未来发展方向做详尽的追踪，以及美国需要采取什么措施去应对苏联海军不断增长的实力和影响力。这项研究任务十分艰巨，因为需要分析大量原始情报和作战数据，而通过常规的渠道和方法往往无法找到这些资料。该团队的技能、知识和经验非常出色，其中一名成员叫詹姆斯·麦康奈尔（James McConnell），我在格林尼治工作期间和他合作过。他是美国方面研究团队的高精尖人才的代表。只有我不是美国人，但我可以通过美国"敏感信息隔离设施"①访问最敏感的资料。

　　我的具体任务是全面研究苏联在地中海地区的军事活动，特别关注并全面汇报1967年6月的"六日战争"。除我之外，还有很多人研究苏联海军及其代理人在全球范围内的活动。[1]总体而言，这个研究项目为美国海军领导层、国防部、国会和情报界提供了详细资料，概述了苏联如何最大程度地利用海上力量（不仅仅是苏联海军和商船，还包括华约组织成员国以及其他有关伙伴国的海军和商船），以追求重要的国家利益，并扩大全球影响力。我的工作包括对1967年6月"六日战争"各个方面进行深入而全面的研究和分析，还包括研究1967年6月8日以色列为何对美国负责搜集信号情报的"自由"号军舰（USS *Liberty*）发起攻击。[2]1983年，我移民美国后，受邀加入了"自由"号军舰老兵协会，邀请者就是该协会主席、海军上将托马斯·穆勒，穆勒当时已经退役，退役之前曾担任美国参谋长联席会议主席（CJCS）兼海军作战部长（CNO）。该协会的理事会中有许多知名成员，包括美国海军陆战队将军、荣誉勋章获得者雷·戴维斯，以及美国海军前首席军法检察官、海军少将梅林·斯塔林。梅林·斯塔林早年在美国驻欧洲海军司令、海军上将约翰·西德尼·麦凯恩二世（已故参议员约翰·麦凯恩三世之父）手下担任上校，驻扎在伦敦。在遇袭的"自由"号军舰被拖入马耳他后，麦凯恩二世

---

① 敏感信息隔离设施（SCIF），英文全称为"Sensitive Compartmented Information Facility"，用于防范外界窃听或获取敏感信息，可以是固定的建筑物房间，也可以是移动装置。——译者注

曾经派遣梅林·斯塔林开展初步调查。"自由"号军舰老兵协会的首任主席是穆勒上将，第二任主席是美国杰出的海军飞行员、航空母舰战斗群司令克拉伦斯·A.希尔。后来，随着这两位主席的离世，我几乎顺理成章地成为该协会第三任主席。几年后，斯塔林将军退役后担任该协会理事，我们二人在理事会搭档了很久，合作密切。

　　情报搜集工作需要我经常拜访几个重要机构。我的工作地点位于五角大楼和中情局总部之间，交通非常方便。从某种程度上讲，在我的调研任务中，调查苏联参与"六日战争"的内幕难度不大，真正困难的是调查以色列为何在 1967 年 6 月的短短几天内决定攻击叙利亚、占领戈兰高地以及攻击美国"自由"号军舰。所有情况都发生在很短的时间内，要想调查清楚并非易事，但也不是棘手到毫无头绪、无从着手的地步。对我来说，这项调研工作最重要的意义是拜会并采访了"六日战争"中美国方面的几个关键人物。其中最重要的是时任国务卿迪安·拉斯克。在我们的几次讨论中，他都很坦率。他知道我也掌握了所有最敏感的情报。他开诚布公地说，以色列对"自由"号军舰的攻击是蓄意的，并且认为"六日战争"是自 1962 年古巴导弹危机以来最严重的危机。他跟我分享道，当时摩西·达扬的以色列部队似乎要越过戈兰高地，进军叙利亚首都大马士革，如果真的发生这种情况，就将酿成一场重大的政治灾难，因为这可能使叙利亚背后的支持者苏联卷入战争，对以色列开战。我们从一些非常难得的情报中获悉，一旦苏联实施报复计划，将会带来严重的后果。在这种令人恐惧的时刻，华盛顿和莫斯科之间迅速进行了通信，还使用了热线电话。[3]虽然在撰写本书时，"六日战争"已经过去 53 年了，但这些高度敏感的通信内容或许在未来很多年内都不会公布。

CONTROLLED DISSEM   C-O-N-F-I-D-E-N-T-I-A-L

COUNTRY	Israel	REPORT NO. 3403-67
SUBJECT	Prospects for Political Ambitions of Moshe Dayan/Attack on USS Libery Ordered by Dayan	DATE DISTR. 9 Nov 67
		NO. PAGES 1
		REFERENCES.

16835-46

DATE OF INFO.   Oct 67

PLACE & DATE ACQ.   Tel Aviv -- 1967

THIS IS UNEVALUATED INFORMATION

SOURCE   Source is normally available should this report generate requirements.

1.   discussions included the future political role of Moshe Dayan.   Said that the longer Israel waits for elections, the less chance Dayan has of becoming Prime Minister. They recognize that Dayan's appointment as Minister of Defense provided impetus to the Israel war effort. Since the war, responsible Israelis have given and continue to give less credit to Dayan and more credit to General Rabin.   also are emphatic in saying that there will never be a negotiated peace with the Arabs so long as Dayan is Defense Minister.

2.   commented on the sinking of the US communications ship, Liberty. They said that Dayan personally ordered the attack on the ship and that one of his generals adamantly opposed the action and said, "This is pure murder." One of the admirals who was present also disapproved the action, and it was he who ordered it stopped and not Dayan.   believe that the attack against the US vessel is also detrimental to any political ambition Dayan may have.

-end-

INFORMATION REPORT INFORMATION REPORT

1 AUG 1967 CENTRAL INTELLIGENCE AGENCY

This material contains information affecting the National Defense of the United States within the meaning of the Espionage Laws, Title 18, U.S.C. Secs. 793 and 794, the transmission or revelation of which in any manner to an unauthorized person is prohibited by law.

CONTROLLED DISSEM C-O-N-F-I-D-E-N-T-I-A-L

COUNTRY Israel

REPORT NO. 20396-67

SUBJECT on Known Identity of USS LIBERTY/ Comment Resumption of Oil Production of Red Sea Wells by Israel

DATE DISTR. 27 Jul 67

NO PAGES 1

REFERENCES

DATE OF INFO. Early Jun 67

PLACE & DATE ACQ. Tel Aviv -- Early Jun 67

THIS IS UNEVALUATED INFORMATION

SOURCE

1.

2. brought up the attack on the USS LIBERTY by Israeli airplanes and torpedo boats. He said that "you've got to remember that in this campaign there is neither time nor room for mistakes," which was intended as an obtuse reference that Israel's forces knew what flag the LIBERTY was flying and exactly what the vessel was doing off the coast. implied that the ship's identity was known at least six hours before the attack and that Israeli headquarters was not sure as to how many people might have access to the information the LIBERTY was intercepting. He also implied that there was no certainty of control as to where the intercepted information was going and again reiterated that Israeli forces did not make mistakes in their campaign. He was emphatic in stating to me that they knew what kind of a ship the USS LIBERTY was and what it was doing offshore.

3. inquired as to resumption of production facilities. He talked about two fields near the Gulf of Suez on the Sinai Peninsula which had been set afire by the Arabs. Israeli forces extinguished the fires the same day that the fields were captured and were then (10-11 Jun 67) starting to pump oil. Both Egyptian fields were said to have been developed by foreign companies and Israel intends to continue pro-rata payments.

- end

APPROVED FOR RELEASE DATE: 02-24-2009

FULL TEXT COPY DO NOT RELEASE

INFORMATION REPORT INFORMATION REPORT

U YES C-O-N-F-I-D-E-N-T-I-A-L S YES

The dissemination of this document is limited to civilian employees and active duty military personnel within the Intelligence components of the USIB member agencies, and to those senior officials of the member agencies who must act upon the information. However, unless specifically controlled in accordance with paragraph 6 of DCID 1/7, it may be released to State components of the departments and agencies of the U. S. Government directly participating in the production of National Intelligence. IT SHALL NOT BE DISSEMINATED TO CONTRACTORS. It shall not be disseminated to organizations or personnel, including consultants, under a contractual relationship to the U. S. Government without the written permission of the originator.

美国中情局关于 1967 年 6 月 8 日美国"自由"号军舰遇袭事件的三份机密报告（图片来源：美国国会图书馆"自由"号文件中心，地点：华盛顿特区，访问时间 2017 年）

"五眼联盟"海军的基础架构

在情报发展史和英美特殊关系中，最突出的一个方面或许就是"五眼联盟"各成员国海军之间的情报关系。英国的"二战"史学家、皇家海军上尉斯蒂芬·罗斯基尔（Stephen Roskill）曾经告诉我，如果没有美国、英国以及英联邦盟友加拿大、澳大利亚和新西兰在整个"二战"期间掌握的情报，那么"二战"的结果可能会截然不同。他说规划、政策和行动至关重要，但情报的价值比金子还珍贵。

我的导师哈里·欣斯利爵士进一步证实了这一看法。欣斯利是研究"二战"期间英国情报工作的官方历史学家，共写了五卷相当出色的著作，由英国文书局资助出版。欣斯利爵士在"二战"期间效力于布莱切利庄园。1998 年去世的时候，他被视为英国情报工作领域的先驱之一。我在前文提过，20 世纪 60 年代末，我曾与欣斯利教授在国会广场附近一处毗邻外交部大楼的地下室共事。在那里，我接触到了大量从各个渠道搜集的高度机密的情报资料，时间跨度覆盖了 20 世纪 30 年代、"二战"期间及战后。

在冷战的压力下，"五眼联盟"成员国不仅需要持续评估同北约对抗的苏军级别、部署、能力以及作战模式（这种模式可彰显其战术、技术和程序），而且越来越需要在技术上领先苏联。为了达到技术领先的目标，"五眼联盟"成员国不仅需要更好地了解苏联的工业基础和研发动态（这是技术创新和保持优势的必经之路），还需要防止苏联通过间谍活动和其他手段窃取"五眼联盟"的秘密。这是一个持续不断的过程，一方采取某项行动之后，另一方采取对抗措施加以反制，前者继续采取反对抗措施，进而要求双方政府追加投入充分的资源来维持领导地位，以确保海军在最坏的情况下依然能够占据优势。从另一个角度来看，这种军备竞赛也是"五眼联盟"成员国维护西方民主价值观、资本主义制度和生活方式的表现。因此，每个国家最后都愿意同其他国家分享本国最好的技术和情报产品。

"五眼联盟"成员国的海军之间设立了一系列完善的合作项目，这些项目不断发展，意味着无论各国海军的组织架构如何更迭，海军之间高度机密的合作项目依然能够岿然不动，而且它们有特殊的安防措施，阻止那些不断变换的官员获取无权得知的内部机密，而且可能会抑制国防情报机构及其他情报机构的接密人员范围。外部人员的访问受到严格限制，而且严格执行"按需知密"原则。这些项目处于高度保密的状态，从而具备了独特的生命力。在"五眼联盟"成员国之间的特殊关系中，领先苏联的需求在 20 世纪 80 年代变得最为紧迫，当时苏联和华约组织尚未解体，美国海军拥有 600 艘战舰，部署在美苏对抗的前沿地区[4]，不断挑战苏联及其盟友的海军，美国大西洋舰队司令部指挥下的第二舰队就曾多次前往苏联舰队防守的北部海域开展军事演习（比如代号为"北方婚礼"的演习），并得到英国皇家海军、加拿大皇家海军以及北约其他成员国海军的大力协助。在太平洋水域，澳大利亚、新西兰两国海军与美国太平洋舰队采取了类似的演习行动。这类行动的驱动力就是各个成员国联合搜集、分享可靠的情报。

在英国历史上，加拿大、澳大利亚和新西兰都是英国殖民地，相互交织在一起，这给情报机构合作带来了很大方便，因为殖民时代遗留下来的关系和设施意味着这四个国家的情报机构仍然可以在一些地点和领域继续合作，并且在许多地方还保留着特殊的、秘密的掩护设施。这种情况不仅存在于信号情报和电子情报领域，还存在于人力情报领域。在美国发展扩大其空间情报系统和能力的同时，其他四国也在合适的领域低调地实施了扩张。五国之间实现了互惠互利的全方位情报合作，美国空间情报有能力给其他四国提供情报，而作为回报，其他四国遍布全球的情报站点网络以及来自无数秘密渠道的人工情报产品也给美国带来了诸多利益，其中许多情报渠道和产品是这四国特有的，过去是这样，今天依然如此。美国情报机构，尤其是中情局，一直无法全盘复制。比如，英国能够将其国内、国外多个重要的情报站点开放给美国使用。好几代美国人在回顾冷战的时候，都记得自己曾被派遣到英国国内一些地点，那里有非常敏感的情报设施，在执行任务时高度保密，而且当地居民通常不了解在安全围栏后面发生的敏感活动。澳大利亚也是如此，一代又一代的美国人被派遣到澳大利亚或新西兰的情报站点，成了当地社区的一员。

"五眼联盟"成员国的海军目标一直是超越苏联及其华约盟国的海军，在战争规划者们设想的各种场景中保持技术层面和行动层面的优势，无论在哪个关键领域，都不能被它们超越，并在其他各个方面一直保持数量上的优势。

苏联海军的威胁

20世纪60年代，苏联迅速意识到海战（当然是全球范围内的海战）的结果可能取决于潜艇战的输赢。攻击型核潜艇装备有威力强大的鱼雷以及反舰巡航导弹（后来，潜艇还可以装备对地攻击型巡航导弹，美国海军在1991年海湾战争中首次利用潜艇发射这种导弹）。潜艇具有抗干扰能力强、攻击距离远、速度快、隐蔽性强和适用范围广的特征，不仅能够摧毁重要的商业船队（这种船队承担着全球商业物流），还能摧毁价值高昂的水面目标，包括航空母舰、巡洋舰、驱逐舰、护卫舰、两栖舰艇和补给船。换句话说，如果部署了足够多的潜艇，那就足以具备摧毁整个舰队的能力。一旦苏联开始建造一艘威力强大的潜艇，"五眼联盟"的情报机构就知道它们也必须朝着同样的方向付出巨大的努力，并投入足够的资源。具体而言，需要满足哪些关键要求和获取哪些关键参数呢？

在大多数时候，这不仅仅意味着"五眼联盟"必须清楚地知道造成威胁的潜艇究竟被部署在哪个点位，还意味着必须能够近距离定位、跟踪和观察苏联海军潜艇，并搜集有关作战和技术的情报。我们一直迫切需要确切地了解苏联新型潜艇的设计参数和技术性能。水面舰艇更易于观察，掌握并分析其关键参数和性能也比较容易，但要掌握苏联潜艇部队的情报则比较困难。"五眼联盟"不仅需要每周7天、每天24小时密切关注苏联潜艇部队的部署位置，还必须提前了解有关的发展规划。事实上，往往需要提前好几年了解有关规划，比如苏联的潜艇设计部门制定了哪些规程，它的造船厂计划生产哪种型号的产品，生产规模如何，以及打算部署到哪支舰队。苏联潜艇的研发、设计、建造和生产组织情况错综复杂，信息量非常大，要获取这方面的情报的确是一项艰巨的任务。在重重挑战里面，一个核心挑战是获取关于潜艇的声学情报（ACINT）。"五眼联盟"的五个成员国里有四个国家拥有潜艇，有能力搜集这方面的情报，新西兰是例外，因为它没有潜艇。

潜艇消音技术，或者说降噪技术，决定着某个级别或个别潜艇的噪声水平，消音是潜艇设计和生产过程中的一个必然要求。有噪声的潜艇会被敌方探测出来，然后遭到跟踪，甚至会遭遇最坏的情况，即被一艘非常安静、操控得当的敌方潜艇摧毁。潜艇噪声的一个重要来源是潜艇螺旋桨及其他机械运转时产生的声音，另一个重要来源是潜艇在水下航行时，甲板上凸起的围壳产生的湍流导致的水噪声，潜艇外壳的设计和形状，包括表面材料，都对这种噪声产生很大影响。

即便一个最为次要的机械装置，如果设计或安装不当，都可能发出致命的噪声，从而导致潜艇暴露。如果潜艇的泵喷推进器没有正确地安装消声材料，或者内部设计特征导致某些关键频段出现噪声，那么即使配备了良好的武器或训练有素的船员，在海上航行期间也会产生致命的声学缺陷。简而言之，了解某个级别的苏联潜艇以及该级别内的每一艘潜艇的噪声情况，就相当于了解潜艇的 DNA 一样，其中最重要的是了解它的关键缺陷，即哪些因素可能发出导致其暴露位置的噪声。"五眼联盟"

必须分析苏联每个级别或每一艘潜艇的声学指标，并预测下一代苏联潜艇的设计方式和噪声水平。这种分析对于海战的成败的确至关重要。

苏联同时设计和建造了多个级别的潜艇，包括核动力与非核动力潜艇，从而加剧了"五眼联盟"在搜集情报过程中面临的挑战。其他进一步加剧挑战的几个问题包括：苏联从事潜艇研究工作的机构很多，而且各个机构开展的研发工作都至关重要；建造潜艇的船厂也很多，分布在不同位置；不同型号和不同级别的潜艇具有不同的设计机构；苏联海军从不同的造船厂采购潜艇的过程也非常复杂。针对美国的高空侦察能力，苏联迅速做出了反应，修建了完全覆盖在掩体之下的大型潜艇建造基地，从而使新潜艇的建造情况完全被掩盖了起来。

如果等到一艘新潜艇从位于圣彼得堡的海军造船厂浮现出来时再去进行研究和描绘，那就太迟了，因为这种潜艇可能带来了重大的技术变化，在作战中给西方国家构成挑战。"五眼联盟"成员国的海军需要提前几年知道苏联在设计何种潜艇以及可能具备哪些性能。"五眼联盟"要满足这种复杂的情报需求，必须持续掌握苏联潜艇研究、设计、性能和生产规划等方面的动态，因此需要综合运用图像情报、信号情报、电子情报、人力情报、测量与特征情报以及声学情报，并动用一系列高度专业化的情报搜集技术和分析工具。为此，美国把最精密的卫星送入太空，侦察无法用肉眼观测到的苏联设施，这确实至关重要，但要保持领先，还需要付出更多努力。卫星数据虽然很好，但还无法面面俱到。

与苏联海军的潜艇部队相比,"五眼联盟"的潜艇更具优势,能够通过性能卓越的声学情报装置去搜集苏联潜艇的声学特征。早期,这种情报几乎都是由美国和英国的潜艇以执行特殊任务的方式进行搜集的。后来,加拿大和澳大利亚的"奥伯龙"级柴电动力潜艇给英美提供了支援。冷战后,澳大利亚的6艘"科林斯"级潜艇和加拿大的4艘"维多利亚"级潜艇(前身为英国制造的"支持者"级2400型潜艇)也能执行这种任务。

不论是在北大西洋、挪威海最北端,还是在波罗的海和地中海的封闭水域,又或者在太平洋,这种声学情报搜集任务都是至关重要的。对苏联潜艇进行定位、跟踪和搜集情报是"五眼联盟"在冷战时期的成就之一,使西方国家能够保持领先地位。要规划这样的行动,需要事先汇总各个渠道的情报,确保采用合适的技术设备,以期改进情报搜集过程,降低这类任务执行者所面临问题的难度。"五眼联盟"的潜艇在近距离搜集苏联潜艇的声学情报时必须非常谨慎,以保持自身隐形和声学优势。

从这类行动中获取的数据为后续行动打好了基础。当一艘苏联潜艇的声学特征被搜集和存储之后,意味着西方国家知道了在大洋深处、近海海域或潜艇基地附近如何描述、听到、找到和追踪自己的对手。当西方国家的潜艇获得定位能力时,苏联人的潜艇无异于彻底曝光了自己的行踪。

搜集了苏联潜艇的声学情报之后,"五眼联盟"就相当于掌握了非常好的"先验知识",从而能信心十足地实施其他的情报搜集活动。比如，如果其他情报显示苏联计划在北方舰队的重要基地北莫尔斯克港开展一系列新的水下导弹测试（尤其涉及苏联计划用潜艇向堪察加半岛发射弹道导弹的情况），那么"五眼联盟"在掌握苏联潜艇声学特征之后，就能够对航行中的苏联潜艇进行描述、定位和追踪，从而跟踪到测试区域，观察整个测试过程，获得关键的信号情报、电子情报和导弹遥测数据。这些情报对"五眼联盟"海军的行动具有难以置信的重大意义。可以说，如果没有事先获得卓越的声学情报，后续这一切都不可能实现。

"1985 年海战"研究项目："五眼联盟"曾计划对苏联发动战争

我的下一个重大任务是在"1985 年海战"研究项目中与美国海军上尉飞行员约翰·安德伍德并肩作战。正如这一节的标题暗示的那样，这个海战研究项目的参与者是一大群有着不同背景、精于不同领域的专家，他们来自国防和情报系统的不同部门，目标是研究和明确美国及其盟友如何在 1985 年对苏联发动一场海战，并在不升级为核战的情况下取得胜利。这是一项艰巨而重要的任务。这个项目的研究成果将严重影响"五眼联盟"海军未来的作战体系、军备采购、舰队部署以及推进这些行动的总体战略。进行这种研究的关键是从大战略着手，细分到战术、技术和程序等细节。这项任务伊始必须有最好的情报作为支撑，以确保后续各种分析的大前提是可靠的，并确保分析各种情况、剖析苏军作战能力、拟订行动计划与细节的分析人员能够掌握很好的情报。我和约翰·安德伍德以奉献精神和充沛的精力着手这项任务，并得到一帮非常能干的参谋人员的辅助以及所有渠道的情报支撑。

"五眼联盟"从各个渠道搜集的优质情报对于研究是否对苏发动"1985年海战"具有至关重要的影响，因为这类情报将构成我们的思维框架，并为大批作战分析人员和军事演习人员参与这场海战提供支持。1977年，美国拥有600艘军舰，但海上优势对遏制苏联的重要性尚未得到充分理解，美国海军部都没有人对此两眼放光，白宫更不会因此展露笑容。然而，"1985年海战"研究项目组和"五眼联盟"情报机构开展的工作为政治变革奠定了基础，促使人们普遍认识到维持海上优势的迫切需要，这种优势将对遏制苏联做出重大贡献。当我、安德伍德以及那个规模很大的"1985年海战"研究项目组在1977年着手这项研究时，没有人能预见到苏联的解体，但我们可以肯定一件事情，即强大的、领导有方的"五眼联盟"海军有能力抵抗苏联发起的任何军事行动。为了保持领先地位，必须知道和理解多项关键信息，并据此采取行动。

数十年后回头来看，当年的形势就显得清晰了。但在那个时候，从苏联大战略的方方面面，到它们的能力、行动、训练、人员以及政治、军事基础设施等细节，再到将苏联各个环节联系在一起的通信系统（这个系统其实有一些内在缺陷），我们并没有收到大量详细情报，所以可以说这个大型研究项目一直在黑暗状态下推进，几乎相当于一个猜谜游戏。

　　苏联军事组织、情报组织和军事行动的最薄弱环节在于自上而下的高度集权管理模式，而这种模式是由苏共和苏联政治、军事体制的特性决定的。在"五眼联盟"看来，这种缺陷的利用价值非常大，因为苏联人的指挥、控制和通信等方面存在严格的等级结构，在这种等级结构之外，他们展示的主动性非常有限，因此，他们的规划和作战都会以一种可预测的方式开展。此外，从心理学的角度来看，如同他们的军事计划和行动一样，苏联领导者的想法通过苏联海军、空军和陆军的指挥结构逐级向下传达，具有高度结构化及可预测性的特征，不会突破西方情报分析人员可以理解的范畴。

　　对于苏联人在不同的情景下会采取什么行动，从最高级别的苏共政治局，到具体的作战级别（比如苏联潜艇指挥官如何采取战术行动），我们可以做出可靠的假设。在我看来，这个结构中不仅存在着苏联的内在弱点，也存在着冷战期间整个社会主义体制的内在弱点。我坚信苏联之所以解体，根源在于自身的制度缺陷以及对其领导人的个人崇拜，始终无法摆脱内在缺陷的束缚。在我离开华盛顿以后，"1985年海战"研究项目就结束了，但它产生的巨大影响一直延续了下去，并在80年代达到顶峰，当时里根总统及其强硬的海军部长约翰·雷曼（John Lehman）领导着拥有600艘军舰的美国海军。回头来看，20世纪80年代是美国发展海上战略的黄金时代，在一定程度上压迫苏联走向衰落和解体。

"五眼联盟"如何发挥自身优势

在冷战期间,"五眼联盟"具有比苏联优越的信号处理能力,这种优势体现在各种类型的被动声呐上,包括固定的圆形声呐阵列、侧翼声呐阵列以及后方拖曳阵列。水听器技术越来越先进,处理能力越来越强大,而且潜艇上配备了性能强劲的计算机,运用越来越先进的数学算法,加上"五眼联盟"一代又一代的声呐专家不断为声呐技术发展做出贡献,美国和英国制造出了核动力攻击潜艇,加拿大和澳大利亚也拥有了极为安静、操控性极佳的柴电动力潜艇,苏联人面对的敌人越来越势不可当了。此外,在空中,由于美国海军和英国皇家海军(在英国皇家空军的支持下)拥有功能强大的被动声呐浮标,可以探测苏联潜艇,因此,空军可以根据探测信息空投威力强大的反潜鱼雷去攻击苏联潜艇。

上述这些硬件设施是情报工作流程中至关重要的基础条件。这一流程的其他环节也同样复杂。比如,如何确定苏联流体力学研究所(一个重要的潜艇设计机构)内部发生了什么?如何确定莫斯科的潜艇采购机构内部发生了什么?且不提苏联下一个设计方案的细节和可能做出的性能改进,如何确定苏联造船厂的生产计划?

要获得这些情报,离不开间谍活动,但在任何情况下,间谍活动都不容易。美国或英国的特工或训练有素的代理人在这方面扮演着核心角色,因为他们负责说服一个外国公民向其透露自己国家的机密。冷战期间,苏联及华约组织其他成员国的反间谍工作做得非常出色。华约组织成员国内部的安全机构都制定了严格的、高压的管控措施。在这种情况下，即便那些无比憎恨苏联政权、有意为西方国家充当间谍的人也很难成功地同"五眼联盟"特工或代理人进行持续、定期的接触。

苏联人则可以不用耗费太多力气就能搞清楚"五眼联盟"驻苏联大使馆里面有谁在外交官身份的掩护下从事间谍活动。苏联监视和跟踪"五眼联盟"外交官及其他工作人员的能力令人惊讶。比如，无论官方外交人员名册上怎么写，即便能力最差的苏联反间谍机构也能很快弄清楚谁的真实身份是美国中情局驻苏联的情报站站长，以及他（或她）的下属工作人员都有谁。冷战期间，苏联 24 小时监控"五眼联盟"外交人员的活动、对外联络和旅行，从而导致那些在外交掩护下从事秘密活动的情报人员的日子非常艰难。对这些情报人员来说，一个重要的好处是，如果受到苏联人的伤害，或者在最坏的情况下被苏联人逮捕，那么他们可以利用外交人员享有的特权去对抗可能遭到的审判、监禁或处决。然而，一旦某个情报人员的掩护身份被揭穿，就将被驱逐出境，而且不能在全球开展情报活动，因为克格勃会刻意寻找此人的下一个海外任务。

与传统意义上的情报工作人员相比，"五眼联盟"成员国驻苏联的海军武官更有可能目睹或探听苏联海军的发展和活动，因为虽然他们经常处于严密监视之下，但可以在满足特定要求的前提下正常旅行，比如他们可以公开前往圣彼得堡，尽最大努力去访问苏联海军的一些场所，看看里面的情况，或者可以访问苏联海军的一些船坞，公开会见苏联海军官员，公开搜集一些数据，而且如果在访问之前没有受到苏联官方限制，他们还可以拍照。

当然，即便苏联限制拍照，也不妨碍这些武官秘密拍照或搜集一些他们偶然邂逅的东西。在这方面有一个典型的例子。曾有一位武官在苏联某个重要船坞附近的地面上，偶然捡到了一块从卡车上掉落的钛焊片。这个焊片的价值非常高，因为当时苏联制造的"阿库拉"级攻击型核潜艇的承压船壳就是用钛这种材料制造的，这种材料非常轻且坚固，再加上采用了当时非常先进的液态金属核反应堆，所以苏联的核潜艇在水下的航行速度非常快，而美国、英国的情报技术部门可以根据这个钛焊片分析苏联制造工艺等方面的信息。

如果按照传统的方式在大使馆或领事馆掩护下开展秘密情报行动，那么成功吸引、说服或腐蚀苏联公民从事间谍活动的可能性非常低。事实上，最有可能成功的情况是苏联人主动上门投靠，以及通过大使馆鸡尾酒会或其他外交场合偶然邂逅有意投靠者，因为有这方面意愿的苏联人会在这些场合主动献殷勤，主动跟"五眼联盟"成员国的外交人员搭话。这是他们愿意从事间谍活动的早期迹象，但事实上，这类情况不会经常发生。

成功的传统间谍活动更有可能通过其他渠道实现，比如代理人、工商业联系、学术联系、旅行者、游客以及训练有素的长期内线（这些内线可以由"五眼联盟"在华约组织其他成员国的情工负责安插或维护）。"五眼联盟"的代理人包括其他国家的公民，这些国家通常与苏联保持中立或友好的关系，因此这些人有更多的机会自由旅行，而且往往具有良好的掩护身份，比如专业职位、商业身份，有时还有外交身份（比如供职于联合国某机构）。"五眼联盟"以外国家的企业界人士，尤其是那些真正同苏联国防机构有生意往来的人，以及前往苏联参加各种会议和贸易博览会的科学家、学者和访客，都属于理想的代理人。

谍报技术和保密手段在这些针对苏联目标的情报搜集行动中发挥着重要作用，因为这种行动的风险很高，一旦暴露就可能产生严重的后果，包括长期监禁或者秘密审判后被处决。当然，这种风险极大的行为也会给从业者带来巨大的经济利益。

英国人的情报工作能力非常强，其成功秘诀不言自明，那就是确保苏联反间谍机构无法获取任何可能与英国情报行动有关的信息。无论在哪种情况下，一个训练有素的代理人都不能做任何暴露真实身份的事情。

在一些谍报类文学作品中，金钱、性或意识形态是促使一些英国公民在冷战正酣之际充当苏联间谍的诱因，"五眼联盟"披露的"剑桥五人帮"等少数为人熟知的间谍案也印证了这一观点。但在实际的情报工作中，发展间谍的工作并不是通过这种主动投靠的方式完成的，而主要是由代理人通过长期努力工作实现的。

然而，间谍活动的真正好处是什么？间谍活动的产品是什么？这种产品究竟好在什么地方？间谍活动能够产生非常好的情报材料，既揭示了苏联海军的整体实力，也可用于指导其他情报工作渠道和方法转向价值较高的目标和地点（仅仅利用卫星数据无法发现这些目标和地点）。

如果一个人的国籍不属于"五眼联盟"成员国，又在某个专业领域拥有非常可信的资历，而且能够在苏联开展合法正规的活动，那么经过精心培训和运用，这个人堪称"五眼联盟"情报机构的理想代理人。他能够与苏联海军人员、研究机构或莫斯科高层建立直接联系，能够直接参访"五眼联盟"成员国公民禁入的地方，访问结束后再将自己的见闻记录下来，交给"五眼联盟"的情报机构。这种第一手的情报素材颇有研究价值。同样，如果华约组织内部某个非苏联籍公民出于工作或其他原因必须经常前往苏联海军活动频繁的关键地区，并且在西方国家或苏联之外的华约组织成员国有亲戚，那么这种人也是"五眼联盟"情报机构的理想代理人。比如，如果一个来自民主德国、捷克斯洛伐克或匈牙利的公民在苏联有亲戚，享有前往苏联探亲的许可权，那就可以充当"五眼联盟"的情报交通员，帮那些不满苏联政权、愿意冒险为"五眼联盟"某个成员国从事间谍活动的苏联人向外传递情报。这些情工必须由"五眼联盟"情报机构在苏联发展的"代理人"极其小心地加以运用，确保他们的掩护身份长期严格保密，不被暴露。在这方面做得比较出色的是英国人，他们在"二战"前就有几十年的谍报经验，堪称谍报技术的大师。虽然在英国的苏联人严密监视着英国的情报机构，但这些监视者肯定不会看到负责运用在苏情工的英国情报人员进出这些机构。情报文化、操作手法和谍报技术都严格地隐藏在层层掩护之下，这是在冷战时期的间谍活动中取得成功和确保活命的唯一选择。

"五眼联盟"以及整个北约决不希望水下战争的关键技术领域被苏联赶超，特别是在潜艇建造技术和战斗序列方面。北约根本无法承受失去海上霸权的后果。美国必须借助西欧和中欧的力量，即便在最糟糕的情况下，美国和西方国家的经济也必须保持活力和良好运转。苏联潜艇一度对西欧和中欧地区构成了战略性挑战。类似地，如今在亚太地区，美国第 7 舰队、美国在该区域的正式盟友（特别是加拿大、澳大利亚、新西兰这三个太平洋地区的国家）以及相关的盟国也有类似的担忧，以及面临应对苏联潜艇威胁这类的战略任务。这一威胁可能会对相关地区海上交通线和关键资源的利用，以及重要岛礁的归属构成挑战。

核潜艇与非核潜艇的生命周期都始于实验室、研究机构和潜艇制造基地的研发环节。在冷战期间和冷战后，苏联几乎所有的主要军事科研中心都为人所知，但要弄清楚这些机构内部发生了什么则是一个巨大的挑战。第一个原因就是，这些中心所处位置非常偏远，而且很多时候彼此之间相隔数千公里之遥。第二个原因，也是非常重要的一个原因，在于苏联潜艇设计局和采购部门错综复杂。每个设计局负责整合潜艇研发各个环节的工作，开展潜艇所有关键部件和部位的详细设计工作（包括船体、推进系统、消声系统、战斗系统、武器及其负载、通信和传感器、各种机械和电子系统以及住宿生活区等），然后管理苏联各地多个造船厂的潜艇制造工作。苏联同时规划、设计、建造多艘潜艇，从而进一步加剧了"五眼联盟"开展情报工作的复杂性。它一直雄心勃勃地想要努力实现的目标，使"五眼联盟"情报机构为之担忧了几十年。当苏联正在制造一艘新型潜艇之际，这艘潜艇更进一步的现代化升级方案已经出现在绘图板上了，与此同时，苏联还在设计一艘更新的潜艇。美国从未试图效仿苏联模式。英美两国设计和制造潜艇时都经过精心构思，更加注重对某一级别的潜艇进行升级改造，而不是同时研发不同级别的潜艇。一个非常罕见的例外就是英国曾经一边设计和建造柴电动力潜艇，一边设计核潜艇。英国柴电动力潜艇包括"海豚"级、"奥伯龙"级，以及"支持者"级。其中，"支持者"级柴电动力潜艇是英国皇家海军使用的最后一型常规动力潜艇，最后低价转卖给了加拿大皇家海军。

苏联的"塞拉"级潜艇（图片来源：维基共享，美国海军）

要获取苏联的情报，就必须充分理解和渗透这些复杂的程序，并将搜集的关键情报反馈给关键用户群体。如果情报不能为某类行动提供可资借鉴的信息，无法使五国政府中的战略规划者、操作者、设计师、科学家、工程师和预算机构了解实情并做出正确决策去对抗苏联威胁，那么这种情报的价值就是零。五国的政治领导人必须了解实情，获得现有的最佳数据，才能批准和资助对抗苏联的计划。这种情况同样适用于应对当今世界面临的种种威胁，比如网络威胁、伊斯兰极端主义威胁等。

海洋是初步获取关键情报数据的大平台，从1960年至今，"五眼联盟"共同搜集和分享的作战情报几乎无一例外源自海上的情报活动。简单地说，这需要一艘能力非常强的潜艇去定位、跟踪、识别另一艘潜艇，然后搜集它的情报。"五眼联盟"针对苏联每一级别的潜艇以及每艘潜艇的每个船体都建立了完整翔实的数据库。如果没有这一重要的基础优势，那么"五眼联盟"的海军将处于不同的环境，冷战历史在很大程度上可能被改写。

冷战初期，"五眼联盟"持续推动潜艇的前沿部署，对苏联潜艇进行定位和跟踪，从而使一些关键的情报搜集任务得以完成。比如，如果苏联潜艇驶入或驶离基地、外国港口、锚地（包括苏联潜艇在地中海地区经常使用的一些锚地）或一些咽喉要道，那么"五眼联盟"的潜艇就能迅速对其进行定位。这些咽喉要道的地理位置至关重要，苏联潜艇别无选择，必须驶经此处，包括格陵兰岛、冰岛与英国之间的航道、丹麦的两个海峡（卡特加特海峡和斯塔格拉克海峡）、直布罗陀海峡以及印度尼西亚群岛的关键海峡（包括巽他海峡和马六甲海峡）。除了上述咽喉要道之外，苏联潜艇还会利用其他多个海上通道或临时航行点，"五眼联盟"的潜艇都可以发现和跟踪它们。

随着时间的推移，"五眼联盟"掌握了每艘苏联潜艇的数据，尤其是一系列无线电频率的噪声水平或声学特征。换言之，与众所周知的人力情报（或者说经典的间谍活动）相比，声学情报更有价值。航行速度、下潜深度、操作特性和艇组活动都可以被观察和记录下来，而且非常重要的是可以搜集苏联潜艇上面多种传感器的数据，涵盖主动声呐和被动声呐。另外，"五眼联盟"的潜艇还可以监听和记录苏联潜艇的一些关键通信特征，包括通信模式和无线电频率。苏联潜艇的一些技术至今依然不为人知，但当时也会被"五眼联盟"的潜艇记录下来。除了针对苏联潜艇的情报搜集行动外，"五眼联盟"还针对苏联的空军战机和反潜设施开展情报搜集活动，其中包括苏联的熊-D和熊-F系列战机（这些战机部署在苏联北部科拉半岛那些监控严密的空军基地）。

最重要的是，"五眼联盟"艇组人员非常熟悉苏联艇组人员那些根深蒂固的战术程序，并对此进行过透彻的分析。"五眼联盟"的潜艇学校会反复教授这类课程。特别是英美两国获得了苏联潜艇操练和操作模式的第一手经验，发现苏联的艇组人员非常依赖集中式指挥、控制制度以及通信系统，这种倾向给他们带来了漏洞，并且阻止他们的潜艇指挥部形成独立、自信、快速思考和创新的战术。苏联潜艇人员几乎不会偏离严格的战术程序，结果就使英美两国能够预测苏联的行动并共享这些信息。

苏联的新式潜艇武器是情报搜集的优先对象。英美两国先进、安静且性能良好的隐形核潜艇具有声学方面的优势，使其能够在最隐蔽、最危险的海域悄然航行，以观察和记录苏联的武器试验。当苏联在海上进行新型武器的试验时，北约必须掌握最好、最新的情报，这一点至关重要。在巴伦支海的深处搜集如此重要的情报是一项高风险的任务，但这项工作已经开展了几十年，而且情报产品是一流的。苏联新型武器的操控特征、攻击范围和关键传感器频率可以通过安全、保密的渠道传递给北约，而这些情报来源和搜集方法从来不会泄露出去。

在冷战期间，经典的信号情报和电子情报在这些搜集行动中发挥了重要作用。这需要借助特殊搜集装置，通过多种方式对苏联通信进行被动监听和拦截。破译是该过程的重要组成部分。英国和美国少数训练有素的破译人员能理解所有拦截下来的音频。这些人是"二战"时期布莱切利庄园和美国"魔术"密码分析团队的继承者。在许多情况下，"五眼联盟"在执行某些特殊的海上任务时会在潜艇上部署一些破译人员，因为他们只有掌握现场的实时情报，才能充分了解苏联人开展任务的情况。这些人被称为"海上骑士"（sea rider），他们通常会在不稳定的作战场景中待在海上数周，从而使北约能够准确了解苏联人正在原型机系统或武器上进行的测试，并保持领先于苏联的地位。他们也会对某个更为先进的武器进行功能测试和评估。进入这个阶段的武器功能已经近乎具备"初始作战能力"（IOC）。

在复杂的情报工作过程中，与作战情报搜集、分析和传递同时进行的下一个关键阶段是渗透苏联内部的项目基地，即莫斯科的研发设计中心和采购机构。要通过传统的间谍手段渗透这些部门是非常困难的。

对苏联情报网的渗透

对于关键岗位的苏联官员而言，泄露国家机密的可能性非常低，这一点从苏联籍的叛逃者和代理人数量很少就能得到印证。因此，"五眼联盟"情报机构对于获得常规、可靠的人力情报并无太多依赖。美国卫星虽然在整个冷战时期乃至今天一直具有重要价值，既能监听，也能监视，还可以从太空获取信号情报、电子情报及相关领域的大量数据，但也存在一系列局限性，比如无法看到莫斯科和圣彼得堡的建筑内部，也无法看到苏联潜艇制造厂的装配大厅内部。

在数字通信时代以前，还没有出现手机通信和微波塔，也不存在大规模的国际数字通信，美国和英国只能依赖与无线电频谱相关的传统通信技术、频率和流程，通过不同的方法以及根据不同的平台和地理位置拦截苏联的无线电通信。除了无线电通信，华约和北约还广泛使用陆地线路，其中许多线路同政府和通信运营商的常规陆地线路是分开的，因此非常安全，难以拦截。

跨洋海底通信电缆和卫星通信也是如此。它们在冷战后期得到了越来越多的使用。苏联当然也有高度安全的通信程序，以避免机密编码信息遭到拦截和解码。美国和英国不得不遵循"二战"时期的经典通信拦截技术和程序，结合更先进的技术去拦截无线电通信，同时在卫星通信以及之后的数字通信时代也尽力保持领先地位。

苏联在军事采购方面实行集中式管理体系，这一体系的弱点如同苏联军事和情报机构其他许多弱点一样脆弱，因为它的组织方式容易被识别和理解。成功侵入苏联核心的军事采购机构的通信系统之后，加上从其他渠道获取的非常有价值的作战情报，"五眼联盟"能够对苏联许多造船厂可能发生的情况和新一代潜艇的潜在功能做出相对明确的评估。然而，这种评估有时并不合理。20世纪70年代，美国情报机构倾向于低估苏联潜艇未来的能力。美国的评估在很大程度上（并非完全）取决于苏联未能掌握先进的计算机数字信号处理技术，特别是在低频窄带信号处理方面。美国认为这一关键弱点阻碍了苏联解决潜艇消音的关键问题，也阻止了苏联降低船体设计中伴随的噪声水平。此外，美国还评估认为，苏联之所以大规模投资于主动声呐计划以及非声反潜系统相关技术，就是因为苏联既没有理解，也没有获得被动声呐技术，从而无法发现安静且操控良好的英美潜艇。

相比之下，英国则在非常详细的情报报告中表明，从1980年起，苏联潜艇制造厂的组装大厅出现的下一代潜艇在各个方面都具有更强的能力，特别是在消声和搭载武器类型方面。在这两个方面，苏联后来制造出了能够发射巡航导弹的"奥斯卡"级潜艇以及能够发射弹道导弹的"台风"级潜艇（"奥斯卡"级和"台风"级都是北约采用的代号），这就印证了英国的评估非常准确，而且作战情报很快证明了英国的评估是正确的。英国的评估基于对苏联研发基地、高度敏感的苏联采购系统、非常重要的开源数据以及所有来源的基准数据库的综合分析。英国看到，到1980年，苏联潜艇的性能将出现一个阶段性的变化，他们的非声反潜战计划确实正在与新的、先进的被动声学信号处理计划并行推进。从英国的角度来看，所有这些迹象加在一起，使苏联潜艇性能在20世纪90年代有了显著提升。

苏联的"奥斯卡"级潜艇（图片来源：维基共享，美国海军）

苏联在"奥斯卡"级和"台风"级潜艇之后，制造出了"维克托Ⅲ"级与"阿库拉"级攻击型核潜艇，与之前的潜艇相比发生了重大变化。1982年，针对英国面临的威胁，我和一位英国同事联合发布了一份高度敏感的报告，对苏联新型潜艇的性能做出了准确评估（只有一个明显却微小的技术问题，但苏联初步开展海上试验之后便纠正了过来）。在 20 世纪 70 年代末至 80 年代初这段时间内，英美两国在苏联情报方面产生分歧，最有可能的原因是美国情报机构错综复杂、众说纷纭，往往无法就最终评估达成一致。英国则喜欢小规模、一体化的情报体系，情报搜集者和分析者存在极为密切的工作关系，情报界内部容易相互协调，就最终评估达成共识，而美国情报界规模大，情报组织多，彼此缺乏合作。

20 世纪 70 年代末至 80 年代是苏联军事实力的关键过渡阶段，这一时期英美情报机构的评估经常存在摩擦，但确立了新的基准之后，它们就会回到友好的常规合作模式。如果说不存在摩擦，则无异于掩饰问题。

进入 20 世纪 90 年代之后，这种差异变得非常明显。

在作战情报搜集和分析方面，英美两国海军一直进行出色的工作。美国使用的声呐监视系统（SOSUS）就是一个例证。这一系统的多个部署地点位于英国国土或领地之上，这些位置非常关键，从苏联北极地区的科拉半岛到格陵兰岛、冰岛与英国之间的航道，都可以及时追踪苏联潜艇的部署情况（包括进出基地或港口的情况），从而有效指导英美两国利用稀缺的反潜战资源，在挪威海、北海和大西洋东北部的广袤海域搜索、定位和跟踪苏联潜艇。

英美两国对空中反潜设备与地面及海上反潜设备进行了有效协调，美国的反潜设备包括 P-3 反潜机，英国的反潜设备包括"沙克尔顿"反潜机和后来的"猎迷"反潜机。这种协调是通过位于英国诺斯伍德的联合作战指挥部以及级别较低的外围指挥梯队，比如苏格兰和北爱尔兰的海军将官，以及北约的其他指挥中心（挪威皇家海军和皇家空军位于挪威北部罗弗敦群岛的指挥中心）进行的。美国设于冰岛凯夫拉维克的基地也是这一链条上的关键环节。美军还利用英国皇家空军位于苏格兰最北端因弗内斯市东部摩瑞湾的金洛斯基地以及英格兰西南部康沃尔郡的圣马根（St. Mawgan）空军基地，作为飞机着陆加油和机组人员休息的地点。英国皇家海军的洛西茅斯航空站（位于英国皇家海军金洛斯基地东部）是皇家海军位于苏格兰北部海岸的行动指挥中心，可用于拦截苏联空军的侦察机和轰炸机。此外，美国在英国领土及领地的许多地区设立了信号情报站，其中一个具有传奇色彩的信号情报站位于苏格兰遥远的东北海岸地带，靠近一个名叫埃德塞尔的小村庄。该情报站如今已经关闭了。美国海军安全小组在那里开展活动，连续几代的当地居民坚持为美军保守秘密。

英国和美国的拦截站及其情报成果

美国的拦截站与英国政府通信总部设在英国的情报拦截站一起，提供了宝贵的实时信号拦截。这些站点的拦截范围不仅覆盖了苏联情报搜集船的通信活动，还覆盖了苏联及华约组织其他成员国的商船通信活动。

这些商船其实也是组成苏联海洋监视系统（SOSS）的梯队，为各自国家提供关于英美海军及其盟军行动的关键情报。然而，即便这些商船进行高度加密的通信，英国政府通信总部、美国国家安全局以及美国海军多个密码破译中心的工作人员也都能够破译这些秘密信息。英美两国海军有效地协调了信号拦截的资源和方法，在苏联海军的主要舰队，即北方舰队的活动区域进行全天候监视和跟踪，特别是追踪其最强大的资产——潜艇的位置和动向。加拿大、澳大利亚和新西兰这三个"五眼联盟"成员国也在敏感的地点执行同样高度机密的任务，提供了重大的情报成果。

然而，"五眼联盟"监视苏联海军核心能力和每一阶段行动的努力受到了来自两个层面的关键挑战：一是美国海军军官约翰·安东尼·沃克（1937—2014年）领导的美国间谍网，二是苏联海军研发机构竭力以其他方式挑战英国和美国在潜艇声学方面的优势。与此同时，苏联启动了旨在挑战英国和美国战略威慑姿态的计划。

传统上，苏联情报搜集船游弋在英美海军基地外面，试图为苏联海洋监视系统提供最新情报，帮助苏联的核潜艇（比如新型"维克多Ⅲ"级核潜艇）定位和追踪英美两国的核动力弹道导弹潜艇（这种核潜艇正是西方核心的核威慑力量）。但新的计划不同于成熟的传统模式。为了实现削弱和对冲西方技术优势的目标，苏联做出了一个重大的战略决定，即进入北极冰盖地区，同时开发主动和被动声呐信号处理领域的替代技术，从而改善潜艇的消声效果。沃克在美国组建的间谍网络为苏联提供了大量情报，在苏联实现这些重大变革过程中发挥了重要作用。

在英国海军系统中，苏联间谍的身影并未消失。20世纪50年代，哈里·霍顿等人构筑的间谍网已经深度侵入英国海军部在英格兰南部海岸多塞特郡波特兰岛的水下武器装备研发项目，但与波特兰岛这个间谍网的破坏力相比，英国公民吉姆·菲尔比、盖伊·伯吉斯和唐纳德·马克林等所谓"剑桥五人帮"构筑的间谍网更具毁灭性，因为他们曾渗透英国秘密情报局的最高层，并向苏联情报机构泄露了无数份无价的人力情报以及英国在苏联情工的信息。"剑桥五人帮"对英国军情六处造成的毁灭性影响不亚于沃克等间谍给美国海军及相关情报机构带来的灾难性后果。

当今世界依然谍影重重。前几年，爱德华·斯诺登（Edward Snowden）事件就凸显了关键情报的来源、方法和内容遭到泄露的影响。这使公众对英国和美国的看法，以及对美国国家安全局和英国政府通信总部的看法发生重大改变。虽然斯诺登从未被反间谍人员、资格审查人员或周围关系密切的同事发现，但他依然不知道自己不该知道的事情。这在很大程度上与"五眼联盟"情报机构在关键环节上实施了高度安全、组织严密的防范措施有关，因此斯诺登无法获取超出知密权限的信息。冷战期间，"五眼联盟"成员国海军的情报搜集计划成功地得到了保护。尽管这些项目的一些成果被美国公民约翰·安东尼·沃克领导的间谍网泄露了出去，但一些关键的操作未出现泄密，因为"五眼联盟"将知密者的数量减少到最低限度，同时，另一个关键防范措施是不与内部其他人或其他部门共享信息，这些机构或个人是潜在的薄弱环节，比如爱德华·斯诺登。自20世纪50年代以来，"五

眼联盟"海军情报搜集项目的内部运作一直将安全保密置于神圣
地位。

从某种程度上讲，"五眼联盟"搜集的情报产生了难以估量
的作用，但另一方面，它显然非常容易受到一些明确指标的界
定，这些指标主要基于科技情报，同时也有政治、军事、经济情
报的支持。整体来看，"五眼联盟"在这些方面的举动远远超出
其他国家及其盟友（比如华约）。"五眼联盟"国家的绝对优势不
会被削弱，也不能缺少支持，这不仅是出于五国国家安全利益的
考虑，还会影响紧密关联的全球经济。要知道，任何一个重大的
不稳定因素都可能引发世界经济动荡。

第三章
政治变革和国防架构变革
（1978—1983 年）

在美国工作期间，我既和美国人并肩工作，也为美国人工作。那几年虽然艰难，但充满挑战。1977 年末，我结束了美国之旅，返回英国。在休假期间，我调整心情，探望亲人，之后再次离开伦敦的住所，搬到了汉普郡的朴茨茅斯，因为我要去那里担任英国皇家海军军械工程学院的副指挥官。皇家海军所有的武器工程专家，包括军官和士兵，都要根据专长、级别和岗位到这里接受培训，学员和教员在内一共有 700 多人。在我负责日常运作期间，我们接到朴茨茅斯海军基地司令的指示，要推动学院实现结构改革，以适应快速变化的海军武器系统，并提供操作和维护新型武器方面的培训。回头来看，朴茨茅斯海军基地的高层领导和我领导的团队显然走在了数字信息革命的前沿。

为了实现这个新目标，我们新成立了英国皇家海军电子技术学院（Royal Navy's Electro-Technology School），简称 ET 学院。在这里，我们重组了培训模式，在武器工程领域引进了几位能力很强的研究生军官担任教官，他们拥有新式海军武器系统的实操经验。我们还引进了曾经参与（很快就会投入使用的）新式武器系统开发和采购的人员，负责领导日常培训工作。新的培训模式融合了课堂教学和实践训练。我们为包括中尉级别在内的军人提供培训（这些军官会被任命为英国皇家海军护卫舰和驱逐舰的武器工程部门负责人）。与美国海军不同的是，英国皇家海军武器工程、海洋工程和航空工程专业毕业的专业技术型军官会被列入"一般名单"，在晋升四星军衔方面享有与一线指挥军官基本无区别的机会，也能在岸上担任重要的指挥职务和其他高级职务，只是不享有军舰最高指挥权。在这两所学院工作期间，我认识很多一流的培训和管理人员。那段时光令人充满动力。两所学院在军事体能方面的表现也很出色，在朴茨茅斯野战炮军事比赛等活动中取得过卓越成绩，结训时也都出色地通过了将官级检阅。

在伦敦休假期间，我接到通知，要去拜访皇家海军和情报部门的高层官员，讨论我在华盛顿的工作情况。这次会见非常宝贵，持续了几天，并得到美国驻英国使馆工作人员的全力支持。

我在华盛顿担任的职位非常独特，从本质上说，我开创了先例，这个职位是为我量身定做的，既没有前任，继任者也未确定。海军和情报部门的高层领导都希望我这个职位能继续下去，便开始采取必要的行动来寻找合适的继任者，并就接替人选与美国方面进行沟通。不久之后，我便得知，经过大范围的搜寻，我们找到了合适的接替人选，他将在1978年底或1979年初被派往华盛顿特区。

离开朴茨茅斯之后，我和家人搬到了汉普郡一个名叫克兰菲尔德的小村庄，住在一所现代化的房子里。克兰菲尔德距离彼得菲尔德很近，就在朴茨茅斯的北边。当地有一个火车站，有开往伦敦滑铁卢站的高速列车。自从在格林尼治工作以来，我就对海洋法以及更广泛的国际法产生了兴趣。1975 年 7 月，我被林肯律师学院（Lincoln's Inn）录取，在皇家海军的支持和资助下攻读律师资格，之后的生涯按部就班，稳步前进。克兰菲尔德的位置使我非常方便参加伦敦林肯学院举行的晚宴（为了获得英国律师资格，参加这种活动必不可少）。我可以在晚上坐火车从伦敦回家，第二天早上 7 点到达办公室。1980 年 11 月，林肯律师学院授予我律师资格。

1973 年，为庆祝格林尼治皇家海军学院[①]建校 100 周年，该校举行了一场规模宏大的海洋法学术会议，我在会议期间负责接待牛津大学国际法专业的奇切利讲席教授丹尼尔·奥康奈尔（Daniel O'Connell）。他是首屈一指的海洋法专家。他使我产生了学习国际法并成为专业人士的动力，对我产生了持久的影响。

在这段时间里，虽然我回到了英国，在海军一线工作，和 700 多名各级海军人员共事，但我不知道之前在华盛顿同美国情报部门的共事经历是否会成为职业生涯提升的垫脚石，不知道海军是否还有其他的事情等着我去做。事实上，皇家海军和情报部门确实有一个计划，我到 1979 年初才知道这一点。当时我被召到白厅的老海军部大楼，被告知将离开皇家海军军械工程学院和皇家海军电子技术学院，被任命到一个特别项目办公室，该办公室直接由白厅的内阁办公室负责监督。传达任职命令的那个人对具体细节一无所知，并告诉我，他"无权告知"。后来，我终于

---

① 1873 年，格林尼治海军学院正式更名为皇家海军学院。——译者注

收到了正式的任命通知，但没有提到任命的性质或工作地点，只提到了上任日期。我自然担心自己的晋升前景，但当晋升命令下来后，这些担忧都消失了。我受到皇家海军电子技术学院的同事们的盛情款待。我和妻子打算卖掉克兰菲尔德的房子，在距离伦敦市中心很近的位置买个房子，但我知道，在卖掉老房子之前，我们将不得不一直住在伦敦的一套公寓里。我很快就发现我将参与一系列不同的任务，同英国四个情报机构以及我在华盛顿特区合作过的每一个主要情报机构开启新的合作。

"五眼联盟"的文化基础

"五眼联盟"内部建立了集中式领导模式和新的等级制度，但各成员国在"二战"期间缔结的特殊关系一直维持了下来，其中最明显的体现就是五国海军及其情报机构共同开展了很多高度保密的行动。五国海军及其情报机构虽然接受联合指挥部的领导，但由于这些行动的特殊性质，各国海军依然保持相对独立的地位，能通过特殊渠道直接接触政治领导人，这一点是其他部门或普通情报机构无法相提并论的。此外，各国海军在这些行动中相互配合。此类行动通常需要高度机密的总统行政命令或者英国首相签署的命令，其他一切无关人员不在知情范围之内。五国海军都实现了在全球范围内的前沿部署，能够出现在其他部队或情报机构无法到达的地方。虽然基于空间领域的卫星系统变得越来越重要，但只有海军能够实时地、持续地执行某些关键的情报任务。直到今天，情报需求依然主要由前沿部署的海军力量去完成。守护"五眼联盟"行动的两个前提就是安全原则和"按需知密"原则。

西方国家安全政策的基础是明确、可识别的价值观和战略考量。其中，首要的一点是必须保护本国公民免受侵略和威胁。这些威胁既挑战了一个国家的主权独立和领土完整，也损害了公民生活在和平与和谐之中的权利、通过民主选举机构进行决策的权利，以及独立、不受外来压迫或威胁的权利。历史、文化、民族、语言和经济层面的深刻联系将"五眼联盟"国家紧密地凝聚在一起。每个国家维护其民族特性和自决权利的战略需求随时间和地理空间的变化而变化。这决定着"五眼联盟"每一个成员国对国际力量对比态势的变局会做出何种反应（有些变局会使一个标榜自由、成熟、独立的国家面临威胁）。

回顾20世纪上半叶，可以总结出很多重要教训。

第一个教训就是，当世界乌云密布、危险逼近、人们对未来的安全深感忧虑时，一定要未雨绸缪，做好防御准备。在这方面，一个典型的例子就是德国。纳粹党的崛起和1933年的选举使德国从1936年开始不断表现出好战姿态，最终在1939年9月挑起了"二战"。面对日趋严峻的挑战，其他国家没有做好充分的应对准备，一度以绥靖政策应对，凸显出侵略者更有能力挑战现状。在当今世界的环境下，挑战并不一定表现为侵犯领土（最坏的情况是大举入侵一个国家）的传统方式，而是表现在经济方面，包括对水、石油等资源的争夺，大流行病，对关键原材料的垄断贸易以及对网络空间的侵扰。在极端情况下，这些新型挑战或许会危及一个国家的生存，因此亟需做出战略层面的应对。

第二个教训就是现实主义原则屡屡在国际关系中得到体现。"五眼联盟"这样的国家为了保护本国安全和至关重要的国家利益而缔结联盟。类似地，那些具有好战和扩张意图的国家也会为了利益而与其他国家结盟。纳粹德国和苏联签署了条约，纳粹德国同日本、意大利建立了轴心国，后来德国又背叛了同苏联的条约，都是 20 世纪"现实政治"的典型案例，说明即便相互敌对的国家也会从建立和打破联盟中明显获益。

第三个教训就是 20 世纪西方民主国家的关键领导者，美国、英国及其盟友加拿大、澳大利亚、新西兰提出民族自决，英国还提出去殖民化和自治权。"一战"后，美国总统伍德罗·威尔逊被誉为"国际联盟之父"，"五眼联盟"成员国都是联合国的重要成员，美国、英国和加拿大也在北约组建过程中发挥了核心作用。国际联盟是在"一战"后的和平环境中构想出来的，旨在促进国际合作和减少未来战争。联合国是在国际联盟未能维持国际秩序的教训基础上构想出来的，目的是维护和平。北约的强势在于军事凝聚力、组织性和侧重威慑而非威胁的军事能力。

"五眼联盟"需要通过明确的军事实力、国家层面的决心以及在组织严密的联盟架构内的合作去展示实力。这种需要加上共同的文化基础催生了"五眼联盟"战略思维中一条清晰明确的主线，即准备好应对变化中的格局至关重要。"五眼联盟"发现旨在维护国际安全的外交策略（即利用权力去追求和平结果），可以运用一套非常复杂的工具，包括多国联合施加外交以及其他方面的压力——经济制裁、孤立以及限制商品、物资和资本流动。在上述措施都失败的情况下，诉诸武力往往是最后的手段，比如封锁、加强备战，或者最坏的情况是公开宣战。

在某些情况下，"五眼联盟"国家，尤其是英国、美国和加拿大，在运用上述工具时会受限，因为总体的战略形势和力量对比导致它们处于不利地位。比如，苏联曾经入侵匈牙利、捷克斯洛伐克和阿富汗，各种情况综合到一起之后，"五眼联盟"国家及其盟友也对苏联无可奈何。虽然苏联入侵这三个国家造成了不利于"五眼联盟"的态势，但在这三起事件中，苏联的势力过大，以至于北约除了抗议之外，无法做出任何有实质意义的应对。这三种情况都给人留下了深刻而持久的教训，尤其是认识到将军事力量作为外交政策和国家安全政策的工具存在多重局限。理解这些局限至关重要，同时也要理解集中式领导模式存在的问题及其对"五眼联盟"的影响。

"二战"无疑是人类历史上最大规模的冲突。"二战"最令人震惊的一个方面在于，经过这场战争的洗礼，美国、英国及其盟友的主要防务组织竟然都没有发生根本性的改变。各国对防务组织施加了更为严格的控制，也开展了必要的国际合作，但没有任何一国的军队对国际合作提出过反对或抵制。考虑到"二战"在各个层面的复杂性，尤其是各国在短时间内建造大规模工业基地和战争机器的惊人能力，以及在极短的时间内实现技术创新的能力，有一件事是非常清楚的，即各国的防务体系的确发挥作用了。没有什么是完美的，英国和美国在"二战"中的防务组织也不尽完美，但运转良好。此外，战争还促使各国防务组织迅速实现一些有益的变革：官僚主义的惰性消失了，妨碍变革或命令传达的问题很快解决了，不称职或无能的人也被解职了。

但是新的问题来了，既然各国防务组织在"二战"中运转良好，那为什么还要进行改变呢？此外，为什么"五眼联盟"会发生从各个成员国海军独立运作到集中式领导模式的转变？"二战"期间和之后，没人指责"五眼联盟"海军不善于团队合作，更没有发生最坏的情况，即某国海军为了追求一些自私的目标而独断专行。各国的政治领导人、海军领导人及其参谋人员会共同商定一个大战略，然后各自分配资源去执行落实。各国军队之间虽然也会发生争执，但争执的内容并不是关于如何给自己捞取更多的资源，而是关于如何才能让自己的部队表现出更强的竞争力，如何取得战绩，在所有方面都展现出自己的价值。这是一种非常健康的状态。"五眼联盟"成员国从未就资源争夺问题以及谁去执行大战略发生过激烈争执。在阿登战役中，巴顿的军队非常兴奋地看到，一旦天气好转，美国陆军航空部队就开始提供空对地支援，而且在多数情况下，"解放者"或"桑德兰"飞机都会配合水面舰艇攻击德国的U型潜艇。各军种之间相互配合，提高整体作战效率，而不是彼此内耗。

"二战"证明，一个国家的防务组织具备三个显著特征：战斗力强、运作效率高、能开展有效的国际合作。"二战"结束后，人们渴望提升各国防务组织的一体化作战水平，并通过联合指挥部等方式加强自上而下的指挥，因为集中化管理模式有一些明显的好处，有助于控制相互独立的军种，从而带来更高的效率，而不是加强军种之间的竞争和降低作战效率。在现实中，要落实这种管理模式，就需要在各国现有的管理架构之上设立一套庞大的官僚机构，这套新架构将在很大程度上覆盖原有架构的部分职能。

经过"二战"的洗礼，美国和英国在各自立法机构的支持下，发生了一些基本的政治变革，推动国防基础架构发生很大的变化。美国的国防部长办公室和参谋长联席会议，以及英国国防部和国防参谋部的人员规模都先后出现大幅增加。这些变革需要投入宝贵的资源才能落实，因而催生大量成本。但既然两国的防务机构在"二战"期间能很好地发挥作用（的确存在一些值得吸取的教训），那么这一切变革都是值得的吗？

路易斯·蒙巴顿与英国国防架构的变革

"二战"后的一些知名人物是集权主义的拥护者。在英国，颇受关注的拥护者或许就是海军上将路易斯·蒙巴顿勋爵（1900年6月25日—1979年8月27日）。一个令人惊讶的事实是，他亲自监督了英国国防参谋部的组建。有人不禁会纳闷：这怎么可能呢？事实上，蒙巴顿上将发自肺腑地相信集权主义管理模式有助于提高效率，坚信各军种之间应该合作，而不是竞争。1941—1943年，他被任命为英国联合作战司令部司令。这是他首次担任如此重要的将官职务，当时他就提倡联合作战。后来，

1943—1946 年，他被派往远东地区担任东南亚盟军总司令，即东南亚战区盟军最高指挥官，亲眼见证了军种间合作的巨大价值。"二战"结束后，他在这个职位上指挥部队相互配合，构成了"五眼联盟"组织架构的雏形。

路易斯·蒙巴顿勋爵在各方面都具有独特之处，他家世显赫，家族背景无可挑剔。他的父亲路易斯是德国黑塞大公领地的巴顿堡王子，1917 年放弃了该头衔，将姓氏英国化，从"巴顿堡"改成"蒙巴顿"。他的父亲担任过英国第一海务大臣及海军参谋长，他的母亲是黑森-莱茵大公国的维多利亚公主，他本人是女王伊丽莎白二世的远房表亲，也是女王伊丽莎白二世的丈夫、爱丁堡公爵菲利普亲王的舅舅。他是家里最小的孩子，有一个哥哥和两个姐姐。1913 年，他进入奥斯本的皇家海军学院学习。

1914 年，他的父亲成为第一海务大臣及海军参谋长，但因为他的家族具有德国血统，所以遭受了一个不幸的打击：他的父亲因为英国的反德情绪高涨而被免职。年轻的蒙巴顿摆脱了家族的印记，1955 年 4 月—1959 年 7 月担任第一海务大臣及海军参谋长，1959—1965 年担任第一任国防参谋长，他是有史以来任职时间最长的国防参谋长。他和父亲都做过英国第一海务大臣及海军参谋长，参与创造了英国皇家海军的历史。

因此，蒙巴顿勋爵在英国拥有极高的影响力。他经历过 1949 年 8 月苏联第一枚原子弹爆炸后核武器竞赛日益加剧的历史。20 世纪 50 年代，他见证了朝鲜战争、冷战加剧和匈牙利十月事件。他清楚且明确地认识到英国的职能系统不能空有其名，而应该实

英国海军元帅、东南亚战区盟军最高指挥官路易斯·蒙巴顿勋爵（图片来源：维基共享）

质性运作起来。他开始与英国历届首相班底并肩努力，包括哈罗德·麦克米伦（任期 1957 年 1 月—1963 年 10 月）、亚历克·道格拉斯-霍姆（任期 1963 年 10 月—1964 年 10 月）和哈罗德·威尔逊（任期 1964 年 10 月—1970 年 6 月），对英国国防体制进行系统性改革。他从政治军事架构上打破了英国皇家海军的历史传统。改革之前，海军大臣（同时也是内阁成员）代表皇家海军，在议会中单独占有席位，但改革之后就不再如此了。这一事实产生了戏剧性的深远影响。对此，蒙巴顿勋爵要么无视，要么认为并不重要，因为他坚持认为改革是必要的。

改革之后，皇家海军在议会中不再享有独立的代表权，也不能直接跻身内阁。海军部并入了国防部，成为国防部的内设机构。由第一海务大臣和海军参谋长领导的海军参谋部仍然以其原有形式存在。此外，负责海军规划、人事、作战需求、物资采购的机构保持不变。这些关键机构的设置非常精简，专业且高效，很少存在官僚主义或人员冗杂问题。海军情报局也配备类似人员。海军失去了直接接触首相的渠道之后，影响力有所下降，海军人员现在必须通过国防参谋部的组织架构去运作。这一架构新增了一些协调职能。在改革之前的几十年里，这种协调工作是通过海军参谋委员会实施的，海军参谋委员会是一个极致精简的组织，工作效率高，在两次世界大战中都有出色表现。如今，总参谋部新增了联合作战部这一层级，导致需要协调的人员规模反而扩大了，许多人认为这种改革是重复的，与之前的海军协调职能存在重叠。

改革前，海军的四星将领们可以直接通过海军部接触到最高层的政治领导人，海军部这种领导体系事实上已经运行了几个世纪，经历了两次世界大战。改革后，海军将领们发现自己无法直接接触最高层政治领导人，也无法直接向国防部和国防参谋部的最高领导汇报工作，只能向国防部下属的海军委员会汇报工作。国防参谋长、副国防参谋长以及助理国防参谋长构成的等级体系负责行使一些主要的军事职能，包括政策、计划、行动、情报、人事、采购和研发等。因此，与之前的海军部领导体系相比，这次改革无异于增加了一个庞大的工作人员层级，人员膨胀和官僚主义也接踵而来。这次改革给皇家海军文化造成的冲击不算小。此外，皇家海军突然发现自己不仅要与这些新的国防等级体系合作，还要与不断壮大的、根基深厚的公务员官僚机构合作，从而增加了海军管理的流程和成本。在 1964 年及改革之前的几年，这些改革对英国国防组织可能产生的长期影响没有得到充分的分析或理解，因为当时面临着冷战带来的安全挑战，很多人认为更大程度地促进军种协作、一体化作战和联合规划是有益的。

在改革之后的新国防体系内，皇家海军发现自己的竞争优势遭到了削弱，其海洋大战略也失去了最高层政治领导人的直接支持。这代表着一次重大转型，因为自从纳尔逊[1]时代以来，皇家海军一直将自己视为英国海上力量和海洋大战略的直接化身（最典型的表现就是海上远程作战），而且认为这一点是不言自明和全国公认的。

1960 年 2 月，英国首相哈罗德·麦克米伦在南非开普敦发表了一篇著名演说，题为"变革之风"，昭示着大英帝国将退出殖民地，英国非洲殖民地将由此掀起独立浪潮。20 世纪 60 年代，英国开始支持系统性、大规模去殖民化进程，特别是在非洲、亚洲和西印度群岛。工党政府的首相哈罗德·威尔逊和国防部长丹尼斯·希利见证了大英帝国晚期的殖民地独立运动。这场运动始于印度独立（印度和巴基斯坦分治，后来东巴基斯坦又独立出

---

[1] 纳尔逊全名霍雷肖·纳尔逊，他是 18 世纪英国风帆战列舰时代的海军名将。——编者注

去，成了孟加拉国）。去殖民化运动之后，英国不像以前那么志在全球了，而是将去殖民化视为一个从称霸全球转向重返欧洲的理由。

"重返欧洲"成了英国国防用语中的一个关键词，特别是在涉及远东以及英国在新加坡和中国香港部署的远东舰队时。时任国防部长希利认为英国没有必要扩大舰队规模，也没有必要维持像 20 世纪 50 年代到 60 年代初那么庞大的舰队规模，但他并没有阐述一项新的海洋政策或战略去促使皇家海军融入冷战形势下的全球海洋，而不能仅仅聚焦于北大西洋海域。英国还战略性撤出了地中海这一具有历史意义的领地，先是削减地中海舰队的规模，降级为马耳他海军基地，之后又关闭了马耳他海军基地，皇家海军在地中海的持续存在也最终结束。另外特别值得一提的是，英国还用这种模式撤回了在远东地区的军事存在，削减远东军事基地的规模，仅保留一些军事辅助设施，最终在新加坡降下了远东舰队的旗帜。这一进程的根源不仅在于英国财政预算吃紧、外交政策考量以及掌控领土减少，也在于国防组织架构的变革。

新的国防组织架构为关键决策的制定创造了一个截然不同的政治、军事环境。在"去殖民化"和"重返欧洲"的时代背景下，新成立的国防部要处理许多相互矛盾的优先事项，其中最主要的几组矛盾包括：如何在常规军事力量与战略核防御需求之间寻求平衡，如何在削减前沿军事部署与通过"莱茵军"（即英国陆军驻扎在联邦德国莱茵河地区的地面部队）支援北约在欧洲的军事行动之间寻求平衡。此外，新的国防部还面临着一些往往相互冲突的潜在问题，比如皇家海军和皇家空军之间的资源竞争日益激烈。

1961 年 12 月，麦克米伦首相与肯尼迪总统在百慕大举行历史性会晤后，美国同意与英国分享其核潜艇和战略核弹道导弹技术。皇家海军将同时建造核动力攻击潜艇和核动力弹道导弹潜艇（后者将成为核心，也是今天英国通过核威慑进行国家战略防御的支柱）。英国皇家空军也努力争夺军事资源，以维持其"勇士"（Valiant）、"火神"（Vulcan）和"胜利者"（Victor）这三种 V 型轰炸机。它们携带核弹头，作战能力类似美国战略空军司令部（SAC）的 B-52 轰炸机。这些需求和作战能力都是资源密集型的，需要投入庞大的军事资源。虽然当时英国皇家海军已经实现了全球范围内的部署，但时任英国国防部长丹尼斯·希利认为，如同英国从之前的殖民地削减军力部署一样，英国同样有必要削减海上军事存在和前沿军力部署，缩减皇家海军规模有助于节约军事成本，在更大程度上将英国陆军和空军部署到欧洲，集中精力加强欧洲防御，而皇家海军则集中精力加强北欧海域的防御，以支援北约应对迅速壮大的苏联北方舰队，因为当时苏联北方舰队试图通过格陵兰岛、冰岛和英国之间的航道进入大西洋乃至更远的海域，所以给北约带来了重大挑战。

英国不仅需要借助美国的支持和技术去发展本国独立的战略核威慑力量，还要实现一些主要的战略目标，但英国的总体军事战略取决于它的可用资源总量，而不是对这些战略目标的深入分析。英国皇家空军也要消耗大量资源，因为它不仅负责英国空中防御，还要维持驻德国空军力量在欧洲的角色，以及维护海上巡逻反潜的角色（海上巡逻反潜的主力起初是皇家空军海岸司令部，之后过渡给了皇家空军第 18 大队，最初装备有"沙克尔顿"海上巡逻反潜机，后来又装备了"猎迷"海上巡逻反潜机）。

当更换航空母舰的决定出现在时任国防部长丹尼斯·希利的办公桌上时，皇家海军发现自己身陷一种严峻的处境，因为海军现在不仅要和空军竞争有限的资源，还要和国防参谋部竞争，国防参谋部不仅注重战略，也注重节约成本。除了核威慑之外，一些至关重要的英国国家战略利益成为考虑最少的因素。在全球化背景下，英国国防部门不再提及"海上远征作战"这一核心概念，而是希望更多地聚焦欧洲防务。

丹尼斯·希利与英国国防架构的变革

时任国防部长丹尼斯·希利（见附录）是一名知识分子，也是战后工党的关键思想家之一。他发表了对航空母舰的看法，认为它们太脆弱了，无法抵御新型核动力潜艇的鱼雷的攻击，并把它们描述为水手们居住的浮动贫民窟。他的分析仅停留在这个层面，没有进一步做出更深入的分析，也没有探讨新型潜艇未来如何保护航空母舰战斗群。然而，当时皇家海军已经围绕着反潜战的需要部署了大量水面舰艇部队，以保护航空母舰、两栖攻击舰以及商船，并部署了新型防空导弹系统，以保护这些水面舰艇免受空袭。对于海军的这些努力，希利选择视而不见。使用大型固定翼战机实施海上移动打击的战略价值也不在希利的战略词典中。因此，英国皇家海军航空兵的发展面临着空前挑战。在关于是否有必要进行航空母舰升级和替换的辩论中，1964年重大变革后建立的新型政治军事架构对皇家海军不会有任何帮助，因为海军部被并入国防部，具有内阁成员地位的"海军大臣"被取消，国防部内部又设立了国防参谋部，对皇家海军实施集中式领导，所以这个军种失去了之前的政治影响力。

丹尼斯·希利（图片来源：维基共享）

英国皇家海军"凯旋"号、"竞技神"号、"鹰"号和"皇家方舟"号这四艘可搭载固定翼飞机的航空母舰已经完成了各自的使命，服役期终结并不难理解，"阿尔比恩"号和"堡垒"号这两艘轻型航空母舰已被改装为海军陆战队的两栖船坞运输舰，用于运输直升机等武器装备。可以说，在20世纪60、70年代，关于是否需要替换"二战"时期那种可搭载固定翼飞机的传统大型航空母舰，海军在辩论中长期处于不利地位，最终导致英国所有可搭载固定翼战机的大型航空母舰全部退役。为了避免没有航空母舰可用的尴尬，皇家海军退而求其次，推出了轻型航空母舰，主要搭载直升机，以满足反潜和有限度的制海、制空等任务。这种情况直到2020年前后才有所改变，直到这个时候，两艘"伊丽莎白女王"级航空母舰中的第一艘才投入使用，洛克希德·马丁公司的F-35B战机成为首选的舰载战机。

"皇家方舟"号航空母舰是最后一艘于1979年退役的大型航空母舰，海军人员尽可能地延长它的服役时间。它搭载的F-4战机、"海盗"和"地狱猫"这两个型号的低空海上攻击机要么被转给空军，要么报废。许多海军人士和独立的战略专家认为20世纪60、70年代国防部和国防参谋部官员关于放弃大型航母的判断是一个重大错误。海军工作人员起初打算在短期内纠正这一错误决定，但最终英国花了50年时间才完成了这一纠错过程。2017年12月和2019年12月，英国海军有史以来购买的两艘最大的航空母舰——"伊丽莎白女王"号航空母舰和"威尔士亲王"号航空母舰分别正式开始服役。

1976 年 4 月，美国弗吉尼亚州诺福克，英国"皇家方舟"号航母与美国"尼米兹"号航母并排停靠（图片来源：维基共享）

做出这一决定的过程典型地体现了皇家海军如今同白厅这一层级的互动方式。皇家海军由于在内阁和议会没有直接代表，从而失去了传统的政治影响力和辩论途径。国防部和国防参谋部的职能扩充导致皇家海军偏离了主流，而不是时刻准备为海军提供服务。皇家海军的第一海务大臣（同时兼任海军参谋长）如今扮演的角色已经远远逊色于历史上海军大臣的重要角色。作为皇家海军的首长，第一海务大臣除了服务海军事业之外，还越来越多地被要求在国防参谋部的架构中表现出团队精神。第一海务大臣必须认清一个事实，即在国防部，他的声音只占 1/4 的分量（这四人包括三个军种的首长以及国防参谋长）。此外，他还得认识到，海军不仅要应付一个权限很大、由文职官员组成的秘书处，还要应付国防参谋部，国防参谋部里面虽然有一些海军人员，但最多只有1/3，国防参谋长职位一直执行严格的军种轮换，由三个军种的首长轮值。上述种种制度安排都不利于皇家海军制定和阐明海洋大战略，也不利于皇家海军说服政府相信将海洋大战略作为首要战略的必要性（这一战略的基础是皇家海军作为英国安全卫士的历史地位）。皇家海军争夺主要地位的能力遭到了严重削弱。

新的国防参谋部的特点在于它是一个以程序为导向的组织。在这个组织中，各个委员会开展高度官僚化的工作，平衡相互冲突的利益，不断通过妥协来满足某一军种的要求和资金请求，这成为日常的议事规则。它本应该根据英国至关重要的国家安全利益对一些大战略进行讨论、议定和决策，但这一关键职能湮没在了三个军种杂乱的妥协声音中。英国过去几十年发布的《战略防御与安全评估》（SDSR）也被指存在这类问题。

美国的政治制度避免了变革的负面影响

与英国皇家海军相比，美国海军在一个关键方面是非常幸运的。在先前描述的美国国防组织架构变革后，美国的政治制度和宪法有助于维持美国海军的持久影响力。有两个最重要的因素：首先，美国的立法和行政是分开的；其次，美国海军部长的地位和作用。尽管变革后的美国国防部长从等级制度角度来看是非常强大的，而且 1949 年美国海军部长在内阁中失去了席位，但海军部长的职位依然保留了下来，无人质疑。1960—1972年的历任海军部长——弗朗克、康纳利、科斯、费伊、尼采、伊格内修斯和查菲——仍然享有很大的自主决策权，能够通过完善的宪法渠道，为美国海军的最大利益行事。1960—1974 年，这一时期的海军作战部长伯克、安德森、麦克唐纳、穆勒和朱姆沃尔特上将从未面临过英国第一海务大臣及其幕僚在同一时期所面临的困境。美国海军领导层能够以明确、合法的渠道同国会进行多种形式、多个层级的接触。他们不仅有办法代表海军争取计划性、例行性的利益，同时也可以用核心战略问题影响年度国防预算。

美国海军可以在公开的、非保密的听证会上进行辩论，很好地阐述美国海军的利益诉求。在众议院军事委员会和参议院军事委员会的公开质询中，以及在公众和媒体不允许参加的保密性闭门听证会中，历任海军作战将领的个人辩论才华都展露无遗。关键的战略问题会被公布出去，得到激烈的辩论，而且常常带有严谨、坦率和幽默的风格，但有时也会有议员大胆地直接发问。很多能力很强、知识渊博的委员会和工作人员会向议员们详细介绍有关情况。这些委员会的主席和高级成员享有很大权力。因此，美国海军不断有机会在国会发表陈述，阐明其争取资源的诉求。海军作战部长的幕僚有专门人员去联络国会人员，可以合法地与国会里的各个委员会进行接触，影响国防辩论的结果，以及影响项目、人力、舰艇、潜艇、飞机、武器和关键设备运维经费的分配情况。

在海军游说国会的过程中，另一个相关因素是工业界和海军的关系。工业界的承包商们竭力在各个层面的生产与服务中承揽海军的业务。这些承包商及其说客在某个选区（或州）居住或经营企业，他们往往与那些来自同一选区（或州）的众议员和参议员存在相互交织的密切关系。他们会同议员合作，获取那些对就业和其他利益至关重要的项目。参众两院的拨款委员会控制海军的资金来源。参众两院的军事委员会对美国海军提出的项目拥有审批权，经过它们批准的项目才能进一步流转到拨款委员会的审批程序。只有参众两院拨款委员会下属的国防拨款小组委员会才能合法地拨付款项。这些委员会的权力都很大，对军队项目掌握着生杀大权，拨款能使一个项目取得成功，终止拨款能导致一个项目失败。然而，美国宪法赋予美国海军多项权力，从而能够合法地影响整个审批和拨款流程。这些权力得到了法律层面的明确界定，人们都对此拥有透彻的理解，而且海军拥有丰富的专业经验去行使这些权力。美国海军高级将领的成功在一定程度上取决于他们在国会的表现。三星、四星级别的军官在国会山也有发言的机会，海军部长是国会的常客，身旁分别坐着海军作战部长和海军陆战队指挥官。反观英国皇家海军，既没有宪法赋予的这种特权，无法在议会中陈述自己的理由，也无法通过直接影响议会来寻求经费。

在美国海军和国会的关系中，文化和关系这两个因素是根深蒂固的，而且往往无声地发挥着作用。许多议员都曾在美国海军服役，其中最出名的是已故的亚利桑那州参议员约翰·麦凯恩和弗吉尼亚州参议员约翰·华纳。除他们之外，议会中的老兵还有很多。许多国会议员都曾供职于波托马克河两岸的五角大楼和国会山。因此，他们不仅了解整个过程，而且对于什么事情是怎么回事，以及应该如何处理早就有先入之见。他们的立场是支持美国海军。他们理解海军的战略主张，而且对美国海军的个人忠诚是根深蒂固的。这些议员身边的工作人员会主动填补自身在海军技能和相关知识方面的空白，并与海军携手工作，从海军作战部长的工作人员那里获得各种简报和文件。"二战"后，美国行政和立法机构之间一直存在着健全的、持续的、不断变化的政治与军事对话。英国的政治体制却迥然不同，一味注重削减国防经费，并不符合皇家海军的利益。

英国皇家海军和美国海军面临的政治、军事环境之所以差别如此大，最有说服力的一个事实或许莫过于两国最高政治领导层的职业背景以及法律上的地位。在美国，几位总统都有国会任职的经历，因此能从不同的角度审视政府。罗斯福总统在早期职业生涯中曾担任美国海军助理部长，与丘吉尔首相曾两次担任海军大臣具有相似之处。"二战"后的几位总统都是美国海军退伍军人，比如肯尼迪、约翰逊、尼克松、福特、卡特和老布什。有几位总统甚至曾在海军服役期间因战功而被授予荣誉勋章。他们都了解海军如何运作、海军在做什么、海军为什么做这些事情，以及海权的战略意义。

相比之下，自"二战"以来，只有一位英国首相曾在皇家

海军服役，即詹姆斯·卡拉汉（首相任期为1976—1979年）。从
1942年至"二战"结束，他曾亲自参战。他的父亲曾是皇家海
军军士长。卡拉汉先加入皇家海军志愿预备队，成为一名优秀的
海员，"二战"结束后晋升为海军中尉。他在服役期间的表现非
常突出。然而，英国最高领导层的个人知识和经验远远赶不上那
些具有海军服役背景的美国总统，其中几位总统甚至参加过激烈
的作战行动。当美国总统需要做出艰难的决定时，这些背景因素
就会产生重大影响，因为他们知道自己面对的战争究竟是什么性
质，以及自己的决策会产生什么结果。此外，关于预算分配和优
先事项，曾在海军服役的总统能够理解和尊重海军在年度预算周
期中提出的要求，以及为什么提出这些要求。1982年春季，在
阿根廷入侵马尔维纳斯群岛之后，特伦斯·列文和亨利·里奇这
两位皇家海军上将不得不连夜为时任首相玛格丽特·希尔达·撒
切尔提供关于海军的情况简报，因为这位首相关于皇家海军的先
验知识并不充分，但幸运的是，她学习能力强。在这两位优秀的
"二战"老兵专业的指导下，她迅速充分理解了他们提出的计划。
此前20年，也就是1962年古巴导弹危机时，时任美国总统肯尼
迪由于曾在海军服役，所以在动用海军力量挫败苏联的意图和行
动时并不需要这种关于海军基本情况的简报。

国防架构变革产生的战略影响

与"二战"期间的情况相比，美国和英国的国防架构变革都
是相当大的。在1947年的变革之后，美国海军反而能够持久地、

直接地向国会陈述自己的理由，为争取所需资源进行辩护。反观英国国防架构变革之后，皇家海军则在政治层面备受掣肘，这就好比一个家族的远房亲戚无法直接联系或接触到该家族的大家长。我在这里要提出一个关键的看法，即美国海军赖以运作的制度环境根源于美国宪法，美国政府的文化传统和运作模式也使美国海军能够历经官僚体系和组织变革而未受损伤。英国皇家海军则没有享受过这样的特权。正如前面所描述的那样，英国国防架构变革阻碍了皇家海军的发展，因为几个世纪以来，皇家海军享有政治上的特权，习惯将自己视为一个更高级的军种，拥有自己独特的运作环境和运作模式，海军的声音也不断得到其他部门的倾听和理解。可以说，高度文官化的官僚机构、以程序为导向的国防部和国防参谋部过于注重军种联合与集中领导的政治模式，无不加速皇家海军的衰落。

"五眼联盟"面临着共同的战略挑战，要有效应对这些挑战，离不开海军。1962 年，美国面临着自"二战"和朝鲜战争以来最大的挑战——古巴导弹危机。紧随其后的是 1963 年肯尼迪总统遇刺，以及他的继任者林登·约翰逊担任总统期间越南战争升级。这些事件的大背景是冷战加剧和美苏全球对抗（尤其是在海上）。美国海军和英国皇家海军每天都要直面苏联和华约组织成员国的海军。美苏两国及其盟国、附庸国都卷入了这场大博弈，直到苏联解体。1967 年，以色列与阿拉伯国家（埃及、叙利亚和约旦）之间爆发了"六日战争"，催生了一场危机，时任美国国务卿迪安·拉斯克认为这场危机比古巴导弹危机更具威胁性。

到 20 世纪 60 年代末期，欧洲局势已经恶化了，苏联主导的华约组织和美国主导的北约组织在中欧地区部署了大量军力，频繁举行演习和战备活动。在北约军事结构中，盟军在欧洲的最高指挥官一直是美国的四星上将，他是报复计划的守护者，这些报复计划的前提在于"相互确保毁灭"原则。正是这种核威慑在铁幕两侧创造了一种均势状态。在这种情况下，如果苏联按照传统方式去入侵西欧就行不通了，因为北约公开宣示的政策是，如果北约的前沿战区崩溃以及苏联进军西欧，那么北约必将动用核武器进行报复。因此，"相互确保毁灭"这个说法很贴切。但即便如此，苏联还是在 1968 年入侵了捷克斯洛伐克。在捷克斯洛伐克领导人杜布切克进行了激烈反抗之后，苏联占领了捷克斯洛伐克。当时很明显的一点是，北约和华约在欧洲大陆处于一种均势状态，且冷战一旦升级就会带来严重后果，导致北约无法对布拉格的悲惨局势提供援助。

但有一个竞技场可以供苏联和西方激烈角逐，争取全球影响力，展现各自制度的优势。这个竞技场就是海洋。海洋为它们从经济和意识形态方面渗透其他国家提供了一条便捷通道。苏联海军不断壮大、争取全球影响力的过程被总结为苏联的"海军外交"。可以说，冷战的真正战场是世界各地的海洋。

为了回应咄咄逼人的苏联海军，北约建立了一个重要的海军联合指挥机构，即大西洋盟军司令部（ACLANT），总部位于弗吉尼亚州诺福克，一直由美国海军四星上将担任领导角色。在这个架构中，美国海军的实力至关重要。这一点体现在数量众多的舰队上：美国第 2 舰队部署在大西洋，美国第 6 舰队部署在地中海。此外，美国第 3 及第 7 舰队是在太平洋地区抗衡苏联海军的重要力量。

同北方舰队（主要基地位于科拉半岛）和黑海舰队（主要基地位于克里米亚半岛）相比，苏联海军在太平洋地区的扩张和发展受到了地理因素和其他地缘政治因素的制约。但苏联北方舰队及华约组织成员国海军的扩张，以及苏联波罗的海舰队（主要驻扎在圣彼得堡）的角色和使命，却能对北约构成严峻挑战，除了没有爆发公开交火的敌对行动之外，双方在海上的对决不亚于一场真正的武装冲突。这种海上角逐一直延续到了苏联解体。如今再去审视和分析，不难发现这种海上角逐的战略基础远比双方在中欧陆地上的角逐更重要，因为在海上，苏联可以在核保护伞之外寻求一些真正有利于它扩张的机会，以及影响和削弱西方国家的机会。美国及其盟国海军力量的任务就是防止出现这种局面，而实现这一目标的策略则错综复杂，不断演变，且具有高度的挑战性和技术性。

* * *

20 世纪 60 年代，英国经历了长达 10 年的"身份认知"危机。当时，去殖民化进程一度达到高潮，英国竭力推动本国防务力量重新聚焦欧洲。1965 年，工党政府宣布了所谓的"苏伊士以东"政策，把苏伊士河以东的地区作为防务重点，决不放弃该地区的基地，但此后英国又取消了这个政策，开始撤出苏伊士河以东的地区。"苏伊士以东"政策背后的军事战略主要是海军层面的，即依托前沿部署的海军军力和基地，维护英国及盟友在苏伊士以东的经济利益。海军力量包括水面舰艇、海军航空兵、水下潜艇和两栖舰艇。

20世纪60年代，英国支持马来西亚同印度尼西亚进行战斗。英国参与了这场对抗。因为它表明英国皇家海军和皇家海军陆战队能够像特种部队（英国陆军特别空勤团和英国皇家海军陆战队特别舟艇团）那样，在马来西亚东部加里曼丹岛的丛林与河流中遏制印度尼西亚正规军和准军事化部队的入侵。

英国皇家海军和皇家海军陆战队在这场战争中并肩作战，这令人想起了"二战"期间英国陆军第14军对日本发动的丛林战，以及"二战"后在马来西亚镇压当地叛乱的行动。回想起来，"婆罗洲战役"堪称英国对叛乱部队开展丛林战的一个经典案例。此前，英国关于这类战役的教科书都是根据在其他地区镇压反殖民组织的一线作战经验编写的，比如，在肯尼亚镇压"茅茅党"，在塞浦路斯镇压"埃奥卡"（塞浦路斯全国斗士组织）以及在中东地区镇压阿联酋、也门和阿曼等地的反殖民组织。

英国远东舰队从新加坡和中国香港撤回，削减并关闭主要军事设施，不仅标志着一个帝国的终结，也标志着战略思维的转变。英国的战略思维不再注重向全球海洋及陆地的拓展。威尔逊政府和时任英国国防部长希利的防务政策以欧洲为重，这无异于一场海上大撤退。他们没有广泛、深入地分析一个国家丧失海上强国地位意味着什么。平心而论，英国这种重返欧洲的政策是受资源驱动的，因为在经历了几次经济危机和英镑贬值之后，英国的经济状况无法承担在全球部署三个军种的成本。英国只能无奈地采取一套以去殖民化为基础的外交政策，重返欧洲，聚焦中欧防线，严守北大西洋海上交通线，并建立和维持独立的核威慑力量。

前文分析的政治军事变革迎合了英国高度官僚化的、程序化的国防管理理念。在20世纪60年代，国防部的词典里显然没有"大战略"这个词。要知道，海洋战略赖以形成的前提是对海权概念的理解和分析，而这湮没在了北约推动的庞杂的核技术术语中，英国政府也做出了妥协。在年度国防预算中（这种预算实质是为了满足三个军种的需求而分蛋糕），这个词的色彩也不明显，因为当时的防务理念是以欧洲为中心，而不是基于全球海洋视野。20世纪60年代，英国面临的经济现实在很大程度上诱发了"海洋战略"的缺位。但这背后还存在心理诱因，即人们普遍认为全球帝国的撤退等同于全球海上力量的撤退。这个过度简化的思维埋下了英国海洋战略缺位数十年的根源，其作用或许不亚于经济诱因。英国从根本上忘记了自己崛起为海上强国的传统根基，这种根基不是殖民，而是一个非常简单的事实——贸易。自大航海探险以来，英国一直是海上贸易大国。为了生存，英国不能只做贸易，它必须利用海洋做更大的生意。在英国许多学校里，学生们每天都要为那些坐船出海、在海上工作的人祈祷，这并非爱国主义驱动的好奇心，而是对一个非常简单的经济事实做出的真实、持久的反思。这个事实就是，无论是最初作为一个农业国，还是后来作为一个工业国，英国的生存必须依靠海洋。皇家海军不仅是这些贸易和利益的保护者，还是英国外交政策的主要军事工具，通过前沿部署的海军军力和行动来支持政治经济利益。

回顾英国在历史上参与的大型陆地战争或战役，不难发现英国陆军基本上属于"平民化军队"，即兵员是由临时招募的平民构成的，而非正规化、永久化、规模化维持的军队。比如，英王亨利五世在阿金库尔战役中率领的军队、约翰·丘吉尔（即后来的马尔伯勒公爵）在布伦海姆战役中率领的军队、阿瑟·韦尔斯利（后来的威灵顿公爵）在拿破仑时代伊比利亚半岛战争中率领的军队、伯纳德·蒙哥马利将军在北非阿拉曼战役中率领的第 8 集团军、威廉·斯利姆在科希马战役中指挥的第 14 集团军，都是在冲突持续期间由临时招募和训练的平民组建起来的，领导者更是少数在和平时期训练出来的军官。然而，皇家海军则迥然不同，因为它是一个规模化、永久化维持的庞大组织，由训练有素、经验丰富的专业军官和水手构成。当丹尼斯·希利做出不准更换皇家海军航母舰队的重大决定时，无异于从根本上否认了几个世纪以来精心设计和执行的英国海洋战略。

具有讽刺意味的是，在 20 世纪 60 年代，像布莱恩·兰夫特这类著名学者在格林尼治皇家海军学院给学员教授海上战略和海军历史时，国防部这帮身居高位的参谋却从根本上破坏了数百年来一直很成功的海洋战略。尽管美国国防架构也经历过重大变革，但较之于 20 世纪 60 年代的英国皇家海军，美国海军在同一时期的命运则完全相反。比如，1962年的古巴导弹危机表明，曾于"二战"期间在海军服役的美国总统能够利用海军力量去避免国家危机，因为苏联海军在入侵古巴的过程中全面展示了核导弹能力，美国总统则针锋相对地公开表示将在必要时动用海军力量。最终，美国海军的强大力量成功阻止了苏联的海上行动。如果肯尼迪总统没有对海军力量的一线感知和亲身体验，结果肯定迥然不同。此外，肯尼迪总统还能凭借自己对海军的了解去反驳其他军种人员（比如美国空军的柯蒂斯·勒梅将军）发表的一些不利于海军的观点。作为一名具有海军背景的总统，肯尼迪的双手一直牢牢把握着航行的方向。如果没有美国舰队的力量，他或许永远无法把苏联领导人赫鲁晓夫拉到谈判桌前，而且无法在美国军事机构中钳制极端鹰派。如果美国果真在1962年动用了核武器，则后果将不堪设想，令人无法承受。事实上，当时动用核武器的确也是一个选项，在某些情况下甚至有些人不惜违背美国利益而主张使用核武器。肯尼迪总统在巨大的压力下依然能够稳住局面，并极有技巧地使用海军力量。

20世纪60年代的古巴导弹危机凸显了美国海军战略的前景。资源从来不是一个严重的问题，美国海军要支撑明确的海上战略，资源诉求有理有据，它想要的资源都能拿到。除了古巴导弹危机之外，美国海军在越南战争中的作战行动和英国皇家海军在马来西亚东部的行动，以及其他一些在当时没有得到深入分析的海军行动，都对当代及未来的海军活动具有重要借鉴意义。

海外基地的重要性

几个世纪以来，英国皇家海军实施海洋战略依靠的是一系列海外基地。皇家海军在历史上曾经拥有一系列海军基地和相关设施，比如蒸汽时代的煤站以及后来的无线电台。这些海军基地广为人知，分布在中国香港、新加坡、马尔代夫的甘岛、斯里兰卡的亭可马里、靠近波斯湾入口的马西拉岛、亚丁、巴林、迪戈加西亚岛、肯尼亚的蒙巴萨、毛里求斯、南非的西蒙斯敦、直布罗陀、马耳他、百慕大群岛、马尔维纳斯群岛（阿根廷港）、加拿大东海岸以及西印度群岛。

这些遍布全球的海外基地简直构成了一个令人震惊的物流链，包括与澳大利亚和新西兰在港口准入方面的互惠合作。如果没有固定基地，无法补充燃料、食品，没有维修设施，那么海军将遭遇严重问题，除非它使用核能，才可以在不依靠陆地基地的情况下，在海上持续不断地为庞大舰队提供补给（这种补给能力必须在不同的海洋环境中维持下去）。此外，基地重要性的另一个表现是为船员提供必要的休息、娱乐场所。港口访问一直在外交和贸易关系中扮演着重要角色。有保障地、定期地使用港口设施对各国海军而言都必不可少。这些基地补给设施的存在将极大地影响航行时间、待命时间、恢复作战状态所需时间以及舰艇官兵的士气，而这些方面都非常重要。比如，一艘核动力攻击潜艇从珍珠港驶向太平洋西部海域，航行途中要花很长时间，尽管它的核反应堆将不间断地提供燃料、电力、新鲜空气和水，但舰艇官兵们的耐力是一个重要因素，其重要性不亚于在发生敌对行动时需要花费多少时间才能恢复战斗状态，也不亚于对电子和机械系统进行例行和紧急维护等因素。

美国国防部关于古巴导弹危机的汇报材料（图片来源：肯尼迪总统图书馆和博物馆，波士顿）

英国皇家海军的防御重点回归北大西洋后，虽然偶尔也会关注其他地区，但它放弃了历史上建成的很多海外基地，也没有对放弃这些基地的影响做过审慎评估。虽然部分基地所在国家在摆脱殖民地身份和实现独立之后，并未消除英国未来继续使用这些基地的可能性，但放弃了这些基地之后，皇家海军再想回去的难度必然越来越大。在此情形下，美国这种主要盟友取代英国继续使用这些基地的意图就凸显了出来。

时机和国际格局的调整有利于美国取代英国。在北约战区之外，美国海军已经同新加坡和巴林等建立了友好关系，填补了英国皇家海军退出后留下的权力空白。此外，英国将扼守印度洋关键位置的迪戈加西亚岛租给了美国修建军事基地。由于美国可以使用意大利的那不勒斯港和西班牙的罗塔港，因此，英国关闭马耳他的海军基地之后，并没有影响美国在地中海的行动（早期曾有人担心潜在的交战方可能会试图利用马耳他基地，但迄今为止，这些担忧都没有什么重要意义）。在相互合作建立海军联盟的过程中，基地关系变得非常重要，这是事实。比如，在冷战期间，北约成员国的海军能够互访北欧和地中海的港口。再比如，2020年美国海军与马来西亚、新加坡、印度尼西亚、菲律宾、越南、泰国、韩国和日本的海军在亚洲的合作关系迅速升温。所有的事实都说明一个道理，即联合行动和演习的基础是各国海军能够互访港口以及相关设施，这是今天它们主导的亚洲海军合作的基石。

在海上迅速进入战斗状态以及补充燃料等物资都是主要的航海技能，它们都是通过实践习得的。只有掌握最好的技术，才能应对挑战。英美两国的海军都是掌握这些技能的高手，建立了强大的舰队补给能力。事实上，如果补给缺乏保障，那么海军将无法发挥作战能力。即便核动力航空母舰也需要补充重油，重新装备弹药以及补充食物。如果没有英国人所谓的"舰队火车"（fleet train），即负责给舰队提供补给的辅助舰船，那么皇家海军不可能在冷战期间取得那么大的成就。相反，苏联在发展和掌握海上补给相关技能和技术上进展缓慢，导致其海军处于巨大劣势。美国人马文·米勒（1923—2009年）在加州休尼梅港的海军基地领衔开展的科研项目曾带来领先的航行补给系统和技术，令苏联海军难以望其项背。

20世纪60年代，"五眼联盟"成员国海军之间的战略技术交流及情报合作共享成为第三个和第四个关键合作维度。可以说，这两个因素对皇家海军的日常运作和长期采购产生了最重要的影响，尤其是在重返欧洲的政策开始生效之后，有效防止了皇家海军在经费方面出现大幅滑坡。

英美核潜艇协议

1962年12月21日，美国总统肯尼迪和英国首相麦克米伦在西印度群岛岛国巴哈马的首都拿骚举行会谈，缔结了《拿骚协议》（Nassau Agreement）。根据协议，美国向英国提供"北极星"潜射弹道导弹，核弹头由英国自行研制，作为交换，英国需将苏格兰地区的霍利湾长期租给美国，作为美国核弹道潜艇基地。两国领导人的巴哈马会晤意味着"AGM-48天空闪电"导弹危机的结束。① 英国皇家空军借助V型轰炸机和龙卷风轰炸机维持了战

---

① 根据1960年5月麦克米伦首相和艾森豪威尔总统达成的协议，英国皇家空军计划从美国采购144枚"AGM-48天空闪电"导弹，装备给英国皇家空军的"火神"轰炸机，作为英国独立发展核威慑力量计划的一部分。英国于1960年加入美国这项研发计划，为其提供巨额资助，并放弃了其他核弹研发项目，将实现独立核威慑的全部希望寄托于这款导弹，但后来美国国防部长罗伯特·麦克纳马拉单方面宣布中止研发这款导弹，一度引发两国外交危机，也在很大程度上导致了麦克米伦首相下台。——译者注

术核力量，但皇家海军才是维持独立核威慑力量的支柱。由于英国曾经计划将"蓝光"导弹和"蓝钢"导弹用作独立核威慑力量的计划以失败告终，且英美合作研发的"AGM-48 天空闪电"导弹遭遇了重重技术困难，因此，美国时任国防部长罗伯特·麦克纳马拉以及前国务卿迪安·艾奇逊等人纷纷对美国扶持英国发展独立核威慑力量表示忧虑，质疑这种做法是否明智。

随着冷战升温，英美两国海军在情报搜集、分析和共享方面的合作日益密切，这些信息不仅用于作战，而且用于其他同样重要的任务，比如确保两国维持军事技术领先地位，以及应对最新出现的严重威胁。20 世纪 60 年代，两国海军人员为两国情报界未来在各个层面开展高度机密合作奠定了基础。这一点在水面之下的合作体现得最为明显。

"五眼联盟"国家的情报共享与技术交流密切相关。美国政府慷慨地为英国皇家海军提供了诸多援助，尤其是美国海军上将海曼·里科弗创建的核动力海军帮助英国获取了核潜艇技术。这方面的技术交流预示着英美之间将开启漫长的军工合作关系，其中一方是位于美国康涅狄格州格罗顿的通用动力电船公司，另一方是位于英国巴罗-弗内斯的维克斯造船工程公司（后来被英国航空航天公司收购）。英美海军情报交流尤其突出的是在水面之下搜集和交换极其敏感的声学情报和其他特殊情报。

尽管英美两国的防务机构发生了种种变化，英国从苏伊士运河东部撤军还引发了各种动荡，但两国海军始终与其他三国海军保持着密切联系。这五个国家相互独立的海军构成了一个实体，确立了一种独特的机构间合作关系。这种关系建立在多份协议和高级别安全合作制度之上，由于各国海军每天面对共同的假想敌，所以频繁开展海上联合行动，这种机构间的合作增加了各国海军之间的互信往来，缔造了持久的人员流动。"五眼联盟"成员国海军之间的这种独特关系，在其他军种和机构之间从未有过。比如，在北约组织内部以及"五眼联盟"国家缔结的其他国际协议、条约和联盟中，都无法促成"五眼联盟"海军之间的这种特殊关系。

如今，"五眼联盟"成了一个独特的俱乐部，这一点显而易见，关键原因就在于情报搜集和交换的性质。此外，一些用于情报搜集的舰船等可移动资产需要持续、隐秘地部署在前沿，"五眼联盟"成员国必须通过重要会晤、不间断的日常合作以及人员交流，才能了解彼此之间的关系，这些活动都具有私密性。自1941年8月温斯顿·丘吉尔和富兰克林·罗斯福在"威尔士亲王"号战舰上会晤以来，各种正式的法律协议以及外交交流只是"五眼联盟"成员国关系的外在表现，而这种关系的核心和灵魂其实在于各国建立起了具有历史意义的、持久的私人关系。虽然英美两国发生了前文描述的变革和动荡，但两国海军及情报人员没有受到冲击，他们不仅维系而且继续壮大这一组织。我在冷战白热化阶段加入，直到1983年12月移居美国之前，一直参与英国和"五眼联盟"其他成员国情报机构之间的合作。

针对苏联及其盟国和代理人的行动

1983 年底，我参与过英美两国情报部门在多个领域和项目的合作，以及英国同加拿大、澳大利亚和新西兰之间的特殊项目。苏联对英国国家安全和整体利益构成了潜在威胁，这一点毋庸置疑。我最初加入了一个肩负两大任务的小组，这两大任务在组织关系上相互关联，而在领导和汇报链上则是相互独立的，但最终都被纳入英国内阁联合情报委员会的管辖范围。苏联与华约组织盟国和代理人的威胁方式是天然联动的。比如，其中一种方式是苏联及其华约盟国和代理人会利用商船和悬挂"方便旗"的船只去实现非商业性的目标，苏联两大情报机构——克格勃和格鲁乌也会运用这些船只掩盖其活动。

另一种威胁是深度隐藏的特工造成的，其中一部分特工隶属于克格勃，另一部分隶属于苏联主要的军情机构——格鲁乌。这两个机构负责渗透英国和北约其他国家，它们不仅从事传统的间谍活动（策反关键、敏感岗位的英国公民，为苏联从事间谍活动，从英国的目标单位搜集科技情报），还肩负更为隐蔽的任务：为最坏的情况做准备，即一旦苏联及其华约组织同英国与北约组织爆发战争，它们就伺机而动，充当内应。这些深度隐藏的特工都得到了很好的训练，熟练掌握了英语，学习了英国文化，研究了生活和开展活动的地点，看不出他们同普通英国人的区别。当时那个年代还没有今天这种数字加密的证件，无法立即识别假证件，因此，这些特工能够成功地使用伪造的护照及其他身份证件。他们都是通过秘密渠道获取资助的，一旦出现问题，就可以很快取出资金。他们的任务是在重大战争等灾难性事件中危害英国的核心安全和生存利益，包括暗杀重要的政治和军事领导人，干扰和破坏重要的通信设施，破坏军事设施，以及破坏核威慑力量的通信系统，等等。核威慑力量的通信系统是英国维持核威慑及支持战略核潜艇部队四艘潜艇的基础设施，发挥着类似中枢神经系统的重要作用。

我的一项任务就是侦察、锁定、阻挠和逮捕这些间谍，有时还要欺骗他们，以妥善应对这个令人忧心的威胁。读者肯定能理解这项任务的敏感性。我的团队规模很小，与伦敦警察厅特别分局的一个工作组存在直接联系。作为一个执法机构，我们有法定权力去逮捕那些我们认为具有逮捕价值的人，而不是允许他们继续进行监视和情报搜集，危害英国的国家安全。在两年多的时间里，我既搞实战，也做关于威胁因素的数据分析，后来逐渐开始有些担心，因为我觉得我们在反间谍方面的战略和战术缺乏想象力，不足以遏制威胁，在我看来，最重要的是不足以彻底消除这种威胁。我接受过"二战"时期顶级精英的培训，他们在"二战"中创建和管理着对抗希特勒及整个纳粹机器的反间谍体系。如今，我的建议是使用我们掌握的许多极其聪明和隐蔽的手段，在一种全新的、富有创意的伪装下对这套体系进行革新。

我曾和伦敦警察厅一位能力突出的高智商官员并肩作战。我们探讨了许多共同面对的问题，思考如何从最符合国家安全的角度解决这些问题。他和他的小团队喜欢我提出的方法。然而，我们上面的文职官僚领导层不愿承担风险。我和同僚一致认为这些官员之所以不同意我们的方法，原因并不在于这些方法存在技术和运作层面的风险（英国情报局"双十字系统"的负责人约翰·马斯特曼爵士及其战友在"二战"期间就发现了这些风险），而是他们更加倾向于自保，保护自己的升职前景，尽可能地防止出现错误，以免遭到问责。我觉得这很令人难过和沮丧。

我记得，在伦敦工作期间的一个深夜，我曾向我的上司（一位公务员，非职业军人）请求授权，以便在第二天清晨紧急抓捕一位危险的苏联间谍。他的答复充斥着一股子官僚作风，把决策的责任推给了一位主管部长。我肯定不会反对他的做法，但我内心意识到我的行动不会得到批准。正是在这种环境中，苏联继续加大力度针对某些目标搜集最敏感的情报。喝咖啡期间，我和伦敦警察厅的同僚反思了一下，如果首相玛格丽特·撒切尔得知她被外国间谍列为重要的暗杀对象，那么她会不会想要通过精心策划和执行秘密行动去阻挠、控制和应对间谍威胁呢？虽然我和这些同僚取得了共识，但我们都无法接触这些高层人物，而是会撞到一堵坚实的官僚主义墙上。这种局面让我想起一个经典悖论，如果真有一股不可阻挡的力量，那么就不会遇到一个无法移动的物体。就这样，苏联间谍得以多次逃脱。

在当代世界，我们可以从中总结出重要的教训。随着数字革命和互联网的发展，如今的俄罗斯除了采用前文提到的经典间谍方法之外，还会采用互联网渗透的新手段。因此，这就要求五眼联盟内部国家必须拥有良好的反间谍工具和创新的操作方式。与此同时，之前一些老的反间谍手段仍然是重要的、有价值的操作方式，但随着情报人员的代际更迭和制度变革，这些固有的手段可能趋于湮灭，情报系统必须把这些老把戏传授给新一代的人。

如前所述，苏联使用了各种伪装的商船来安插和撤回隐蔽人员，所有这些都是在伪装成商船工作人员的前提下进行的。那个时代还没有电子数据库，出入境管理以及人员核查并不是容易的任务。另一个令人困惑的因素是许多船员都不是苏联国籍，因此成为利用假数据和假护照进行秘密安插的理想人选。搭乘一艘商船在英国提尔伯里或赫尔上岸的人，与在这艘船驶离之前返回的人未必完全一样。

在反间谍过程中，除了面临来自人员的威胁，还要面临来自技术的威胁。苏联、华约盟国、悬挂"方便旗"的商船以及代理人的商船驶入英国12海里领海或港口，或假借行使国际公认的无害通行权而穿行于英国专属经济区，这堪称最严重的威胁之一，因为这些船只通常装备有特殊的通信拦截设备、电子情报搜集设备以及与水下作业相关的其他设备。如果苏联舰船同英国（或英国盟国）的海军舰船或潜艇位置相近，而且活动步调保持一致，特别是当英国（或英国盟国）的舰船正停泊在港口出口或驶离港口时，又或者当潜艇出于航行、安全和水深的原因而浮上水面时，那么这些苏联间谍船引发的威胁就格外严重。这些伪装的间谍船经常停泊在港口，甚至与英国海军设施和舰艇并排停泊，表面上看却好像在装卸货物。

我和团队知道苏联这些秘密资产是苏联海洋监视系统的一部分，搜集技术情报的同时也提供关于英国及北约盟国舰船和潜艇活动的实时行动情报。我们的一项关键任务就是应对这样的"间谍船"行动。我们最担心的就是这些船只提供的情报会被苏联潜艇利用，因为苏联潜艇可能部署在英国和美国的近海，也可能部署在英国和美国舰船或潜艇的航道沿线。要知道，潜艇在到达安全的潜水位置之前，必须停留在有限的、特定的深度和水道内，而且往往会浮出水面。因此，我们担心苏联得到情报之后会跟踪英美舰船或潜艇。

为了应对这类突发事件，我们想出了几种应对方法。我们对于对方的了解可能与对方对于我们的了解一样多，甚至我们对于对方的了解会更多。在这种情况下，电磁管制一直是一种安全的策略，可以避免通信和情报被拦截。当然，我们很快就能搞清楚哪些船只是搞情报的"流氓船"，并可以根据它们通报的到达和离开时间进行相应调整。就像克格勃和格鲁乌在冷战期间执行的许多行动一样，利用伪装船只搜集情报也构思得很聪明，虽然还不够高明，但足以让它们相信通过秘密手段渗透英国水域和港口本身是一种有价值的策略，而且它们还相信自己能够侥幸避免露馅。

在苏联秘密行动的大背景下，我们掌握了更多的信息，了解到苏联及其盟国的商船队在全球的非商业用途，并了解到它们的部署、行动、技术能力以及秘密安插人员的情况。所有这些情报都是无价的，因为在最坏的情况下，一旦发生敌对行动，我们就知道需要优先打掉苏联及其盟国的哪些资产。但如今回首过去，我们幸运地发现，我们当年在克格勃和格鲁乌的监视下，依然能够通过良好的情报和行动去应对这些不同的威胁。

如今，俄罗斯联邦安全局（前身为"克格勃"）和格鲁乌（苏联解体后依然存在）仍在设法报复俄罗斯的叛逃者以及为西方国家从事间谍活动的人。以前发生过俄罗斯杀手进入英国的情况，也有媒体记录了一些特别危险的事件，包括使用化学和生物制剂。英美现在仍然迫切需要追踪调查俄罗斯代理人以秘密或公开方式进入本国以及盟国的情况。一名持有合法护照的俄罗斯人搭乘从莫斯科起飞的飞机，合法入境英国，依然有可能是伪装的俄罗斯特工，其威胁可能不亚于通过俄罗斯商船（或俄罗斯代理人的商船）秘密潜入英国港口的俄罗斯人造成的威胁。电子数据库、视频筛查、生物识别、隐蔽的指纹识别，以及使用闭路电视和其他晶体管电路设备（可用于标记、跟踪和定位）使俄罗斯往英国及其盟国领土秘密安插传统间谍或其他不法人员变得更加困难，因为这些新技术会加大他们掩护身份和使用欺骗伎俩的难度。

近年来，与来自英国内部的威胁相比，恐怖主义和其他秘密暴行往往相形见绌。这些内部威胁包括来自极右翼团体和个人的威胁，以及受到误导、心理变态的杀手实施的大规模枪击（通常是针对宗教团体和少数族裔的报复性杀戮）。仇恨犯罪已经变得和外国情报机构及其代理人的传统秘密行动一样普遍，甚至有过之而无不及。

1983 年底我移居美国之际，罗纳德·里根总统领导的美国越来越清楚地意识到苏联构成的威胁，必须制订计划和采取行动去应对。在移居美国之前，我离开过一线实战工作，转到非战斗岗位，领导了几个性质完全不同的特殊项目，在长达三年的时间内专注于搜集和分析关于苏联战略威胁的情报。

更换战略核潜艇：撒切尔政府最大的一笔投资

20 世纪 70 年代末，除了每天搜集和分析苏联海军能力、行动、舰船制造计划以及研发计划之外，我还加入了一个特殊的科技情报小组，该小组由英国政府的一位顶尖科学家奈杰尔·休斯（Nigel Hughes）领导。休斯多年来一直从事情报工作，比大多数人都更了解白厅的情况和政治。我被任命为一个特殊项目的负责人。

1979 年，玛格丽特·撒切尔当选首相。她在国家安全领域的首要任务之一就是明确英国核威慑力量的发展前景。我这里所讲的核威慑力量指的是英国皇家海军四艘可用于发射弹道导弹的战略核潜艇。最终，撒切尔政府做出了最符合英国国家利益的决定：替换老旧核潜艇，并尽快制订计划和安排资金。这一点至关重要。老旧的"决心"级战略核潜艇共建成四艘，分别为"决心"号、"反击"号、"声望"号和"复仇"号，建造时间为1964—1968 年，均装备有北极星 A-3 型弹道导弹。计划建造的新型战略核潜艇被命名为"前卫"级，1986—1999 年由巴罗-弗内斯的维克斯造船工程公司负责建造。"前卫"级战略核潜艇的首舰"前卫"号于 1994 年 12 月开始服役，另外三艘分别是"胜利"号、"警惕"号和"复仇"号，分别于 1995—1999 年开始服役，均装备有从美国采购的"三叉戟"弹道导弹。根据当时的计划，英国皇家空军的 WE-177 型空投热核炸弹于 1998 年退役，标志着皇家空军从此正式结束了长达 40 年的核战备值班使命，失去了核打击能力，四艘"前卫"级战略核潜艇成为英国仅有的核威慑力量平台。目前，美国计划用"哥伦比亚"级替换"俄亥俄"级战略核潜艇，英国也制订了类似的战略核潜艇更新换代计划，即研发"无畏"级新一代战略核潜艇，逐步取代"前卫"级，构筑皇家海军新一代海基核威慑力量。英美两国的新型战略核潜艇建造计划都将持续到 21 世纪 30 年代初，为两国提供优秀的核潜艇。回望 1979 年，撒切尔首相希望能百分之百地确定战略核潜艇更新计划是一个正确的决定。于是，这项任务自然移交给了情报部门，特别是科技情报专家。我早年在研究苏联海军能力方面的深厚背景使我成为这个特殊情报小组的良好人选。

　　撒切尔政府更新核潜艇堪称英国有史以来最大一笔国防安全投资。当时，我们脑子里最关心的不仅是苏联海军能力，还关心苏联海军的未来发展动向。我们要思考的一个关键问题是英国潜艇的生存能力，即这些战略核潜艇在进入舰队服役的 30 多年间，能在巡逻期间保持无懈可击吗？英国当时采用了"四艇机制"，即确保至少有一艘战略核潜艇一直进行战斗巡逻，两艘在驻泊点保持战斗值班状态（准备出港替换结束巡逻任务后返港的潜艇），第四艘则进行维修或保养。这样一来，一支由四艘潜艇组成的部队可以保持永久的威慑能力，且便于维修和保养。

　　因此，对苏联海军能力的准确评估至关重要，有助于确保皇家海军这四个昂贵的核威慑平台在战备巡逻期间永远不会被发现、跟踪、破坏或（在最坏的情况下）摧毁。在和平时期，也要确保潜艇的不可探测性，不然将会削弱它们的威慑价值。前面讨论的声学情报来源和搜集方法都是可供我们使用的宝贵资产，综合运用起来之后，将会产生惊人的情报价值。英国总体上和美国情报部门存在共识，即我们一致认为，苏联人在潜艇消声、窄带信号处理、声学情报和被动声呐等特定领域都落后于我们，但也存在不容小觑的例外，比如苏联海军的军力投射能力。

美国沃克间谍网的影响

沃克间谍网在 1968—1985 年为苏联效力，但美国一直被蒙在鼓里。1985 年后，美国意识到这个网络透露给苏联的情报何其重要，对早期的国家情报评估进行了再评估。我认为这个间谍网泄露了非常有价值的情报。

美国情报部门在 20 世纪 70 年代一度处于自满状态。在 20 世纪 70 年代至 80 年代初，我到华盛顿与美国同行开会时，发现他们往往固执己见，很难说服他们改弦更张，虽然我领导的英国情报工作组提出了一些重要报告，但由于内容敏感，知密范围非常有限，其中还有很多我至今都记不起来的暗语，美国同行却一直不愿意采信。我与他们合作期间遵循了一些不成文却非常重要的指导方针，因为我们认为美国情报界存在复杂的组织架构问题，许多情报机构之间经常发生矛盾和对立。比如，曾有一段时间，中情局和海军情报局存在非常明显的协调不足现象，后者不愿意同前者分享其搜集的高度机密、非常敏感的数据。这种局面并非一直存在，只是时有发生。

我经常被中情局总部的人置于尴尬的境地，因为他们明明知道有些情报来源只能由伦敦的组织机构与美国海军情报部门共享，但却要求我索要从这些情报来源搜集的数据。这样一来，我经常需要用一些圆滑的外交手段，既不能逾越我们同美国海军之间的合作权限，不能透露某些敏感数据，又要在中情局面前表现出一副积极合作的态度，中情局的人员不仅能力突出，也能提供质量非常高的分析。在中情局和美国海军情报局之间实现平衡存在一定的困难，但这些困难是可以克服的，尤其是考虑到中情局确实有相当一部分成员曾经是穿制服的军人。

美国海军有意识地将情报搜集行动的风险降至最低。从英国的角度来看，我们也发现美国的国家情报评估是不准确的，因为它们往往倾向于兼顾和协调内部不同情报机构的分歧，有时甚至是相互矛盾的评估。在一些英国人看来，美国国家情报评估似乎是不同情报机构相互妥协的产物，而不是对苏联能力、意图、计划和行动做出的可靠的、明确的声明。

我发现苏联为了缩小与英美潜艇的差距，竭力发展一些替代技术，尤其是具有战略意义的探测与跟踪技术。当我向美国海军和中情局通报我们对苏联这些替代技术的担忧时，就凸显了美国国家情报评估存在一些不准确之处。曾有一段时间，美国海军对我和其他英国人在华盛顿指出的这些问题采取了不太积极的应对态度，特别是在反潜战探测技术方面。英美在传统的被动声呐探测技术领域占据主导地位，拥有卓越的探测能力，而苏联试图绕过这项传统技术，开发替代性的新技术。如此一来，就使非声学反潜战成为一个关键的问题。我领导了英国在非声学反潜战领域的发展，并尽最大努力提醒美国主要机构警惕苏联在这个领域的投资增长和详细计划。

在这个问题上，我在一段时间内一直表现出积极规劝的态度，甚至还在一定程度上表现出了决不妥协的态度，这使中情局某些关键人物感到很不舒服。后来，在华盛顿特区多次访问和听取简报后，我了解到，美国海军，尤其是潜艇部队，坚持在高度安全的掩护下直接处理此类问题，将知密范围降到最小。英国人非常认可美国海军的这一态度。我们从未偏离过对整个美国海军，特别是潜艇部队的坚定支持，而且我有把握讲，英国情报人员从未逾越美国海军授权的范围。美国海军和空军在战略核打击能力上一直存在竞争，前者的战略核打击能力主要是高度隐蔽、不可探测的核动力弹道导弹部队，后者的战略核打击能力主要是 B-52 和陆基导弹能力。对于这种竞争，英国人非常容易理解。但在这些问题上，我们始终尽量远离美国内部的政治分歧。

但我们不得不面对现实。美国人坚持认为苏联在被动声呐等传统领域无法与英美匹敌，并在其他很多领域比英美落后，我的伦敦团队认为，苏联一直努力奋起直追，持续推动系统创新和新技术研发，不仅迎头赶上英美，而且获取了领先优势，已对我们构成威胁。要说服华盛顿一小撮重要人物形成的非常紧密的小圈子接受我们这个观点，难度非常大。我这里所说的"小圈子"

不是中情局或国防情报局，也不是当时仍然高度保密的国家侦察局。

　　我回到英国后，接待了一群来访的美国要客。在那次访英期间，他们对苏联的看法发生了戏剧性的变化。那次接待是我负责安排的，我没有把会面地点安排在伦敦市中心，而是安排在了汉普郡范堡罗的皇家飞机研究院（Royal Aircraft Establishment），因为我们在那里可以暂时与世隔绝，不受日常活动的影响。我作为一个特殊项目的负责人，日常工作就是盯着苏联和华约组织的行动，搜集和分析重要的科技情报。因此，我需要从日常的情报工作中解脱出来，花一天时间倾听美国客人的想法，他们同意我们对苏联未来动向的评估。

　　这批客人是美国国家安全局在马里兰州米德堡的一个工作组。其中一位关键的技术人员不是联邦政府雇员，而是普林斯顿大学物理学博士丹尼斯·霍利迪。他在分析苏联研发项目背后的情报和科学方面拥有丰富的经验。他曾就职于一家名为 R&D Associates 的知名公司（简称"RDA 公司"），该公司由著名核物理学家阿尔伯特·拉特博士领导，总部位于加利福尼亚州洛杉矶的玛丽安德尔，办公室位于弗吉尼亚州的阿灵顿。RDA 公司的多名成员是与美国国防机构、情报机构存在密切关系的科学家，比如艾伯特·沃尔斯泰特（1913—1997 年），他是罗伯塔·沃尔斯泰特（1912—2007 年）的伴侣。罗伯塔·沃尔斯泰特曾经撰写了一部影响深远的著作《珍珠港：警告和决定》（*Pearl Harbor: Warning and Decision*），讲述了日本在 1941 年 12 月 7 日偷袭珍珠港的事情。1985 年 11 月 7 日，两人都获得了里根总统颁发的"总统自由勋章"。RDA 公司的高管是总统的外国情报顾问委员会成员，熟悉美国最新的、高度机密的情报。

这次会晤至关重要，成果就是说服美国客人完全认同我们的观点，即苏联海军一系列研发计划非常重要，对英美国家的安全构成了潜在威胁，特别是对英美维护主要核威慑力量的不可侵犯性构成了挑战。此外，我们还商定了一系列技术交流与合作方案。

然而，我们也要处理一些敏感的政治问题，尤其是与美国海军情报局有关的问题。我领导的这个特殊小组与美国海军情报局存在密切合作，这种关系是丘吉尔首相和罗斯福总统在"二战"期间建立的英美特殊关系的"直系继承者"。我深刻地知道英国情报机构绝对不能也不会冒犯美国海军情报局的朋友和同伴。于是，我们当时同美国情报界打交道时一直采取谨慎圆滑的外交风格。几个月甚至几年之后，我们开创了一条微妙的交流路径，既同美国海军情报局分享我们的评估意见，又保持我们自身的专业性，同时继续与美国国家安全局保持独立、重要的联系。20 世纪 70 年代末、80 年代初的实际情况证明，英国的情报团队对苏联新型潜艇各方面的评估是正确的。除了高度敏感的技术情报工作之外，我还同詹姆斯·麦康奈尔及其团队保持着密切联系，他们当时正在对苏联的计划和意图进行开创性评估。

在我们的竭力游说下，美国情报界终于开始采取实际行动应对苏联，实施了一系列高度机密的倡议和项目。之后发生的一件事不仅在个人层面和职业层面改变了我，还改变了我的生活和家庭，也是我在移民美国 37 年后写这本书的原因之一。美国人认为我从事的涉苏情报工作至关重要，便邀请我离开英国皇家海军，放弃海军职业生涯，带着家人移居美国，参加他们发起的各种各样的计划。

收到邀请后，我和上级领导讨论了这个问题，特别是英国科学技术情报总监奈杰尔·休斯和英国国防部国防情报组总监、海军中将罗伊·哈里迪爵士。他们热情且全力支持我接受这一邀请，承诺把我的批准文件发给英国驻华盛顿大使馆，并帮助我从皇家海军人员顺利过渡到美国公民的角色。所有人都认为这是一个好机会，既可以在多个领域加强英美关系，又可以帮助我与美国建立特殊项目的合作关系。

最后，在导师、情报部门和皇家海军的朋友与同事的全力支持下，我办理完了烦琐的离职手续，以非常优渥的条件从皇家海军退役了。1983 年圣诞节前不久，我带着妻子和三个孩子登上了英国航空公司飞往华盛顿特区的航班。我的职业生涯和生活开启了全新的篇章。之后，我在华盛顿特区参加了 RDA 公司赞助的多个项目。

第四章
英美特殊关系的鼎盛时期
（1983—2001 年）

在接下来的 1983—1990 年，我很忙，也很辛苦，频繁的国际旅行对我而言颇具挑战。在柏林墙倒塌和苏联解体之前，身处华盛顿特区的我能够从一个新的视角去观察局势，已经预感到一个全新的世界即将到来，而我认识的几乎每个英国公民对此都没有感知。这些英国公民主要是英国驻美大使馆的外交官，他们的任务是了解和上报关于美国政治的情况，并维持两国之间的特殊关系。我的工作地点在弗吉尼亚州阿灵顿的威尔逊大道，位于波托马克河南岸，离五角大楼不远。沿着华盛顿纪念公园大道向前走，很快就能到达位于弗吉尼亚州兰利的中情局总部。在参议院军事委员会具有传奇色彩的主席、弗吉尼亚州参议员约翰·华纳的支持下，我在弗吉尼亚州亚历山大里亚的地区法院宣誓成为美国公民。

1984 年，里根总统对苏联采取了一种咄咄逼人的姿态，时任海军部长约翰·雷曼努力建立一支拥有 600 艘军舰的海军，这是为了在全球各个角落挑战苏联。那是一个令人充满斗志的时代，华盛顿正在开展一场约束、遏制和削弱苏联影响及扩张的竞赛。在加入 RDA 公司的几周内，我在国会山会见了众议院军事委员会、众议院常设特别情报委员会和美国参议院等机构的几位关键成员，并向他们做了简报。这是基于对抗苏联的迫切需要。

RDA 公司所处的位置非常优越，距离五角大楼和国家情报机构都不远，同各个机构的联系也非常密切，为国会里面的多个情报委员会及其关键人员提供了最好的技术支持。这算不上任何形式的游说，只不过是充当国防部和情报界的不同机构的代表，因为这些机构希望我和 RDA 公司的同事能够为它们的人员提供支持。RDA 公司运转得很好，加上我持有五眼联盟和英国核发的接触最高机密的许可文件，我很快就沉浸在各种政治、军事及情报工作之中。

英美两国政府开始针对苏联采取应对行动时，实施了一个新的倡议——将两国的顶尖人才集合在一起，这一点一直富有成效。这种情况一直持续到冷战结束后。该联合项目还受到两国政府高层的关注，其中的细节仍然没有解密，但我可以斩钉截铁地说，两国的联合团队（我也是其中一员）在数十年的工作中取得了明显的成果，既明确分析了苏联构成的威胁，切实采取了应对举措，也产生了一些令人兴奋的科技新成果，并对一些固有的做法做出了改进。

此外，这个联合工作组还使我得以从文化视角去理解"二战"。对于有些关键问题，即使最优秀的人也不能用传统的科学方法来解决，但在"二战"中并不需要一大群人就能解决一些关键问题。同样，在 20 世纪 80 年代的环境下，我们也不需要找很多承包商就能解决问题。直到 20 世纪 90 年代，这项工作占据了我大部分时间。得益于我在移民美国之前的工作经验和人际关系，我同时还管理着其他一些计划。

我在东南亚和东亚有强大的职业资源及个人人脉，主要集中在马来西亚。我移居美国后依然跟他们保持联系。根据美国国务院同马来西亚签署的技术援助协议，我成为马来西亚东部加里曼丹岛沙巴州第六任首席部长的技术顾问。实际上，我跟马来西亚的关系远不止于这种官方层面。我曾经直接和丹斯里勋爵加扎利·沙菲一起共事。他是马来民族统一机构"巫统"的重要领导人，曾经担任马来西亚内政部长（任期 1973—1981 年）以及外交部长（任期 1981—1984 年）。他的经历颇具有传奇色彩，在"二战"期间是秘密抵抗日军的关键人物。有一次，他给我看了他在战争结束时亲自处决一个日本高级军官的地方。这个军官曾下令杀害一个村庄里所有的成年男子，因为他们掩藏了攻击日本部队的战士。这些村民都被日军斩首了，头颅扔在一座大桥附近。他带我去看了那座桥，就是在那座桥上他亲手处决了日本战犯。即使在非常私人的场合，我也总是称呼他为"丹斯里勋爵"。我们与丹斯里拿督（爵士）塞里·哈里斯·萨利赫（生于 1930 年 11 月）有过密切合作。萨利赫曾经担任沙巴州首席部长（任期 1976—1985 年），人们称他为"拿督哈里斯"。他把沙巴州管辖的纳闽岛（又名"拉布安岛"）割让给了马来西亚联邦政府，使纳闽岛成为马来西亚联邦政府的第二个直辖区。拿督哈里斯还曾担任沙巴人民党的主席。

纳闽岛对于一个关键项目至关重要，它位于太平洋西部海域的战略位置，拥有优良的港口以及船舶制造、维修设施，比如纳闽岛的维多利亚港拥有当时非常先进的 7 000 吨位同步提升系统。20 世纪 80 年代中期，美国启动了一个合作项目，我以技术顾问的身份前往马来西亚，协助马来西亚皇家海军建造潜艇，纳闽岛在这个关键项目中发挥着非常重要的作用。美国海军一位杰出的退役中将杰罗姆·金（1919—2008 年）给我提供协助。杰罗姆·金毕业于耶鲁大学，是"二战"老兵，曾在"特伦顿"号和"莫比尔"号这两艘轻巡洋舰上服役，到 20 世纪 70 年代初担任美国驻越南海军部队指挥官、海军作战部负责水面作战的副部长，以及五角大楼联合参谋部负责作战行动的副部长（J-3）。他于 1974 年从海军退休，我总是称呼他为"杰瑞"。他协助我同美国海军保持联络，而我主要负责在吉隆坡同丹斯里勋爵加扎利·沙菲、拿督哈里斯以及联邦政府保持沟通。

在马来西亚期间，我多次见过马哈蒂尔博士。马哈蒂尔出生于 1925 年 7 月，1981—2003 年连续五次当选为马来西亚总理，2018 年再次当选为总理。1946—1952 年，他曾在爱德华七世医学院接受医师培训（这个医学院现在是新加坡国立大学的一部分）。我们和马来西亚的合作项目在 2002 年完成，当年，马来西亚签署了两艘法国"鲉鱼"级潜艇的订购合同。合作过程虽然很漫长，但最终成功了。

在这个项目期间，我还与丹斯里勋爵参与了印度尼西亚、菲律宾、泰国、巴基斯坦、文莱和中国的多个项目。我到处旅行，几乎所有工作都是高度机密或敏感的。对我来说那是一段神奇的时光。我真正理解了亚洲、伊斯兰教以及这个地区的地缘政治，这个地区已经成为世界经济的动力源泉。我对巴基斯坦的多次访问以及我建立的人脉网络使我成为一个特殊的信息源，可以帮助美国总统和情报界破解他们面临的各种关键问题。

在亚洲工作期间，由于晚期的苏联导致美国产生更多忧虑，我之前在美国参与发起的先进反潜技术研发工作终于重新获得了生命力。我深入参与了一个英美联合项目组的工作，这成为我之后很多年的工作重点。我们直接为国防部长办公室、国防部高级研究计划局以及情报系统的关键部门开展工作。这段时间，我四处游历，为英美关系寻找润滑剂。英美两国的顶尖人才不断寻找方案去解决那些复杂的物理层面和操作层面的问题。

柏林墙倒塌后，我有过两次短暂的休息。无论从职业发展角度看，还是从赚钱角度看，我都过得很充实。在此期间，我曾担任卡曼航空公司的海军营销主管，后来又担任退休议员威廉·迪金森的合伙人。他曾是众议院军事委员会的高级成员。我们在"第一大街"拥有一间非常好的办公室，靠近参众两院的办公大楼。我们努力为一些重要的公司提供建议，让它们为了维护美国国家安全的最大利益而投入资源。我们不是说客，因为道德和法律都不允许我们充当说客。我们只是给这些公司提出很好的建议。迪金森非常了解国防部一系列"黑色项目"①的细节，他在国防部发起这些项目的过程中发挥过重要作用，而20世纪70、80年代我在华盛顿待过的那段时间里也对这类项目有所了解。在冷战最严重、最激烈的时期，我们的两名主要工作人员都是众议院

---

① 黑色项目指未经政府、军方和承包商公开承认的、高度机密的军事或国防项目。——译者注

军事委员会里非常活跃的成员。总的来说，我们知道威胁在哪里，也知道所有"黑色项目"的位置，以及美国和盟国，尤其是英国未来的最大利益在哪里。

1989 年 11 月 9 日晚上，东柏林共产党宣布从当夜开始，民主德国公民可以自由穿越柏林墙前往联邦德国。从那天起，到 2001 年 9 月 11 日，中间长达 12 年的时间里，国际社会一直相对平静，自 20 世纪 30 年代希特勒在中欧采取侵略行动以来，首次出现这种长期平静的局面。1990 年 10 月 3 日，德国统一。从对欧洲冲突的历史以及对世界其他地区的影响而言，这一事件都是非常重要的。在伊斯兰极端主义崛起之前的这段时间里，美国情报机构及其在"五眼联盟"的盟友一如既往地行事。

英美海军情报机构的重要性

在"五眼联盟"里面，两个存在时间最久的情报组织是英国海军情报局（NID）和美国海军情报局（ONI），前者成立于 1887 年，前身是 1882 年成立的海军外国情报委员。后者成立于 1882 年。考虑到从 1882 年到"二战"后英国和美国海军情报的历史，他们显然不仅仅是情报领域的主导力量，而且是牵头成立"五眼联盟"的组织。1909 年英国军情六处成立时，第一任负责人是皇家海军上校曼斯菲尔德·卡明爵士。他在 1923 年去世前一直掌管着军情六处。他在各类文件上签名时，习惯用绿色墨水书写字母"C"（"Chief"的简写，意为"首脑"），之后历任军情六处负责人均沿用这一做法，用"C"作为军情六处负责人的代号。伊恩·弗莱明在他的詹姆斯·邦德系列小说中给军情六处的负责人起了个代号"M"，就是效仿了卡明的签名习惯。

英国海军情报局成立于1887年，军情六处和军情五处成立于1909年，军情五处在1916年更名，之前名为英国国家安全局。英国政府代码及加密学校成立于1919年，在第二次世界大战伊始，该校搬迁至布莱切利庄园。作为"二战"期间的密码破译中心，这个校名一直用到了1946年。1949年6月，该校变成了英国政府通信总部。英国特别行动处成立于1940年7月，1946年1月关闭。1946年，英国政府在内阁办公室设立了联合情报委员会。1964年，随着国防部和国防参谋部的成立，各军种情报部门被并入国防情报组。2009年，国防情报组更名为国防情报局。2010年5月12日，英国内阁设立了国家安全委员会，负责监督所有与国家安全、情报协调和国防战略有关的问题。英国国家安全委员会的职权范围包括外交政策、国防、网络安全、能源和资源安全等方面，英国首相兼任国家安全委员会主席。

1882年成立的美国海军情报局后来并入了美国海军作战部，至今仍是美国最古老的情报组织，由一名三星级海军上将负责指挥。美国海岸警卫队情报处成立于1915年，是美国历史第二悠久的情报机构，凸显了美国海洋方向情报的专业性。直到"二战"结束后，美国海军情报部门一直主导着通信拦截和密码破译。相比之下，其他情报机构的历史就不那么悠久了。

1981年12月4日，里根总统签署了一项行政命令，扩大美国情报机构职权。[1]2004年，美国设立了国家情报总监一职，负责监督和协调中情局等 16 个情报机构，成为美国情报体系的总负责人，并且每日向总统汇报。除了海军情报局之外，美国情报体系还包括：美国空军情报局，成立于 1948 年，编号为空军第 25 航空队；美国陆军情报与安全司令部，成立于 1977 年；中情局，成立于 1947 年；国防情报局，成立于 1961 年；能源部情报和反情报办公室，成立于 1977 年，负责管理美国的核武器项目以及美国国家重点实验室和设施，比如田纳西州负责核武器研发和生产的橡树岭国家实验室。

国土安全部情报分析处成立于 2007 年。美国国务院情报研究局成立于 1945 年，比中情局早。2001 年 9 月 11 日恐怖袭击发生后，美国财政部于 2004 年成立了恐怖主义和金融情报办公室。美国司法部下属的美国缉毒局于 2006 年成立了国家情报处，负责搜集与毒品犯罪相关的情报。作为主要调查执法机构，美国司法部下属的联邦调查局历来没有参与过传统的情报搜集和行动，但 2001 年 9 月 11 日恐怖袭击发生后，美国司法部于 2005 年成立了联邦调查局情报部门，该部门意识到了"9·11"事件之后世界发生的变化，需要与中情局、国家安全局等美国情报机构建立更密切的工作关系。根据恐怖主义以及其他对美国国内安全构成威胁的因素，国内外情报部门之间的协调迫在眉睫，于是，美国国家反恐中心于 2004 年应运而生。美国海军陆战队作为国防部下属的海军部门的一部分，在 1978 年创建了一个独立的海军陆战队情报室。

在美国的高科技情报方面，三个关键机构占据主导地位，跨越多个领域搜集和分析情报，对英美两国的情报工作以及"五眼联盟"做出了主要贡献。这些机构是美国国家安全局、美国国家侦察局和美国国家地理空间情报局。美国国家安全局成立于1952年，隶属于国防部，从事通信情报工作。美国国家侦察局成立于1961年，堪称英国政府通信总部的姊妹机构，负责分析中情局以及军事机构的航天飞机、卫星搜集到的情报。美国国家地理空间情报局成立于1996年，首要任务是提供具有高度专业化和相当出色的地理空间情报等产品，协助美国国家侦察局以及美国其他所有情报机构挑选、分析和发布地理空间信息，美国目前总共有16个情报机构。与"五眼联盟"的其他四个成员国相比，以及与其他任何国家的情报机构相比，这个数量都是相当突出的。

加拿大、澳大利亚和新西兰情报机构的力量

"五眼联盟"中的另外三个成员国曾是英属殖民地，之后成为自治领，最后成了英联邦内的独立国家。鉴于同英国的历史联系，它们在早期显然倾向于效仿英国模式。

加拿大皇家骑警曾于1920年成立了情报部门，长期履行情报服务职能。加拿大还遵循英国政府通信总部的模式，设立了通信安全局（CSEC）。由于皇家骑警处理各种内部威胁的方式引发了很大争议，尤其是处理那些与魁北克分离主义运动有关的人，导致政府于1984年解散了皇家骑警的情报部门，设立了一个独立于皇家骑警的新情报机构——加拿大安全情报局（CSIS）。加拿大的军事情报工作遵循了1964年以后的英国模式，设立了由

国防部主管的军事情报局，下辖各个军种的情报局，"五眼联盟"范围内与加拿大武装部队的角色和任务相关的工作，都是由加拿大军事情报局负责联络的。比如，在"二战"期间和战后，加拿大皇家海军自然而然地承担了与英国海军情报部门密切合作的职责。

澳大利亚政府创建了澳大利亚安全与情报组织（ASIO）和澳大利亚秘密情报局（ASIS），类似英国军情六处。在军事情报方面，澳大利亚国防部有一个澳大利亚信号局（ASD）和一个国防情报组织（DIO）。这个国防情报组织类似于英国国防部下属的国防情报局。此外，澳大利亚还有一个国防图像和地理空间局（DIGO）。在中央层级，澳大利亚政府设立了协调各个情报组织的机构——国家评估办公室（ONA），这个机构有点类似于英国内阁的联合情报委员会。美国和澳大利亚之间的特殊关系已经不再是秘密，在爱丽斯泉小镇的松林峡分布着大量的情报设施，那里有相当数量的澳大利亚人和美国人为了"五眼联盟"的情报利益而全天候并肩战斗。

新西兰虽然是世界上人口最少的国家之一，但在"五眼联盟"中却占有重要地位。新西兰设立了政府通信安全局（GCSB），拥有数百名优秀的员工，好像英国政府通信总部在南太平洋的一个迷你版。此外，新西兰政府还设立了安全情报局（NZSIS），就像一个迷你版的英国军情六处。虽然新西兰安全情报局的工作人员数量少，但它却是一个非常专业的组织。与英国内阁的联合情报委员会和澳大利亚的国家评估办公室一样，新西兰政府也在中央层级设立了一个类似的机构——国家评估局（NAB）。在防务情报方面，新西兰设立了国防情报和安全局（DDIS），警察、海关和移民也有各自的情报部门。尽管新西兰的面积小，但它在"五眼联盟"内部的分量却很重。比如，新西兰政府通信安全局的两个关键情报站为"五眼联盟"提供了宝贵情报。

当我们详细审视"五眼联盟"国家做了什么时，比较两个相互关联的因素非常重要：一个是人口规模，另一个是国内生产总值（见表4.1）。这两个因素在很大程度上决定了各国在情报领域的投资策略，以及每个国家在其年度预算内拨付的情报工作经费。由于"五眼联盟"情报行动的保密性质，各自的预算也是保密的，要么是单独秘密批准的专项经费，要么是包含在其他预算之中却处于保密的状态。"五眼联盟"每一个成员的秘密行动经费都是保密的。

表4.1 "五眼联盟"成员国的人口与国内生产总值情况（2018年）

	人口（百万）	国内生产总值（万亿美元）
美国	325.7	18.57
英国	65.64	2.619
加拿大	36.29	1.53
澳大利亚	24.13	1.205
新西兰	4.693	0.185
总计	456.453	24.109

有关机构统计[2]，中国和俄罗斯的数据比较如下（见表4.2）：

表4.2　中国和俄罗斯的人口与国内生产总值情况（2018年）

	人口（百万）	国内生产总值（万亿美元）
中国	1379	11.2
俄罗斯	144.3	1.283

　　这些数字反映的是"五眼联盟"的巨大财富以及中国、俄罗斯在人均收入方面存在的巨大差距。中、俄两国的国内生产总值总额大约是"五眼联盟"总额的一半。仅仅加利福尼亚州贡献的国内生产总值就高达2.448万亿美元，差不多是俄罗斯一年国内生产总值的两倍。这样来看，俄罗斯在世界经济排行榜上究竟排到哪里去了呢？俄罗斯的国内生产总值少于加拿大，只比澳大利亚多一点，但澳大利亚人口只有2 413万，而俄罗斯人口多达1.443亿。然而，从国际力量对比的角度来看，俄罗斯是不可小觑的，因为它不仅是拥有否决权的联合国安理会常任理事国，还拥有庞大的核武库和核动力潜艇部队。

　　因此，无论怎么看，"五眼联盟"都堪称一个由强大经济体支撑的"情报发动机"。它在维持和提高各国和集体情报能力方面的综合能力已经达到高点。另一个关键因素是构成整体的各个部分的集合。除了强大的经济实力之外，"五眼联盟"综合实力来自各个机构的情报产品的总和（情报产品会接受集体评估）。未来数十年内，如果说"五眼联盟"将面临大问题，那么这个问题不会是资金不足，不会是各成员国对这个联盟的承诺弱化，而是它能否做出一些艰难的抉择，去投资一些新的情报资源和手段。要知道，威胁因素的性质是不断变化的，而且至关重要的是外部技术环境也是迅速变化的。比如，摩尔定律可能被视为过时很久的计算机时代的遗留，但事实上它所阐述的趋势至今仍在延续，在很大程度揭示了信息技术进步的速度。

戈登·摩尔是仙童半导体公司和英特尔公司的联合创始人。他在 1965 年提出的一个假设认为，集成电路中晶体管的数量大约每两年就会翻一番。这是一种观察和预测，而非物理学或自然规律。信息和数字革命的发展速度如此之快，以至于预测即便有可能，也存在很大难度。越来越重要的是投资什么和为何投资，而不是投资多少。如果我们回到 1917 年"齐默尔曼电报事件"所发生的那个时代，以及后来"二战"期间英国布莱切利庄园和美国海军情报局取得胜利的那个时代，那么不可否认的是，这两个时代的技术确实已经过时了，因为高频编码通信被巧妙地拦截和解码。这也导致日本海军上将山本五十六等法西斯罪犯的灭亡。山本五十六在"二战"期间担任日本联合舰队司令，美国海军的密码专家接获和破解了日军的一份密码电报，获知了其外出巡视的准确路线，便于 1943 年 4 月 18 日在新几内亚的布因基地上空将其乘坐的飞机击落。领导这项工作的就是温特希尔农场。这个农场位于华盛顿特区西部弗吉尼亚州的一个乡村，是一个关键的密码破译情报站。该情报站建于 1942 年，"二战"期间在窃听和破译敌方通信方面发挥了关键作用。比如 1943 年，它截获了日本驻柏林大使发给他在东京的领导的关键信息，后来又截获了纳粹沿法国海岸修筑防御工事的详细描述。该情报站于1997年被关闭，如今放置着联邦航空管理局的一部分空中交通管制设备。

盟军最高指挥官德怀特·戴维·艾森豪威尔将军曾经声称温特希尔农场情报站的数据对诺曼底登陆的成功做出了重大贡献。该情报站在冷战期间还曾对苏联采取类似的行动。在"五眼联盟"里，还有其他许多类似的情报站，数量很多，无法在此详细描述。它们为盟军夺取"二战"胜利以及成功终结冷战做出了贡献。温特希尔农场情报站只是过去辉煌的一个例证，如今，这些都随着科技的进步而消逝。高频通信已经在很大程度上成为过去式（但并未完全弃之不用）。技术变了，情报目标也要跟着变。

苏联解体的影响

20世纪90年代，苏联解体及其余波并没有让"五眼联盟"止步不前，而是迅速把注意力转向其他威胁因素。"五眼联盟"情报界的很多人早已注意到了这些威胁，但它们尚未得到媒体关注。美国在90年代缩减了国防规模，人们似乎觉得世界太平了。中东地区逐渐浮现的现实问题很快打破了这一幻觉。

事实上，在1967年六日战争之前、期间和之后，中东的紧张局势一直存在。越来越多的国家卷入这场战争的余波，其中不仅有中东国家，还有美国和欧洲国家。从情报角度来看，"五眼联盟"一直保持着警惕，搜集和分析中东国家以及中东舞台上其他利益攸关方的情报。这些国家包括俄罗斯、伊朗、叙利亚、伊拉克、约旦、以色列、科威特、巴林、沙特阿拉伯、卡塔尔、阿联酋、埃及、阿曼、也门、黎巴嫩以及土耳其。一些代理人和第三方武器供应商也卷入中东事务，导致情报搜集过程更加复杂。如果再把联合国的角色加进来，那么大多数积极的、负责任的联合国成员国也可以在中东事务上发言和表达意见。

在六日战争结束后的那几年以及进入20世纪90年代后，美国在中东的日子并不好过。一些富有的、影响力大的阿拉伯部落痛恨美国左右以色列和阿拉伯国家的领土争端，对美国的仇恨情绪在中东滋生和蔓延。同时，逊尼派和什叶派之间的神权政治和文化分歧以及阿拉伯国家内部的派系分歧一旦被外界引燃，也会酿成灾难。情报部门为决策者提供灵通的信息，但是未制定过决策或者干预决策。它的关键作用是为政策制定者和执行者提供硬核数据。有时，某些结果似乎是不言自明的，有时也可能会有更多的选项，但情报部门在其中并未代表一种决策职能或权威。"二战"结束以来的几十年里，许多观察人士（我也是其中之一）说过，一个国家的情报水平以及负责执行情报的人员素质，是决定一个国家未来的重要特征之一。对情报工作人员而言，关键素质包括：科技知识、专业性、敬业、忠诚、保护秘密敏感信息的正直、独立思考以及不受政治压力和偏见干扰的能力。情报机构的外勤人员必须拥有良好的体力和极大的勇气，能够在最具挑战的环境中坚持到底。

在中东地区，伊斯兰极端主义缓慢崛起，不为人知，直到非常严重时，媒体及公众才开始关注。与此同时，一场重大的通信革命也在悄然发生。二者在进程上具有一致性，给情报搜集和分析过程带来了很大挑战。万维网发源于美国，是在美国国防部高级研究计划局（DAPRA）开发的先驱通信网络——阿帕网（ARPANET）的基础上进一步衍生出来的结果。1969 年，BBN技术公司开发的接口信息处理器使阿帕网首次投入运行。信息革命随之而来。之后，毕业于牛津大学的物理学家、计算机科学家蒂姆·伯纳斯·李爵士（出生于 1955 年 6 月 8 日）在 1989 年 3月首次提出"万维网"的概念。

计算机和网络技术的合并彻底改变了各个领域的连接，不论是个人、企业还是政府。随之而来的是一场数字通信革命。这场革命的推动者来自美国的投资家，以及富有远见的比尔·盖茨、史蒂夫·乔布斯（1955 年 2 月 24 日—2011 年 10 月 5 日）及其同事斯蒂夫·沃兹尼亚克和罗纳德·韦恩，他们都是从美国加州洛斯阿尔托斯市克里斯特路乔布斯家中的车库起家的。在 2001年 9 月 11 日悲剧发生的时候，伊斯兰极端分子使用的就是卫星电话。"五眼联盟"既要跟上科技发展动态，更想赶超在前，哪怕时间差不可避免。互联网在商业领域的应用迅速扩展，远远超出以前美国国防部和高级研究计划局那些人的预想。

伊朗等中东国家由于强烈仇恨美国及其盟友而爆发了伊斯兰革命，实行了神权主导的政治体制。与此同时，互联网迅速引发一场全球性的通信革命，为中东地区的恐怖主义势力提供了便利。在"五眼联盟"中，真正接近核心决策圈和真正具有影响力的人里，只有极少数人意识到了技术革命同恐怖主义的融合，并预测到这种趋势可能对中东乃至全球稳定产生的影响。

曾于 1994—1995 年供职于美国国家安全委员会的杰西卡·斯特恩就是其中一位具有目光长远之人。她冒险深入伊斯兰教、基督教、犹太教极端分子的活动基地开展调查，撰写了恐怖主义研究的经典之作《以神之名的恐怖活动》(*Terror in the Name of God*)。除了这本书之外，她还对恐怖主义有过其他几次公开的、同样出色的分析。在 20 世纪 90 年代中后期，美国国家安全委员会已经得知奥萨玛·本·拉登及其同伙的活动，拉登在苏丹躲藏期间的位置、日程及活动都被追踪到了，还得知拉登很可能袭击美国，因此成为一个迫在眉睫的危险人物。作为白宫决策思想的关键来源，美国国家安全委员会原本可以建议白宫最高决策者在拉登撤回阿富汗山区之前，直接在苏丹消灭他、他的家人以及追随者。如果当年这么做，历史的进程就会发生改变，但美国国家安全委员会却没能或者不愿意这么做。1998 年 8 月 7 日美国大使馆爆炸案之前以及之后，也发生过同样的不作为情况。8 月 7 日当天，美国驻东非坦桑尼亚首都达累斯萨拉姆和肯尼亚首都内罗毕的大使馆几乎同时遭遇汽车炸弹袭击，这两起事件共造成 200 多人不幸遇难。美国很快发现这两起袭击事件的背后主谋都是奥萨玛·本·拉登领导的基地组织。可以说，在这两起袭击事件之前以及之后，美国情报工作存在很多失误，而情报决策最终取决于一个人，那就是美国总统。

关于恐怖主义的各种预警和指标都已经摆了出来，但只有政治决断才能防止最严重的灾难。虽然美国法律禁止暗杀政治领袖，但这些恐怖分子领导人里面没有一个是得到国际社会认可的政治领导人，暗杀他们也不在美国法律的禁止范畴之内。试想，如果希特勒及其纳粹集团的其他领导者在 20 世纪 30 年代被暗杀，那就有可能拯救整个世界和数千万人免于死亡和痛苦。这种暗杀是有意义的，但希特勒当时是一个国家的领导人，其他国家都未准备采取重大行动对他和纳粹集团其他领导者进行秘密攻击。这与 1998 年美国大使馆遇袭事件以及"9·11"恐怖袭击事件之前的情况几乎没有相似之处，因为本·拉登不是国家领导人，而是一个资金有限的恐怖分子，他只有一群忠诚的追随者，他们策划了一场与其实力并不对称的袭击。"五眼联盟"早就掌握了可靠情报，而且具有可操作性，但是行动情报只有用来付诸行动才能发挥价值。

1998 年，美国在东非地区的大使馆被炸之后的情景（图片来源：美国中情局）

谁来使用行动情报预防灾难？

第一次海湾战争结束后，美国可能遭到恐怖袭击的迹象已经清楚地浮现了出来，但没有引起各方重视，最终导致了1993年2月26日的纽约世贸中心爆炸案。那天，一个重达606千克的硝酸脲炸弹在世贸中心北塔（1号塔）的地下二层停车场被引爆。恐怖分子的目标是让北塔撞向南塔，导致两塔都倒掉，造成成千上万人死亡。但幸运的是，这一目标没有实现，因为爆炸并未摧毁大厦的混凝土地基，只破坏了北塔的地下车库，导致六人丧生，包括五名港务局雇员和一名当时在停车场的商人，1 042人受伤，大部分人是在爆炸后的疏散过程中受伤的。之后，调查结果表明这次袭击是由拉米兹·约瑟夫领导的，资金来自他的叔叔哈立德·谢赫·穆罕默德。哈立德·谢赫·穆罕默德在电话中给拉米兹·约瑟夫提供建议和情报，并向拉米兹·约瑟夫的同伙穆罕默德·萨拉马电汇了660美元。1994年3月和1997年11月，六名罪犯受到审判。

拉米兹·约瑟夫出生在科威特，在阿富汗的基地组织训练营接受过训练。审判记录显示，拉米兹·约瑟夫的动机是报复美国支持以色列对抗巴勒斯坦。此外，联邦调查局的线人、前埃及军官伊马德·塞勒姆在爆炸发生很久之前就提供了重要信息，他本人声称早在1992年2月6日就为美国发出了关于袭击的预警。巴基斯坦三军情报局也提前给美国提供了导致拉米兹·约瑟夫被捕的信息。1996年，拉米兹·约瑟夫终于被捉拿归案，并被判处死刑。伊拉克的某些人在1993年的袭击中也是同谋，但纽约联合反恐特遣部队、联邦调查局、美国纽约南区检察官办公室、中情局、国家安全委员会和国务院都没有发现任何与伊拉克有关的证据，导致伊拉克这些人成了漏网之鱼。

这一切都是不祥之兆。"五眼联盟"加强了对全球恐怖分子嫌疑人以及他们在"五眼联盟"视线之外所有联系机构的监视。1993年的袭击表明，一个资金少、规模小的恐怖组织也可能会在纽约这种人口稠密的城市造成巨大破坏。1993年的恐怖袭击是典型的非对称战争，类似的袭击还有很多。在这类袭击中，袭击者使用非常规、非传统的军事手段，对大规模、有组织的军事和非军事实体（例如纽约市）造成了非常严重的破坏。

回顾过去，"五眼联盟"其实在组织架构和组织文化层面都没有准备好应对这一挑战。美国主要的情报机构，尤其是中情局和联邦调查局之间的分歧加剧了这种局面。谁都不愿意相互分享信息，各个机构在组织文化上存在分歧。中情局是海外秘密情报搜集机构，联邦调查局则侧重于在犯罪行为发生后进行调查，而不是与中情局等机构一起搜集、分析和共享美国内部情报。事实上，联邦调查局的反情报部门完全有理由不与中情局合作，比如，它可以说自己要监控中情局内部的潜在背叛行为，或者对苏联等国家进行反情报行动。事后来看，这种欠缺情报共享与合作的情况就是导致灾难的一个重要因素。作为一个整体，"五眼联盟"国家未能提前改变或重视这种危险因素，从而放任了"9·11"恐怖袭击的发生，而美国国家安全组织架构的其他部分却在进行重大变革，美国海军就走在了前面。它预测到一个打破以往平衡的新局面，开始全力为之做准备。

美国研发的武器越来越精准，比如1991年第一次海湾战争中首次发射的"战斧"巡航导弹，这种武器可以在冲突前期发挥关键作用。1991年以后的多项改进大大提升了精准制导武器的打击效率。然而，1991年第一次海湾战争暴露了链条中几个严重的薄弱环节，当地的军事指挥官很早就认识到了这一点。简单地说，从"战斧"巡航导弹到特种部队配备的手持武器，不论武器有多好，要充分发挥作用，必须事先掌握关于攻击目标的情报，这些情报必须具备及时性、准确性和可靠性。在快速移动的情况下，或者在作战小组不了解周边环境的情况下，近乎实时或完全实时的数据是必不可少的，这些数据包括平民对于作战目标的态度倾向。因为战术性的作战行动可能出现很多意外，容易违反《日内瓦公约》规定的交战规则以及人道主义原则。因此，在战术作战的情况下，实时情报对于定位、跟踪和锁定恐怖分子的非对称攻击具有重要意义。所以，必须将情报数据实时传递给前线士兵、秘密情报人员或小型特种部队，这一点在现代作战中至关重要。但回顾1991年，若干因素阻碍了关键情报数据的流动和实时传递，特别是基于卫星的情报。形形色色的安全限制使高价值情报无法被及时和广泛地发送，甚至那些通过必要安全审查的人也收不到这些情报。情报被搜集和分析之后，只能通过非常特殊的渠道发送给少数人。但收到这些情报时可能为时已晚，对快速行动或战术行动失去了指导意义。在20世纪90年代初，美国国家侦察局是美国情报界唯一一个未被承认的秘密机构。当时，向前线作战人员传递卫星情报数据不仅闻所未闻，而且与情报系统的文化传统、组织架构以及通信系统完全不同。如果说第一次海湾战争期间情报贫乏有失偏颇，那么说情报工作做得不够好，存在诸多不足则是肯定的。这一事实在美国特种部队搜查伊拉克"飞毛腿"导弹的行动中体现得最为真实。特种部队试图在这一批"飞毛腿"导弹攻击以色列、美国和联军之前就找到并摧毁它们。伊拉克人制造了几次骗局来掩盖或者伪造"飞毛腿"的位置和行动轨迹。但要把精准制导武器放在一个伪装的、移动的"飞毛腿"导弹上并不像看起来那么简单。要应对这种不断移动的威胁，需要实时图像情报、信号情报及电子情报，只有这样才能定位和确认飞毛腿导弹，在准备攻击时也要保持实时联系。所有这些因素都以卫星的可用性为前提，卫星需要适时调整轨道和刈幅宽度才能实现准确定位，而且要能将定位、时间等卫星数据实时下载到作战指挥中心，进而传递给作战人员。这一切操作起来并非易事。结果许多一线作战人员得不到很好的情报服务，情报产品要么不足，要么滞后。

第一次海湾战争后的变革和技术创新

20 世纪 90 年代，在第一次海湾战争结束之后，美国情报界加大投入大量资源去纠正这种局面。组织架构和通信方面的解决方案体现出丰富的想象力和先进的技术。情报界认识到，除了卫星外，还需要其他系统，比如无人机。利用无人机从空中对移动目标进行详细跟踪成为一个不言自明的要求，比如"捕食者"无人机、"全球鹰"无人机以及美国空军的"联合星"①预警机都得适应作战需要。这个系统是美国空军和陆军联合研制的一种先进的机载多功能实时雷达系统，功能非常强大，其载机是 E-8A 飞机，可以空中加油，但考虑到机组人员的疲劳状态，这种飞机的续航能力依然受到限制。在相对良好的防空环境中，这一远距监视系统可以在距离目标区域很远的地方完成探测成像。影响这种飞机的因素主要是机组人员的耐力、是否能够空中加油，以及是否有友好的机场为其提供维护和支持。

第一次海湾战争给美国情报界上了重要一课，使其意识到从文化层面进行情报机构改革的必要性。换言之，必须想办法对情报材料本身进行脱敏处理，这样一来就可以扩大知密人群的范围，让知密等级较低的人能够在必要时及时获取情报。这意味着要发明一些聪明的方法来给高度机密的情报材料做脱敏处理，这样既能保证它不会丧失内在价值，又能在情报材料遭到泄露的情况下不至于暴露情报搜集系统的实际运作情况。这种改革对"五眼联盟"产生了积极影响，而且在"9·11"袭击事件之后，随着"五眼联盟"的军事力量，尤其是特种作战部队在这方面开展更为密切的合作，这种影响得到了进一步加强。

我直接参与了一些关键项目，这些项目为解决 1991 年第一次海湾战争暴露出来的问题提供了解决方案。但即便到了今天，依然有一个领域需要格外关注——如何为特种部队的行动提供实

---

① 联合星，即 Joint STARS，全称为 Joint Surveillance and Target Attack Radar System，意为联合监视目标攻击雷达系统。——译者注

时情报支撑。以美国海军海豹突击队为例。海豹突击队经常处于高度危险的环境，队员虽然接受过良好的训练来应对环境，但总是需要最精准、最及时的战术情报。要给他们实时提供这种情报并不容易，因为即便让他们携带最新款轻便小巧的无线电收发机，也会给他们增加额外的重量负担，必须相应地减少武器、弹药、水和食物的重量，以便实现重量平衡。在20世纪90年代，没有任何方式经过战地检验和官方批准去向海豹突击队发送实时卫星图像。虽然数字通信时代和苹果手机时代正在发展，但实时传递卫星情报的作用不太大。尽管电子设备装有紧凑、轻巧、安全的硬盘驱动器和小型显示器，但问题在于带宽。到今天为止，这个问题一直困扰着美国的常规军事通信，尤其是实时传递卫星情报。

21世纪20年代及之后，"五眼联盟"将启用新一代卫星通信系统，迅速向地面传输大量数据、声音和图像，从而使第一次海湾战争期间出现的情报困境成为过去时，就像纳尔逊在18世纪向法国敌舰发射那种能在水面弹跳的炮弹一样过时。然而，即便调整卫星轨道去支持特别行动很容易，但美国情报界除了借助卫星语音通信手段之外，花了很久才摸索出如何向海豹突击队提供实时情报，而且这些措施并不总是像预想得那样有效。这种情报工作失败的一个例证就是海豹突击队2005年6月27日在阿富汗实施的"红翼行动"。关于这次行动有大量的证据和文字记录。行动失败的原因有多个，一个关键原因是通信系统差且不可靠。在当前这个时代，商业通信系统已经发展得非常好，但特种作战部队使用的卫星通信系统却存在诸多不足。一支小规模的海豹突击队可能希望避开敌人的大部队，甚至在最坏的情况下被敌人包围，基本没有胜算。对他们而言，及时接收关于敌人位置的图像或视频，包括敌方人数、移动方向、相对位置和武器装备，绝对是非常关键的信息。特种部队在出动或撤回直升机时，这种实时情报也非常关键。

之前，识别地面上的威胁因素需要付出足够的时间，等到识别出来往往为时已晚。如今，无人机帮助美军改变了这种威胁识别模式，因为无人机能够帮助美军获取持久、可靠、实时的情报，包括图像情报、信号情报和电子情报。没有任何东西可以替代这些情报。1991年第一次海湾战争时期，沙漠中还没有这样的通信网络，由于糟糕的战术情报技术，很多情报不能及时传递到一线作战人员手中，导致英国皇家空军特种部队不仅要面对自己所处的环境，还要面对很多未知因素。手持卫星收发器可以在高度危险的战术作战形势下帮助一线作战人员规避很多压力，但前提是硬件必须可靠，当一个系统出现故障时，必须有一套电量充足的备用系统，确保能够不间断地获取所需情报（这些情报都是直接或间接通过语音、图像、视频或某种组合传递给一线作战人员）。

英国人在1982年的马岛海战中也经历了同样的战术困境。尽管当时卫星语音通信有效，但由于情报质量差到几乎可以忽略不计，而且实时情报的可靠性太低，导致英国在阿根廷的作战计划严重受挫。如果没有可操作的信息实时传递给一线作战人员，那么作战计划将会失效。世界上最糟糕的局面就是一个遥远的指挥中心（比如英格兰诺斯伍德的联合作战中心）有权在最危急的情况下指挥和控制一线作战的特种部队，却无法提供可靠、可操作、有价值的实时情报。在这种情况下会产生最糟糕的战术作战情景：地面部队在同敌方正面发生遭遇战时，无法及时获取战地情报，或者发现在兵力部署之前的最后一次获取的情报不准确或不完整，更有甚者，既不准确又不完整。

自第一次海湾战争以来的25年，民事与军事，工业和政府之间的关系发生了重要的变化，很有必要认识这些变化。在商业研发和采购周期中，企业必须跟上快速发展的技术和工业生产过程，才能维持自身生存，甚至在理想的情况下永远走在竞争对手的前面。然而，目前"五眼联盟"成员国的采购流程和周期滞后于商业研发和采购周期。显然，即便某些新型设备处于领先地位，由于军队和政府的采购时间太晚，且需要花费很长时间才能使这些新型设备具备初期作战能力，这些新型设备也很容易变得过时和低效。比如，如果政府需要十年或更久去采购和运用一个设备，那么这个设备投入使用时可能已经过时了。

这是数字时代面临的一个主要问题，特别是在指挥、控制、通信、情报、监视和目标锁定领域，工业界一直领先，这是毫无疑问的。"五眼联盟"成员国政府采购机制如果继续遵循当前的惯例，就会面临技术落后的巨大风险。在通信方面，尤其是与非商业卫星系统的通信方面，没有什么比这更真实的了。全球联网的4G和5G系统可以传递各种类型的海量数据。当代高度安全的加密网络可以提供全套的网络保护，事实上甚至可以为"五眼联盟"构建网络攻防系统。

美国海军推动不对称战争

在"五眼联盟"国家中，美国海军率先重视不对称战争，并做好了应对严重的恐怖势力威胁的准备。

20世纪90年代，在美国海军变革中占据核心地位的是第3舰队，隶属于美国太平洋舰队，总部设在美国加利福尼亚州的圣迭戈，舰队旗舰为"科罗纳多"号。它最早关注21世纪将成为常态的不对称战争，但它的任务并不仅局限于此，还负责东太平洋地区的军事部署，配合第5、第6、第7舰队的作战行动。第3舰队里有几个出名人物走在了时代前列，认识到美国海军以及整个美国军队将面临不对称战争的威胁。第3舰队的核心作战理念体现在一些至关重要的情报工作模式上，这一点后来对"五眼联盟"产生了很大的影响，在很大程度上促进了作战规则的改变。

"不对称战争"的概念并没有什么新意，可以做出如下定义：两个敌人、交战国、对立力量或派系在各自控制的战争资源上存在差异，资源较弱的一方凭借战术、低端系统和技术去弥补资源数量和质量上的不足，诉诸非结构化、非正式手段去削弱拥有较为正式、精良及结构化装备的一方。近现代军事史和海军史上有很多关于这种"不对称战争"的例子，比如美国独立战争、约翰·莫斯比上校在美国内战期间的行动、布尔人在南非第二次布尔战争中运用的作战方法、"阿拉伯的劳伦斯"反抗土耳其军队、法国在"二战"期间的抵抗运动以及南斯拉夫游击队的英勇战术等。包括美国海军陆战队人员在内的第 3 舰队最先意识到世界再次发生了变化,而这一次是朝着非对称的方向演变,而不是像冷战时期那样朝着结构化的两极世界演变。伦敦国际战略研究所(IISS)、斯德哥尔摩国际和平问题研究所(SIPRI)等全球性智库和组织搜集的数据,以及基于政府情报做出的评估,都证明了这一点。随着 20 世纪 90 年代的流逝,所谓的"和平红利"逐渐被近东、中东地区暴力极端主义的浪潮侵蚀,这股浪潮虽未得到公开承认,却持续不断。在英国,爱尔兰共和军的威胁已经持续了 20 多年;在中东,美国在黎巴嫩的海军陆战队营地多次遭到袭击;在巴勒斯坦、黎巴嫩和以色列领土上发生了多次暴行。所有这些袭击事件都具有明显的不对称特征。之后,又发生了美国在东非地区的两个大使馆爆炸案、美国在索马里摩加迪沙的常规部队被击溃(即众所周知的"黑鹰坠落"事件)以及美国"科尔"号航空母舰在亚丁湾遇袭事件。所有这些事件都预示着2001 年 9 月 11 日恐怖袭击事件的结局。第 3 舰队的工作人员以他们的认知判断世界格局在发生变化,战争性质也发生了改变,因此海军必须接受相应的训练,以做好应对此类威胁的准备。

随着 20 世纪 90 年代的车轮滚滚向前,无论是从训练军费看,还是从较为正式的声明和文件看,华盛顿方面显然没有及时做出回应。美国国防部和情报界的关键机构——中情局、国家安全局和国防情报局也是如此。尽管信奉原教旨主义的伊斯兰极端势力正在抬头，但美国官方却没有做出应对。回头来看，驻扎在圣迭戈的第3舰队提出的理念以及采取的行动都具有革命性。第3舰队没有等待华盛顿发号施令就先发起了行动，它有组织、有独创性、有信息来源，对于目标愿景也有清晰且难得一致的认知，从而能够领先于前。它找到两种关键的变革方式，没有获得美国国防部及国会的正式授权就去行动。它取得的成果不仅引发了海洋战略和海军战术的巨大变革，而且每一项变革都有重大意义，更重要的是推动了美国整个情报界乃至"五眼联盟"组织的变革。

第3舰队推出的两种变革是"舰队战斗实验"（Fleet Battle Experiments）和"有限目标实验"（Limited Objective Experiments）。它们用来测试新想法，以适应变化中的世界，并辅助理论创新。从1994年到2003年的9年间，第3舰队有两位指挥官，分别是海军中将赫伯特·布朗（任职时间为1996年10月—1998年11月）和海军中将丹尼斯·麦金恩（任职时间为1998年11月—2000年10月）。他们的领导使第3舰队取得了美国海军任何一支其他舰队都无法匹敌的战果。第3舰队的首任指挥官是海军上将小威廉·F. 哈尔西，布朗与麦金恩这两位海军中将都算是他的"直系继承者"。第3舰队的其他指挥官还包括海军中将小塞缪尔·李·格雷夫利（Samuel L. Gravely Jr.，顺便说一句，我在英国皇家海军任职期间，曾在美国"班布里奇"号核动力巡洋舰上与他一起在海上共事）、海军上将肯尼斯·麦基以及海军上将塞缪尔·J. 洛克利尔。

布朗和麦金恩这两位将军的顶头上司是美国太平洋舰队总司令。（这是一个具有历史意义的职务名称，因为唐纳德·拉姆斯菲尔德在担任国防部长期间，曾经颁布法令将这一名称改为"太平洋舰队司令"，同时，其他各个舰队的"总司令"也被改成"司令"，因为拉姆斯菲尔德认为美国海军只能有一个总司令，即美国总统。）布朗和麦金恩都得到了顶头上司的全力支持。太平洋舰队再往上一级就是美国太平洋司令部。从历史上看，美国太平洋司令部的指挥官一直是美国海军四星上将。因此，这两位第3舰队指挥官其实也是得到了四星将军的支持，这一点着实耐人寻味。

　　从1996年11月到1999年10月，海军上将阿奇·克莱明斯担任美国太平洋舰队的总司令，他的舰队总部设在马卡拉帕，毗邻夏威夷瓦胡岛的珍珠港海军基地。克莱明斯上将是一位创新者，指挥他的舰队掌握网络概念和技术并进入现代数字时代。他对实施变革很感兴趣，热情地参与其中。因此，在2001年9月11日的悲剧发生之前的那个时期，对于美国海军太平洋舰队这个"优等生"来说就显得至关重要。接下来这支舰队将对"五眼联盟"产生巨大影响。布朗和麦金恩均为受过卓越训练的海军飞行员，都有绝对亮眼的指挥履历。布朗在越南战争期间获得美国海军十字勋章。在担任第3舰队司令之前，他担任过海军太空司令部的指挥官。他的其他职务包括位于科罗拉多斯普林斯的太空司令部副司令以及武装部队通信与电子协会（AFCEA）的会长。麦金恩从第3舰队退役后，去五角大楼担任一个重要的海军职位——海军作战部副部长，负责海军未来作战能力的开发。这是他在第3舰队采取一系列创新举措之后最合适的位置。2013年退休后，在奥巴马政府时期，他被任命为负责能源、设施和环境的海军部助理部长，运用自己的知识和对绿色能源的关注继续效力美国海军。

在海军预算中，第 3 舰队的变革计划没有正式的项目经费，也没有任何通过国会间接拨款的专项资金（参众两院军事委员会及国防拨款小组委员会的关键成员有权为他们个人支持的项目额外拨付一笔特殊经费，作为总统官方海军预算的补充，但他们没有为第 3 舰队的计划额外拨款）。于是，第 3 舰队的指挥官们不得不依靠年度国防预算中固有的项目经费去推动变革。同时，华盛顿有一批高级军官支持第 3 舰队的目标，他们踊跃地推动拨款程序，用合法手段支持第 3 舰队开展在官方预算中找不到的"舰队战斗实验"和"有限目标实验"。提供这种支持的一位关键人物就是亚瑟·塞波罗斯基（Arthur Cebrowski）中将。在第 3 舰队推动变革时，塞波罗斯基是美国海军的"6 号人物"。在华盛顿，他堪称推动海军变革最重要的人物。作为海军的"6 号人物"，他负责探索、管理和应对美国海军未来所有的关键需求，涵盖了海军指挥、控制、通信、计算机及其他影响作战的相关领域。

塞波罗斯基将军在华盛顿支持海军创新方面发挥着关键的推动作用，而布朗和麦金恩这两位海军中将则在海上负责一线指挥。塞波罗斯基将军意识到大规模集成电路可以实现他提出的以网络为中心的信息流将改变海上作战游戏规则的理念。他看到了民事部门在技术领域所做的事情，认为海军乃至整个美国军队都需要参与进来，搭上信息技术革命这趟快车。1981 年，塞波罗斯基将军担任美国海军战争学院（位于罗得岛州纽波特市）战略研究小组的成员时，与一位年轻的美国海军指挥官威廉·欧文斯（后来担任参谋长联席会议副主席）得出结论称海军创新很有必要。

他们主张在网络化环境下来自多个源头的信息能够及时流向作战人员，在战场上提供一定程度的信息支撑，有助于在减少对致命武力需求的情况下制服敌方（在历史上，往往过度依赖致命武力）。后来，美国参谋长联席会议办公室发布了一份《联合愿景2010》的正式文件，作为未来十年美国军事创新与发展的指导模板。

但事实上，并不是每个人都支持将这作为激进变革的基础。当塞波罗斯基将军的两位主要支持者——参谋长联席会议主席约翰·沙利卡什维利和副主席威廉·欧文斯——在1998年退役时，联合参谋部和海军内部明显存在一些反对海军创新的声音，因为有些人对这一套新理念持怀疑态度。

一些人使用了更具贬义的词语，比如"行话"和"流行语"，去描述塞波罗斯基的海军创新理论。另一些人言之凿凿地分析说，塞波罗斯基没有意识到商业技术在军事领域的推广、影响和应用是一个循序渐进的过程，而不是革命性的，海军在利用这些新技术时，应该像之前应对基于技术的改变一样。还有人单纯从海军角度出发，认为塞波罗斯基主张的海军信息化创新过程不应该激进，而是应该像主动声呐向数字计算机式被动声呐过渡一样循序渐进。

2001年10月1日，塞波罗斯基在美国海军战争学院迎来了军事生涯的最后一站。在"9·11"恐怖袭击事件发生一个多月后，他担任国防部部队转型办公室主任。这个办公室是时任国防部长拉姆斯菲尔德设立的，以实现他的部队转型愿景，用美国国防的新概念来挑战现状，确保压倒性、持续性的竞争优势。2006年10月，该办公室被取消。塞波罗斯基将军对拉姆斯菲尔德拥有相当大的个人影响力，能够经常与拉姆斯菲尔德直接接触和对话。2005年11月12日，塞波罗斯基还没有来得及在国防部发挥更大权力就因癌症去世了，终年63岁。第3舰队在他的直接支持下所取得的变革将影响美国情报部门，进而从那里影响整个"五眼联盟"。

塞波罗斯基给海军留下了一份理念遗产。他向人们表明，信息技术也能产生军事力量，并带来新的战略思维、概念和决策。如果将这种信息网络的力量同传统的军事力量结合起来，就能够产生压倒性的效果，信息优势甚至能够取代战争中的消耗，从而为政治领导层提供一个全新的政治军事体制选项。塞波罗斯基的军事哲学支持这样一种观点，即认为信息优势往往能够战胜纯粹的蛮力。

很多人的观点与之相反。他们强调这种信息化变革只是军事技术连续发展过程的一个组成部分，像入侵伊拉克、推动国家建设这类决策是政治军事战略的关键元素，而不是信息技术变革的结果，和信息技术变革也没有相关性，而且放到历史背景中去看，信息技术变革并没有构成政治军事战略变革的基础。一些人认为，像逊尼派和什叶派在中东穆斯林聚居地爆发历史性冲突的这类战略问题，同当前及未来信息技术和军事网络结构没有联系，技术变革不会影响它。还有许多人认为，信息优势是传统电子战的一部分，随着时间的推移，我们会目睹电子战以各种循序渐进的方式演变，从最初的海上测向到通信拦截，再到"二战"期间的"超级机密"和"魔术"情报，最后到数字通信时代非常先进的信号情报和电子情报。科学技术的发展必须基于人们长期对自然现象进行新的、巧妙的探索，一些技术无法实现革命性进步，比如电磁波谱技术就是如此。基于同样的道理，数字通信和微波技术也要逐渐进化，而不是实现革命性的发展。然而，从一线作战人员的角度看，这些技术虽然进步缓慢，但是在战术层面对海上战争和作战情报的影响不仅重大，而且持久。

在这一时期，支持变革计划的一个关键领域是重新评估产业界和军界打交道的方式。技术项目开发现状、漫长的采购和签约过程、形成初始作战能力所需的时间很长，所有这些因素结合在一起就会使变革失败。美国国防部根本没有与商业领域信息技术的发展保持同步，事实上，军方还落后了好几年。回想起来，这似乎是军界应该跟上商业技术发展步伐的有力理由，但目前美国《联邦采购条例》依然影响着这一方面。塞波罗斯基将军希望在美国海军战争学院培养出一批海军创新人才。这或许的确是他的一项持久遗产，毕竟教育是变革的真正催化剂，而在不受约束的环境中思考如何实施变革会产生强有力的促进作用。

"圣迭戈的自愿联盟"：美国太平洋舰队第 3 舰队

在一线，驻扎在圣迭戈的第 3 舰队另辟蹊径，错开时间采取行动。这群人将一致的目标付诸实践。他们做了什么？怎么做的？结果如何？

首先，我先谈谈他们做了什么。第 3 舰队非常清楚网络的中心性，三星级别的舰队领导人也清楚国家侦察局最新的高度机密项目。第 3 舰队采用创新的网络概念改进现有系统，包括指挥、控制和通信体系结构，将其应用于新的、高级的作战场景。

1997 年 8—9 月，第 3 舰队在海军作战部长的支持下，举行了一场关键的"舰队战斗实验"，代号"火环"。参与者包括美国海军、海军陆战队以及特种部队。参演的关键舰船包括第 3 舰队旗舰"科罗纳多"号以及另外两个主要的水面舰艇"佩莱利乌"号两栖攻击舰和"拉塞尔"号驱逐舰。位于内华达州的法伦海军航空站（主要靠 F-18 战机）、位于"中国湖"的美国海军空战中心以及位于加利福尼亚的穆古角海军航空站提供了支持。美国国家侦察局和海豹突击队提供了关键性服务。作战方案的核心是建立一个新的作战空间局域网架构，在此架构下，利用卫星链路实时连接传感器和其他信息源，目标是测试和证明该网络体系架构能够成功地攻击和摧毁目标，并进行实时战损评估。

其中一种实验情形是海豹突击队的一个侦察小组在内陆通过卫星发出实时情报数据（包括图像），"科罗纳多"号旗舰上的卫星接收装置收到信号之后，再实时传输给一架 F-18 战机，这架战机根据情报发射一枚照明弹，直接命中目标，表示目标已被成功摧毁。"科罗纳多"号旗舰根据多个情报源建立了一个"战术指挥模式"，包括"前进空中管制员"（FOFAC）为了指定打击目标而发送的图像情报。"科罗纳多"号旗舰停泊在距离海岸数里远的海面，能够决定并执行"武器—目标分配"方案，往往有好几个方案可供选择。在这次实验情景中，旗舰决定让 F-18 战机对目标成功地发出致命一击。除此之外，其他可选方案还包括让海豹突击队发射战斧导弹去攻击目标。这次实验中的"前进空中管制员"来自美国海军陆战队第 13 远征队。

第 3 舰队开展的另一次"舰队作战实验"代号为"沉默狂怒行动"，实现了国家级 C4I[①] 系统的测试和演示。美国国家侦察局为此次实验提供了系统和直接支持。这是一个独特的事件，因为在美国海军历史上，国家卫星系统的广度和规模首次在海战中发挥了作用。

"舰队作战实验"取得了令人惊讶的成果，推动第 3 舰队实施了重大变革。在"9·11"恐怖袭击之后，结果很快显现出来。借助卫星和美国海军"秘密互联网协议路由器网络"（SIPRNET），美军就能搭建新的数据传输架构，实时获取来自各种传感器的数据，让美国海军在潜在对手面前掌握压倒性优势。1997 年以后，美国海军在布朗及其继任者麦金恩的大力推动下不断激进。

---

① C4I 是指挥、控制、通信、计算机、情报的英语单词的首字母缩写，这五个子系统综合在一起，构成了美军自动化指挥系统。——译者注

新型作战模式与"恰逢其时"

经过"舰队战斗实验"和"有限目标实验"之后，美国海军在 20 世纪 90 年代末至"9·11"事件之前的这段时间逐渐实施了新型作战模式。麦金恩带着所有这些知识和经验前往华盛顿，投入了海军作战部的新工作。2001 年 9 月 11 日那天，他正在五角大楼的办公室里，距离恐怖分子的飞机袭击大楼的位置很近。他于 2002 年从美国海军退役。他在第 3 舰队的前任——海军中将布朗于 2000 年从海军退役。当"9·11"事件发生时，美国海军立即准备好利用停泊在海上的核动力航母向阿富汗发动袭击，并派出海军特种部队。美国和"五眼联盟"其他成员国的军队联合发起秘密行动，美国海豹突击队的一名高级指挥官带领突袭了本·拉登在阿富汗的避难所、洞穴和训练场。

"五眼联盟"是第 3 舰队新作战方式的受益者。在美国内部，变革的进度可能比较缓慢。因此，在"五眼联盟"内部推广只会更缓慢，但"9·11"恐怖袭击事件改变了理念和行动。

从某种意义上讲，"9·11"恐怖袭击事件发生之后的那个时期与珍珠港遇袭后的那个时期存在一个共同之处，即人们思想上的那根弦忽然开始绷紧了，注意力高度集中，提升情报水平不再是例行公事，而变成应对新的威胁的生死攸关之举。美国海军率先开始变革，展示了它的领导力、创新和冒险精神。美国海军第 3 舰队为"五眼联盟"所做的不仅比大多数人知道的还多，而且比官方在公开场合承认的也要多得多。在一个动态变化的世界里，美国情报界仍然停留在过去的模式里——政治、宗教、技术和组织文化。在不对称战争和恐怖主义威胁浮现的同时，数字信息革命、通信基础设施变革和全球网络的大规模扩张也在同时发生，"五眼联盟"国家不再能直接加以控制了。

"9·11"恐怖袭击悲剧带来的变化超出了"五眼联盟"国家大多数军事和情报机构的预测。少数机构提前预料到了这种变化，并采取了相应行动。美国海军和美国国家侦察局一起试图通过创新和变革在这场角逐中继续保持领先地位。

第五章
"9·11"事件及其影响

美国东部时间 2001 年 9 月 11 日，周二，天气晴朗。上午 8 点 45 分，美国航空公司一架载有两万加仑燃油的波音 767 飞机撞向纽约世贸中心大厦北楼。随后，第二架飞机撞向世贸中心大厦南楼。接着，第三架飞机在弗吉尼亚州阿灵顿撞向五角大楼。第四架飞机则在乘客的干预下坠落在宾夕法尼亚州香克斯维尔附近的石溪镇。2001 年 9 月 11 日发生的事情不仅改变了整个世界，而且在全球通信和信息技术变革的背景下，给"五眼联盟"带来了一系列新挑战。

英美两国政府，尤其是情报部门存在一些与"9·11"事件相关的失误，这些失误在一些关键报告中被详细记录，特别是美国 2004 年公布的"9·11"事件调查报告，以及英国于 2016 年公布的《齐尔考特报告》（即《伊拉克战争调查报告》）。英国的这份报告是在 2009 年应英国首相戈登·布朗要求启动的针对英国在伊拉克战争中扮演角色所开展的公开调查，因此有不同的侧重点和方法。

美国于 2002 年 11 月 27 日设立了国家恐怖袭击调查委员会。该委员会于 2004 年 7 月 22 日发布了关于"9·11"事件的最终调查报告，结果招致诸多批评，因为它不仅明显粉饰了美国政府存在的许多失误，还指责联邦航空管理局犯了诸多错误，而事实上，联邦航空管理局并不是一个反恐组织，这些问题不在其管辖范围之内。无论公众、媒体还是国会，都对这份调查报告存在不满。它还淡化了美国情报界的失误，这些失误不仅体现在信息层面，更体现在组织架构层面。组织架构问题导致情报机构之间的沟通存在严重障碍，特别是在中情局和联邦调查局之间，以及联邦调查局内部，一些关键的线索没有得到重视，更没有提前采取预防措施。英国《齐尔考特报告》的视角更为开阔，也更加深入地分析了政治、军事情报互动对政治决策乃至更广泛的战略问题的影响。

"五眼联盟"有能力搞清楚萨达姆·侯赛因和基地组织之间有无任何联系，而且事实上萨达姆对伊拉克内部的恐怖组织反而是一个严重威胁，比如基地组织，因为这些组织可能威胁他的政权，他无情地镇压了任何形式的反对组织。没有任何证据表明袭击世贸中心和五角大楼的组织与伊拉克有关。随后，英美两国关于伊拉克是否拥有大规模杀伤性武器的扭曲情报加剧了误判。美国国务卿科林·鲍威尔在联合国大会上展示的信息，往轻了说是"有瑕疵"，往重了说是"错误"。鲍威尔本人或许是错误情报的无辜受害者。当鲍威尔在联合国发表重要演讲时，中情局局长乔治·特内特就坐在他的身后。鲍威尔展示了关于伊拉克拥有大规模杀伤性武器及其同恐怖组织往来的所谓证据。这一时刻很短暂，但给美国政府高层的诚信度造成了灾难性影响。许多人认为中情局局长特内特没有保持独立性，而是选择屈服于总统以及某些关键顾问的压力，以支持他们早已确定的入侵伊拉克的行动方案。事实上，他们这样不问原因、不计后果地入侵伊拉克之后，这个国家就因逊尼派和什叶派之间的文化分歧陷入了分裂，但他们却没有制定在战后帮助这个国家恢复稳定的方案。

英国一些高级军事顾问曾经从法律角度劝诫政府不要对伊拉克发动战争。英国可以对一个已被证明对英国安全构成威胁的国家发动战争，但并没有确凿证据证明伊拉克对英国构成威胁，根据国际法，英国没有入侵伊拉克的合法权利。毫无疑问，布莱尔政府就是希望通过参战来表达对美国这个盟友的忠诚，但这样一来，布莱尔政府就以英国情报史上前所未有的方式滥用了情报特权。除了入侵伊拉克之外，英国还在阿富汗参与了打击"塔利班"的行动，最后行动规模越来越大，演变成一场针对所谓"伊斯兰国"（ISIS）的全面战争。对于英美两国在这两场战争中扮演的角色，读者们自有评论。

许多知名学者认为，这是美国政府历史上所犯的最严重的战略错误。但我认为，要审视这一观点，必须回顾一下当时所有可供决策者使用的情报材料以及这些材料是如何使用的。情报部门的主要职责是提供未经粉饰的、具有操作性的最佳信息，以便决策者做出合理的政治决定，而后续的政策问题则超出了情报部门的职权范围。如果这些决定不能准确反映情报，那么这是行政官员和民选议员的责任，而不是英美情报机构及其众多部门的专业人员的责任。情报的功能不是主宰政策，而是用客观冷静的、非政治化的数据帮助决策者制定政策。

"9·11"事件的结局促成了变革，但变革并不具有普遍性

"9·11"事件发生后，美国情报界开始了大规模重组，而"五眼联盟"其他几个国家则没有跟随美国的步调。为了避免通信和数据交流方面的失败，美国于2004年根据《情报改革与恐怖主义预防法》设立了国家情报总监办公室，作为美国情报界最高的管理和协调机构，负责对十多个情报机构实施集中式管理。与此同时，美国还设立了国家反恐中心，负责协调和监督所有政府机构和部门的反恐计划与行动。情报机构之间的合作成为一项新要求。

英国和"五眼联盟"其他三个成员国则认为美国情报机构的数量太多，许多机构往往因为情报来源和搜集方法问题而不希望同其他机构进行合作。它们往往认为美国国家情报评估是不同情报机构之间相互妥协的结果，而不是完全独立的情报评估。相反，这四个成员国更倾向于维持规模较小、组织紧密的情报机构，并建立完善的沟通渠道和组织架构，确保不同机构之间的步调保持一致。

在某些情况下，美国主要情报机构有充分的理由拒绝分享信息，这些理由主要与安全防范和"按需知密"原则有关。我们在前文中看到英美海军情报部门为何不让其他机构了解自己的许多行动和数据。因此，美国情报界要开展内部变革，的确需要付出一定的代价。加强机构间合作意味着更多的人，包括政府雇员和承包商，能够以前所未有的方式获取更多数据，从而意味着之前只有经过审查的特定人员才能获得访问高度保密的计算机系统的

密码，如今这个系统可以被更多的人访问，而在这些人里面，许多人并不一定符合之前设定的知密标准。这在一定程度上引发了几起与情报承包商和政府雇员相关的泄密事件。这些泄密者竟然可以在同事、主管和安保人员的眼皮子底下访问高度保密的设施，并借助拇指存储器窃取有价值的情报数据。

除了知密标准降低导致泄密风险提升之外，另一个同时浮现的问题是情报界工作人员的数量急剧增长。"9·11"事件后，美国的反应力度远远超过"五眼联盟"另外四个成员国。虽然"五眼"都增加了情报部门的雇佣人数，尤其是在反恐领域，但跟美国的情况没法相提并论。美国一些机构在此期间大规模扩张。比如，国土安全部的情报职能大幅扩充，将美国海岸警卫队纳入麾下，变成了一个庞大的官僚机构。1790 年 8 月 4 日，在亚历山大·汉密尔顿的支持下，美国国会设立了美国海岸警卫队的前身——水陆关税队（Revenue Marine）。这个组织在 1915年 1 月 28 日演变为美国海岸警卫队，隶属于美国财政部。从组织架构上看，海岸警卫队并入国土安全部具有一定的合理性，但在一些专家看来，这似乎是以变革的名义对一个历史悠久、运作良好的组织进行的非必要干预，是对"9·11"悲剧做出的过度反应。

顺便说一句，美国海岸警卫队是世界上第 12 大海军力量，可以在任何时候根据总统命令转隶海军，在战时也可根据国会命令转隶海军。一些人认为，美国针对情报界实施这么大规模的变革以及招聘大量工作人员是不必要的反应，因为重点应该是反思如何借助固有的情报来源和搜集方法获取高质量情报，以适应新兴的、不断演变的全球通信网络。

谁能监视谁？

与 2020 年的全球通信技术发展情况相比，2000 年的数字革命和各种技术应用仍处于起步阶段。但 2000 年的通信领域与冷战结束时的情况又截然不同。2000 年，美国、英国及另外三个主要盟友仍然可以依靠卫星、陆地线路和海底电缆在全球数字通信领域占据主导地位，能够控制和获取全球通信数据。对于那些买得起相对昂贵的设备和服务的人来说，卫星电话的风头更盛。当时，国际通信设备市场还没有进入智能手机、平板电脑以及其他智能设备的时代。从通信、媒体和各种数据流的角度来看，2000 — 2020 年的发展的确是革命性的。

信号情报领域有一个非常简单的前提，即为了拦截某人的通信，他必须先通信。即便没有通信，也不意味着不会发生糟糕的事情。在冷战期间，如果北约没有拦截苏联和华约组织关于对西方发动攻击的通信内容，也并不一定意味着它们没有计划这么做。

潜艇不喜欢通信，原因很简单：即便最谨慎的通信也可能被截获。在高频通信的鼎盛时期，有几个非常复杂的低截获概率通信模式，潜艇可以根据这几个模式进行通信。即便如此，信号情报工作依然可能拦截和破解这些信息。当本·拉登及其同伙意识到他们的卫星电话可能被拦截时，索性弃用了个人卫星电话和手机，住所也没有任何电子通信设备，通过手写文件和口头指示发布命令，仅靠信使与外界保持联络和传递消息。如此一来，拦截的目标就变成了发现和追踪本·拉登的信使。

2000 年已经蓬勃发展的互联网远远不像今天这样复杂，但即便今天，那些使用互联网和卫星电话的人依然可能遭到"五眼联盟"窃听。直到"9·11"袭击事件之后，政府拦截国民通信的项目被曝光，通信隐私问题以及政府侵入个人通信数据面临的法律挑战才浮现出来。"五眼"政府不允许监视本国公民，除非是在控制良好的情况下，比如在美国，通常需要事先获得联邦法官签发的命令。1978 年 10 月 25 日的美国《外国情报监视法案》是一项联邦法律，确立了针对涉嫌从事间谍活动和恐怖活动的外国人及外国代理人实施电子监控和情报搜集的法律程序。根据这一法案，美国建立了一个秘密的联邦法庭。当联邦调查局或其他情报机构怀疑一名美国人是他国间谍，需要对其进行监控时，必须要向该法庭提交申请，该法庭将根据具体情况决定是否签发监视令。美国政府拦截本国公民通信的行为存在诸多隐性问题。2005 年 12 月，《纽约时报》的一篇头版头条文章称，美国国家安全局自 2002 年起就在乔治·沃克·布什总统的命令下执行此类监听。[1] 后来，彭博社的一篇文章又暗示这种拦截始于 2000 年 6 月。[2] 于是，未经授权的国内窃听成为一个公共问题。"9·11"事件后，《外国情报监视法案》经历多次修订，以限制政府的监听活动，相关修正案包括：2001 年《美国爱国者法案》、2007 年《保护美国法案》、2008 年《外国情报监听法修正案》，以及 2015

年《美国自由法案》。

"五眼联盟"成员国之间存在一个共识，即成员国之间不能相互监视，但要说明一点，这种总体共识并不意味着成员国之间不会分享某些敏感信息，比如关于内部间谍活动的信息。如果一个成员国的情报机构从某个渠道发现其他成员国内部存在间谍活动，依然会将这种情报传递给对方。在后"9·11"时代，"五眼联盟"的每个成员国都拥有拦截内部通信的技术和组织能力。比如，其他四个成员国都能监控美国人的通信。这一点至关重要，值得仔细研究。

全球通信网络的性质和信息流动方式意味着一国公民的通信内容完全可能被其他国家监控。比如，一个美国公民虽然在美国国内进行通信，但其通信内容要经过"五眼联盟"的多个服务器和"五眼联盟"以外的服务器及路由器（"五眼联盟"虽然无法控制非"五眼联盟"国家的服务器和路由器，但可以进入和访问）。这一点已经变得越来越清楚了。美国公民可以坐在堪萨斯州威奇托的家中，通过网络或全球数字通信手段中的某一种进行通信，但通信信号的发送过程可能经过非美国的电信站点和设备。这些通信，无论是声音、数据、视频，还是其他任何形式，都能被"五眼联盟"拦截下来。类似地，位于伦敦的英国公民可以通过美国服务器和提供通信服务的商业机构进行通信，这些通信同样可能会被英国以外的情报机构拦截，比如美国国家安全局，因为数据是通过美国控制的服务器传输的。全球电信的复杂性导致国内通信与国际通信之间的区别变得极其复杂。这种界限模糊化的原因除了信号传输路径极其复杂之外，还有法律层面的原因。数据掌控在谁的手上以及如何处理数据，都要受到越来越多的隐私保护法律的约束。

元数据的利用

到 2020 年，元数据已经成为一个大众熟知的术语，而在 2000 年，除了通信和数据专家，几乎没人使用或真正理解这个术语。元数据是什么？事实上，它并不像大多数人想象得那么现代。简而言之，它是描述数据的数据。有一种基本的描述性元数据，用于描述或标记一项数据的内容和外观特征。比如，"关键词"就属于这一类，可用于发现和识别敏感信息。在反恐语境中，伊斯兰国、激进化、宗教学校、爆炸等关键词往往会引起关注。结构性元数据告诉我们数字数据的不同类型、版本和特征。管理性元数据支持对数据资源的管理，比如，数据是何时创建的、如何创建的、在哪里创建的、传输机制、数据类型（可视、文本、语音）和技术方面（比如谁可以访问数据、启用密码、启动身份验证和加密）。元数据库是按照数据结构来组织、存储和管理元数据的仓库。在没有数字技术的时代，简单的图书索引卡就包含元数据，图书馆馆员或编目人员会检查馆藏中的每一个资源，并为其添加便于索引的关键词，记录在图书索引卡上。

今天，同样的元数据被嵌入计算机文件中。"五眼联盟"能够利用元数据去拦截借助全球电信网络传输的数据，包括语音电话、电子邮件以及银行转账等数据。他们可以预先设定自己感兴趣的元数据，通过关键词锁定并跟踪一些热门信息，比如，这些信息包括但不限于非法毒品转运、人口贩运、武器交易及海盗活动，计算机能够以光速去开展关键词流量分析，从而实时或近乎实时地为"五眼联盟"的情报工作人员提供关于这类活动的线索。

电子邮件在传输过程中会通过全球各地或特定国家内部的服务器、路由器，从而产生被拦截的可能性。常规电话、网页访问、视频流量、手机通话，以及全球互联网赖以运作的互联网协议都是"五眼联盟"能够利用的资源。

当代全球电信领域其他流行的术语包括传输控制协议、各种计算机网络、互联网服务提供商（ISP）、路由器、以太网、局域网（LAN）、IP语音、域名系统、超文本传输协议、动态主机地址配置、用户数据报协议、虚拟专用网络（VPN）、网络数据包等。这些术语只是描述了全球电信基础设施层面的功能。本质上，"五眼联盟"可以渗透这些基础设施。可以说这种全球电信配置模式即便采用最复杂的安全协议，点对点通信依然存在安全漏洞。即便一个系统从来没有连接到互联网等外部的电子信息源，依然存在其他类型的漏洞，比如内部威胁。

在上述背景下，就不难理解各国政府（尤其是美国政府）为何一直在努力处理海量数据。数据量太大，人手则显得相对不足。这个问题在一定程度上已经通过大规模招聘得到了解决。这似乎完全合乎逻辑。但经验和历史表明，扩大情报组织规模（就雇用的人数而言）不一定是正确的应对举措。简而言之，可以归结为质量与数量的问题。如果确实需要大量人员执行日常的例行性任务，那么显然有理由招聘大量人员。但历史表明，少数非常优秀的人可以产生巨大的影响，而且从某种意义上说，人员太多的话，确实会有人发挥负面作用，从而妨碍或降低情报工作的效率。

"二战"中的英国布莱切利庄园和皇家海军情报局，以及冷战高峰时期英国情报部门的工作人员一直都维持在较小规模，表明情报工作可以由少数极有能力的人来完成。当然，这一点可能不适用于某些需要耗费大量人力的领域，比如反间谍领域，因为这个领域需要大量训练有素的人员每周7天、每天24小时锁定和跟踪传统的间谍威胁，在当前电子信息环境下，还需要锁定和跟踪那些试图通过秘密手段窃取飞机设计、武器细节、核技术等关键知识产权的人，如今，机器能够以人类望尘莫及的方式提供海量数据，聪明的人能够充分利用这些数据。

除了人员数量和质量之外，还存在知识和经验的问题。比如，在"9·11"事件之前，美国情报机构在中东事务上没有深刻的了解和丰富的经验。当美国决定入侵中东国家时，很少有人能说一口流利的阿拉伯语、波斯语和相关方言，对伊拉克等地的政治、社会和神权体制也没有真正深入的了解。此外，2001年，时任美国总统乔治·沃克·布什的国际旅行经历及处理国际事务的经验非常有限，对中东与西亚的事务缺乏系统性的了解。美国确实有少数杰出的外交官熟悉中东事务，但外交官的职责与情报官员存在非常大的区别。"9·11"事件后，区域研究方面的知识变得至关重要。

美国入侵伊拉克的计划对逊尼派和什叶派之间的分裂产生了很大影响，但从 2003 年 5 月至 2004 年 6 月领导伊拉克临时管理委员会的保罗·布雷默却并未完全理解这一后果，结果在此期间出现了许多失误。尽管该委员会的工作人员都很聪明，受过良好的教育，但如果没有对中东真正深刻的认知和生活经验，即便是充满善意的人也会遭遇惨败。良好、可靠和负责任的情报有助于延缓灾难性决策的制定，情报人员也只能做这么多，并不能完全消除错误决策。在某个时刻，好的情报要么不言自明而引起关注，要么遭到忽视，必然带来不同的结果。我们之前看到国务卿科林·鲍威尔在联合国的陈述中介绍所谓的伊拉克大规模杀伤性武器，就说明了这一点。

新数字时代对网络安全的影响

在当前这个万物互联的时代，几乎所有人、所有事物都被互联网联系在了一起。这样一来，"五眼"国家的政府和公司以及"五眼联盟"情报机构就能建立关于我们所有人的详细档案。这些数据可能被全天候地用于为供应商提供营销支持。这种纯粹商业性质的活动不会产生什么危害，我们要么忍受，要么受益。这都是我们与互联网之间的互动结果。

"五眼联盟"却不得不努力解决一个关键问题——隐私。情报机构什么时候能够而且应该窥探你的个人数据和互联网交易？"9·11"事件发生时，马克·扎克伯格才 17 岁，脸书和谷歌当时还处于起步阶段。今天，英国和欧盟都已经通过了法律，对国家获取公民个人通信和互联网数据实施了控制。英国2016年12月开始实施《调查权力法案》。从"五眼联盟"的角度来看，成员国的公民既需要得到情报机构的保护，同时也面临着隐私泄露风险，而英国这部法案禁止大规模搜罗公民元数据，标志着公民隐私保护迎来了一个新起点。之后，欧盟于2018年5月开始实施《通用数据保护条例》，这部重要的法案全面保护所有欧盟公民免受任何形式的网络攻击，并将此类行为定为犯罪。

从2010年开始，全球电信和信息技术开始爆发一场重大革命，影响力远远超过了最初的阿帕网和万维网。2001年，互联网的用途仍然有限，而2010年以来的智能手机及平板电脑革命改变了一切。"五眼联盟"可以拦截这些新通信设备通过光纤电缆和其他媒介传输的数据，不仅包括国内数据，还包括全球范围内的数据。比如，英国用户出于各种意图和目的，可以在英国国内进行通信，也可以往国外发送信息，而实际上，他们的数据可能是通过美国的互联网平台或供应商进行传输的。这说明了全球通信相互联系的本质，从而导致前面提到的隐私保护法案变得复杂。美国国家安全局、英国政府通信总部以及"五眼联盟"其他三个成员国的情报机构可以"合法"利用此类外国媒介传输的信息。

英国政府通信总部曾利用1984年的《电信法》从电信公司获取大量信息。"五眼联盟"通常与这些商业机构合作拦截通信。如今，在英国，这种情况已经发生了改变，只有英国司法专员才能决定是否可以签发网络信息搜查令。

　　这一变革产生了巨大影响，如果"五眼联盟"其他成员国的情报组织需要搜查某个英国公民在英国国内的互联网信息，那就必须以某种形式出示之前掌握的信息，申请才可能得到批准。由于互联网是主要的信息来源，因此，法律困境对"五眼联盟"的影响不可谓不大。全球电信和网络相互联通的性质可以提供一个合乎法律与道德的变通方案。以英国为例，如果英国公民的通信数据通过位于美国或"五眼联盟"其他成员国的服务器系统进行传输，那么这些国家就可以进行拦截。

　　即便拦截了海量数据，还要面对一个简单的事实，即"五眼联盟"情报机构没有时间或资源去查看每秒数万亿比特的数据。这时元数据分析就派上了用场，因为它能将数据搜索范围缩小到一些可能涉及国家安全问题的关键数据。为了实现这一目标，高科技电信巨头和关键的硬件制造商必须与这些情报机构合作。我们都生活在一个无国界的数字世界里，遍布全球的多个通信节点都可被用于情报目标。

云技术：开发前景与隐私保护

　　互联网世界出现了一种具有战略意义的新技术。这与电信词典中一个非常古老的词的新版本有关。这个术语就是"云"。云技术之下的网络容易遭受攻击。要让云技术继续保持指数级增长，必须确保它是安全的。美国国家安全局、英国政府通信总部和"五眼联盟"都面临类似的困境，体现了它们的角色和任务之间的冲突。它们既要利用云技术，又要保护"五眼联盟"公民的通信和数据安全，二者究竟哪个更重要呢？英国国家网络安全中心是政府通信总部的一部分，其任务是保护英国免受网络攻击。同样，欧盟《通用数据保护条例》的目标是挫败网络犯罪和工业间谍活动。这就提出了一个关于"五眼联盟"主要角色的基本问题。对"五眼联盟"来说，应该更加注重通过网络防御去保护公民，还是应该集中更多资源去攻击和打击"威胁者"，抑或两者并重？

许多人可能曾经收到虚假的电子邮件，发件人可以向你征求投资资金。这类骗局都是过去时了，还有那些虚构的电子邮件，来自你在某个遥远国家的最好的朋友，他会在邮件里说自己被盗了，一无所有，急需你寄钱。与当前复杂的网络攻击相比，这些类型的网络欺诈是小儿科，不过请注意，早期这些老把戏的前提是窃取了你和其他人的电子邮件地址。2017 年，美国信用评估公司艾贵发（Equifax）曾经遭到大规模网络攻击，导致上亿用户的征信数据被盗，黑客勒索赎金后才解锁文件，估计造成 20亿美元的损失。2017 年，商业电子邮件诈骗案引发了大约 90 亿美元的损失。大多数读者的电脑都被 NotPetya、BadRabbit 等臭名昭著的病毒感染过。

如今，网络攻击的发起者往往是由国家支持的代理人。所谓"代理人"，指的是那些为某国政府的利益开展秘密行动的人，他们并不具备该国政府雇员的正式身份，而且大多来自与他们所服务的国家无关的地方。除了外国代理人之外，其他网络攻击发起者还包括实施有组织犯罪的黑客以及怀有恶意的个人黑客（其中许多人存在严重的心理问题）。

这一切会影响我们吗？答案是肯定的。我们大多数个人、家庭以及工作场所都处于互联网世界中，大多数人不仅通过手机、个人电脑或更复杂的计算机网络开展工作，而且所做的几乎每件事都与互联网联系在一起。如果没有安全、不受限制的互联网通信，当代生活将会受到根本性的挑战。

网络攻击的关键问题在于，它们无一例外都是事后才被发现的，密码保护、加密和其他电子认证手段也无法杜绝网络攻击。无论是个人数据，还是知识产权数据，遭到干扰或丢失的成本，以及修复受损数据所需的时间和成本都是非常大的。由国家政府支持的网络攻击不仅依赖大量训练有素的攻击者，还依赖大量机器人，这些机器人的运行速度在五年前是不可想象的。

我们都生活在全球网络中，而提供网络的服务商存在诸多可被黑客利用的漏洞。比如，局域网或所谓的高度安全的点对点数据通信系统中的薄弱环节很可能被滥用，导致个人信息和技术知识产权被盗。这给国家经济和国家安全造成了巨大损失，其后果远比传统威胁大得多。

全球大部分数据通信都是通过海底光缆进行的，传输速度之快和数据体量之大在十年前是无法想象的。在海底电缆领域，美国和英国已经不再占据主导地位。

全球的数据需求一直保持指数级增长，仅美国国防部就拥有大约 50 万个路由器，任何软件故障和漏洞、芯片故障、设计故障和木马植入都可能带来大规模的破坏。在个人层面，医疗和财务数据也可能遭到盗窃和滥用。在州、县等地方级别，关键的基础设施非常脆弱。在国家层面，一些事件表明选举可能遭到一系列不正当手段的干扰。当你读这本书的时候，数以百万计的机器人攻击事件正在持续不断地发生，以机器特有的高度攻击方式攻击脆弱的通信系统。除了这些"外部威胁"之外，"内部威胁"增加了这种互联网安全形势的复杂性，因为一些内部员工拥有系统访问权限，可能会利用漏洞谋求经济利益，"五眼联盟"自己的秘密和情报行动也可能遭到内部人员的泄露。

专家认为，一些所谓的网络安全软件其实发挥不了保护作用，而且往往只能在攻击行为发生后进行取证和增加补丁，所以花大价钱购买它们是没有意义的。我们知道，许多老旧的系统，比如版本较早的 Windows 系统，往往不具备执行实时诊断的内置功能，并存在一些后门漏洞，从而容易遭到黑客利用。在战略层面，美国不得不接受这样一个事实，即美国政府部门和机构采用的"堡垒模型"（Fortress Model）已经失败了，因为它过于依赖密码保护、其他身份验证和加密，忽略了整个系统在全球层面上的漏洞。从我个人的角度来看，我们现在需要的是新一代的艾伦·图灵（"二战"时期布莱切利庄园的计算机和密码破译天才），让他们提升网络安全水平，设计出一套无法遭到解构和被镜像技术利用的系统，使读者能够以 100% 的安全性操作计算机系统，同时仍然能让美国制造商在全球销售这种产品。

这都是可能实现的。"五眼联盟"就具有这种脑力资源。这不需要一支计算机科学家大军，而是需要一个由能力很强的精英数学家和计算机科学家组成的小型队伍。这些人才已经存在于"五眼联盟"内部了。只要"五眼联盟"的政治领导人和议员意识到他们的国家或将遭遇一些前所未有的新威胁，感受到了必须在技术创新上加大投入，那么这种创新局面就能持续下去。这不是危言耸听。试想，如果有窃贼敲你家的门，看看有没有人在家，那么你肯定希望你事先采取了一切预防措施来保护自己的家。我们也许应该以同样的方式来看待电子设备。窃贼可能不仅使用多种手段来访问你的电子设备，而且可能已经在内部窃取数据了，我们必须提前采取防范措施。"五眼联盟"内部完全具备足以抵御网络攻击的技术人才。

为了达到上述目的，美国国家安全局、英国政府通信总部以及"五眼联盟"其他三个成员国的情报机构必须进一步加强合作，以确保提高网络风险防御体系水平，并利用其实现情报目标。科学技术正在引领潮流，未来的关键是让"五眼联盟"成员国的政府跟上技术变革的步伐。然而，一个很可能正确的事实是，曾经在通信开发领域占主导地位的"五眼联盟"正日益落后，部分原因在于各国政府的程序效率较低，尤其是在技术采购流程方面。在历史上，一些需要特殊访问权限的保密项目能够得到快速开发，但如今却异常缓慢。大约从 2015 年开始，这方面的原因就非常清楚了。政府领导人和下属工作人员在思想和能力上都落后于产业发展步伐。

如果设立一个类似于国防部高级研究计划局的机构，也不太可能奏效，因为商业技术的变革速度太快。2015 年，美国国防部在加利福尼亚州设立了一个"国防创新试验室"，旨在帮助美国军方更快地利用新兴商业技术。2016 年 5 月，当时的美国国防部长阿什·卡特让该机构直接向国防部长办公室汇报工作。该实验室的努力得到了众多商业明星的帮助，但它能否成功仍是未知数。一些人认为，来自该实验室的竞争妨碍了美国大公司与国防部的业务往来，而另一些人则认为该实验室根本没有实现既定目标。时间会证明这种冒险、创新的方法是否会继续获得政治支持和资金。这在某种程度上也反映了一个悲哀的现实，即快速发展的商业技术创新确实会带来巨大的商业利益，而该实验室现有的研发计划往往持续多年，虽然得到了国会的大力支持，但在财政上面临的挑战依然很大。在这种情况下，如果商业技术创新占了上风，则可能会导致该实验室的支持者变得精神错乱。

美国国家安全局等"五眼"情报组织的工作人员曾经被逼着去创新，其中一位推动者就是美国国家安全局前局长、海军上将迈克·罗杰斯。迈克早就认识到，要想在新的世界秩序中保持领先地位，国家安全局必须在威胁到来之前进行创新，未雨绸缪，不仅要准备好挑战它，而且要利用它，并在必要时击败它。

截至 2020 年，"五眼联盟"在军事指挥、控制、通信、监视和侦察领域的渐进创新方面传来了很多消息，从而能够为"五眼联盟"常规部队、特种部队以及秘密支援部队提供总体态势感知。（美国法典第 10 卷规定了美国武装部队的角色、任务和组织，但美国的秘密支援部队的运作不在此列，却享受着美国正规军队的技术优势。）可以说，从早期的"捕食者"和"全球鹰"等无人机开始，发展到 2020 年，各种无人机在有效载荷、隐身能力、射程和续航能力等方面都取得了明显进展。

如今，手持轻型无人机对美国国家侦察局一系列先进的卫星构成了有益补充，"五眼联盟"国家都可以使用这些卫星传回的数据。此外，美国卫星、飞机、舰船和潜艇上都安装了用于搜集情报的传感器系统。美国海军的 P-3 猎户座飞机的继承者——P-8 海神，就在情报搜集能力方面实现了全面重大改观。最先进的技术和更好的态势感知能够帮助美国特种部队规避一些最糟糕的结果，比如错误的态势感知和糟糕的通信造成的伏击。之前，这种伏击发生过多次。2005 年 6 月 7 日，在阿富汗库纳尔省佩赫地区的"红翼行动"就是上述悲剧的典型例证。2017 年 10 月 4 日，美国军队在尼日尔遭到"伊斯兰国"武装分子伏击，导致四名美国人丧生。这些行动及其他类似行动需要更多的态势感知数据，不仅是实时的，还要具有超前性，在威胁真正到来之前就发现它。这样一来，"五眼联盟"的特种部队及秘密部队不仅能避开埋伏，还能充分发挥情报的作用。"五眼联盟"的实力和复原力无疑会在对抗更微妙的非对称威胁过程中不断增强。

"五眼联盟"成员国的技术和工业基础非常坚实，令人惊叹。随着威胁越来越多地从传统战场转移到网络空间及非对称战争，向秘密情报搜集领域转移技术是必要的。2019 年 7 月，伊朗在霍尔木兹海峡扣押了英国油轮"史丹纳帝国"号，这表明怀有恶意的对手能够使用自动识别系统（AIS）的数据去轻松定位、跟踪和拦截在国际水域行使无害通行权的油轮。任何平民在自己的数字设备上安装一个应用程序，比如"海洋交通"（Marine Traffic），也可以获得完全相同的数据。

肯尼迪总统和约翰逊总统在 20 世纪 60 年代发起的"太空计划"项目，直接触发了一场数字革命，计算机科学及其他科技工程迎来了大规模创新。2019 年 7 月 20 日是美国登月 50 周年纪念日。查尔斯·菲什曼（Charles Fishman）在其著作《一大步》（*One Giant Leap*，该书由西蒙与舒斯特出版公司于 2019 年出版）中详细阐述道，登月标志着美国开始引领数字革命。到 21 世纪 20 年代，我们将迎来一场新的技术革命，这可能是一场绿色能源革命。到那时将涌现出众多绿色能源科学和工程成果，出现一系列能够替代化石燃料且销售价格合理的新能源。

2020 年之后将爆发一场规模空前的数字技术创新

数字技术的变革已经开始了。2019 年，美国能源部开始同英特尔、阿贡国家实验室以及超级计算机厂商"克雷计算"（Cray Computing）合作，建造美国首台可实现每秒百亿亿次浮点运算的超级计算机，这种计算机能够实时处理难以想象的海量数据。智能技术的应用领域非常广泛，尤其是在与人工智能技术进步相结合的情况下。与此同时，一场加密技术的竞赛也开始了。以 0 和 1 两个信号编码为基础的传统计算技术将受到大容量量子计算的挑战，可能会导致对现有加密系统的实时解密。这项技术的基础是量子比特，或者说依靠光子、质子和电子进行计算。目前加密技术中所谓的随机数生成器，实际上不是随机的，因为它们是由人工制造的计算机算法生成的，将受到量子计算技术的挑战，这对目前所谓的安全加密的影响是巨大的。过去数十年来，加密一直是关键的安全支柱之一，而随着量子科学的发展，这一切都可能改变。"五眼联盟"面临的挑战将是创造出能够抵抗量子算法的"后量子时代"密码学。

从"9·11"事件到2018年，我主要参与了三个领域的三个组织，包括中情局、国家侦察局和海军部，尤其是深度参与了海军的反恐行动。这种行动与潜艇行动、美国特种部队和秘密特工有关，工作的重点是定位、追踪和锁定恐怖分子。我在20世纪90年代中后期获得的技能、系统和作战知识都被用于打击恐怖组织和个人。具体细节仍属高度机密，但我只想说一点，即所有这类系统和行动的背后必须有关键的、根本的政治目标。与此同时我也认识到，如果没有在政治层面制定一项全面的战略，反恐行动最终将永远面临危险。如今，这一原则依然适用。如果没有明确宣布战略目标，恐怖主义蔓延的严重危险就可能没有尽头。因此，我们必须承认、分析关键的潜在原因和后果，并将其纳入政策决定的大局。比如，巴勒斯坦和以色列围绕领土控制产生的争端造成了中东乱局，而且许多组织打着支持巴勒斯坦独立的旗号开展恐怖活动，这些不稳定因素不容忽视，我们必须从政治层面着手去终结军事冲突和恐怖活动。北爱尔兰曾经发生了几十年的暴力活动，但最终只有政治解决方案才能解决导致如此多生命消亡的宗派屠杀。我们还看到，伊拉克、阿富汗、伊朗、也门的复杂困境也引发了持续不断的中东对抗，解决这些国家的冲突也可以采取政治思路。我的经验是，情报部门的职责在于提供不加修饰、不涉及政治、高度诚实的数据和评估，情报的作用也只是辅助政治决策。归根结底，要解决这些冲突，必须找到政治解决方案。

与此同时，美英两国攻击型核潜艇能成为功能最多、成本效益最佳的平台，两国迫切需要加快潜艇建造速度，从每年两艘增加到至少每年三艘。潜艇的数量很重要。一些高性能的潜艇，比如美国的"弗吉尼亚"级和英国的"机敏"级并非无处不在，不可能同时出现在所有地方。两国需要加快建造速度，同时更加注重无人水下航行器、网络传感器、协调实时情报以及进攻性和防御性网络行动。

20世纪80年代，我在美国国防部高级研究计划局领导了一些工作[3]，获得了很多知识和经验，但最重要的是获得了一种更好的分析方式，有利于更好地分析如何应对俄罗斯潜艇建造计划的复兴。我把这些技能传授给了我的团队，从而帮助美国海军说服了国会。我清楚地记得，我曾经与参议院军事委员会主席、前海军部长约翰·华纳参议员以及一个深受爱戴和尊敬的美国海军退役中将雷诺兹谈到加快潜艇建造速度的智慧，他对此表示支持。

我还监督设计过一套至关重要的工业基地模型，以确保海军和国会能够在21世纪20年代以后同时运作一些关键项目，比如扩大"弗吉尼亚"级潜艇，用"哥伦比亚"级战略核潜艇替代

"俄亥俄"级战略核潜艇，并协助英国建造"前卫"级战略核潜艇的替代品。这些项目赖以成功的关键是英美的工业基础，确保以成本效益高的方式协调众多的承包商，让所有这些项目不仅可以完成，而且可以负担得起成本。

网络技术给多个领域带来严重威胁

我和英美的一些重要同事认为，我们技术领先地位面临的最严重威胁来自网络，特别是通过网络手段窃取工业知识产权带来的威胁。我曾以高级顾问的身份加入了一个英美联合工作团队，该团队位于英国切尔滕纳姆和美国马里兰州。这是一个独特的、不寻常的团队，我把其中一位技术人员称为"20 世纪 10 年代的'艾伦·图灵'"。这个团队赖以成功的关键在于一个简单的事实：一些成员在加入美国国家安全局之前，曾在微软和谷歌等公司拥有至关重要的商业和工业研发经验。而在英国，具有类似经验的人则是英国政府通信总部的"珍宝"。这个团队工作的氛围非常和谐。2012 年 7 月 27 日至 8 月 12 日，一名英国队员负责伦敦奥运会的网络和电子安全技术，其目标是开发远远领先于全球技术基础和关键威胁的系统。

我和高级团队成员与当时的英国驻美大使金·达罗克爵士，即现在的达罗克勋爵有过一次令人难忘的会面。在会面中，我们提出了对威胁的担忧以及我们的技术解决方案。如今，我仍然对美国政府处理网络防御和网络攻击的方法存在相当大的担忧。这种担忧主要有两个方面。一方面是结构性领导问题，比如缺乏真正有能力的政府高级官员发挥领导角色以及政策缺乏连续性；另一方面是没有丘吉尔在"二战"期间实施的策略："今天就行动"。换句话说，不要等到问题恶化，而是立即采取行动，只与顶尖的人合作，辞退任何阻碍创新和进步的人员。我们还发现，由于美国实施的是竞争性承包法律，而且需要让大量承包商各自获得一定的资金份额，从而限制了最优秀的公司和拥有超级才华的个人，使其无法发挥领导角色。在我们看来，这种利益均沾的方法只会导致平庸的结果，浪费的不仅是宝贵的资源，还有时间。我们不断强调需要在威胁到来之前采取许多措施，并预测威胁者的下一步行动。我和一些关键的同事都深感担忧，美国急需找到正确的项目承包模式。

在这段时间的职业生涯中，我个人满足感最强的时光就是与美国海军反恐中心主任、海军少将马克·肯尼及其主要技术顾问汤姆·纳特一起合作。纳特是一位传奇人物，多年来一直负责在美国核动力攻击型潜艇上安装高度敏感、高度机密的特殊装置。我们三人，连同肯尼少将的主要参谋人员，投入了大量时间以确保各种关键行动取得成功。我们主要在东海岸工作，期间多次访问了位于巴哈马群岛安德罗斯岛的美国海军大西洋水下测试与评估中心（AUTEC）。

在几次海上部署中，我最难忘的是美国海军"俄亥俄"级巡航导弹核潜艇"佛罗里达"号（舷号 SSGN-728）。这是一种改装的"俄亥俄"级潜艇，可以携带 154 枚 BGM-109 型战斧式巡航导弹，能力之强，令人惊讶。我们从乔治亚州的国王湾带走了一群美国情报部门的高级官员，同时在潜艇上的还有英国皇家海军少将保罗·兰伯特。保罗当时担任皇家海军的作战指挥官，是潜艇部队的一名少将。他早年在达特茅斯训练船上做海军候补生的时候，我为他的培训提供过协助。2009 年，保罗被任命为皇家海军副国防参谋长（负责装备能力），成为海军中将，这是他职业生涯最后一个海军岗位，2012 年任期结束后就从皇家海军退役了。当时潜艇上的英美联合工作组被我们展示的潜艇特殊功能惊呆了。最重要的是，为了保护美国和英国的重要国家利益，当时在美国东海岸的水下，最新秘密和行动在两国海军之间都是共享的，这是英美特殊关系的重要象征。

第六章
情报角色、任务和行动
（1990—2018 年）

1990—2020 年是一个新的冲突时代，世界冲突及其解决方案的性质不断发生变化。美国、英国及"五眼联盟"其他三个盟国的情报机构在特征、定位和角色等方面也随之急剧变化。在这种情况下，仅仅依靠武器技术带来的压倒性优势去解决复杂的政治、军事、宗教和经济矛盾往往是不够的。运用武力充其量只是解决方案的一个组成部分，但在某些情况下，使用武力反而会加剧威胁。比如，2019 年 7 月伊朗在霍尔木兹海峡扣押英国油轮就属于这种情况。

对于下一个时代来说，英国、美国和"五眼联盟"的情报能力将会发展成什么样子？五国会采取哪些行动来维护彼此的国际地位以及核心利益？

后苏联时代的情报投资

"五眼联盟"各国情报机构抱团比单打独斗发挥的作用要大得多。如果观察一下波斯尼亚、科索沃、塞拉利昂、利比亚、"阿拉伯之春"、伊拉克、阿富汗、叙利亚以及"伊斯兰国"当时的情况，就会看到五国抱团是如何发挥作用的。通过这些事件，我们能看到"五眼联盟"在情报领域的投资为它们回报了多少利益。

1991 年南斯拉夫解体，之后 1992—1995 年东南欧的波斯尼亚爆发了一场大规模冲突，酿成了人道主义悲剧。悲剧的主角是波斯尼亚-黑塞哥维那（简称"波黑"）共和国及其境内的塞尔维亚族和克罗地亚族武装。这场冲突兼有种族和宗教对抗的色彩，而且被个别怀有野心的领导人利用，特别是塞尔维亚领导人斯洛博丹·米洛舍维奇。最恶劣的表现和暴行是对波斯尼亚穆斯林和克族人口的屠杀（或者说种族清洗）。在冲突过程中，"五眼联盟"掌握了全面准确的情报。但是，美国虽然距离欧洲大陆如此之近，而且情报评估不断增加，却在危机蔓延期间没有作为，导致了相当负面的政治影响。

自中世纪早期以来，欧洲发生过无数次屠杀。因此，欧盟在政治上致力于阻止和制止任何重新导致欧洲动荡和流血的事件。"五眼联盟"情报促使美国及其欧洲盟友决定进行干预。英国政府派出皇家海军代表它履行承诺，出动"无敌"号、"卓越"号和"皇家方舟"号三艘轻型航母，搭载"海鹞 FA.2"舰载战斗机进入亚得里亚海执行制裁。在这些行动之前，1994 年 4 月 16 日，皇家海军一架"海鹞 FA.2"舰载战斗机曾被一枚从塞尔维亚发射的地对空导弹击落，飞行员幸免于难。

英国不仅派出了皇家海军的"海鹞"舰载战斗机，还派出了 12 架皇家空军"鹞"GR7 型战斗机。过了一段时间之后，美国也加大了它的直接干预力度。1999 年 3 月 24 日，以美军为主导的盟军向科索沃发起行动。北约以终止自相残杀的敌对行动和种族屠杀为旗号发起这次轰炸。这是一个重要的转折点，意味着北约开始参战。英美两国海军的打击目标是米洛舍维奇的部队。皇家海军"辉煌"号快速攻击核潜艇在这次打击中首次试发射"战斧"巡航导弹。皇家海军7架"海鹞FA.2"舰载战斗机提供空中打击，美国海军也发起高水平空中打击。英美情报部门联合提供了精准的情报，提高了打击效率。情报搜集渠道和分析方法均是当时最先进的水平。

1999年，英国为支持澳大利亚发起的稳定东帝汶局势的军事行动，派出了皇家海军陆战队特种船只分队："格拉斯哥"号驱逐舰和一支由300多名廓尔喀人组成的部队。"五眼联盟"为这次行动提供了情报支持。同样，英国在2000年介入塞拉利昂内战时，部署了"阿盖尔"号和"查塔姆"号两艘护卫舰，一艘"海洋"号攻击舰，以及一艘搭载13架"海鹞"战斗机的"卓越"号轻型航母。"五眼联盟"的情报网也开足马力，为英国提供情报来源和手段支持。这些敏捷的情报对于"五眼"国家海上远程作战越来越重要。而且一旦获得国际法层面的授权，比如"9·11"恐怖袭击之后联合国安理会发布的第1368号决议，"五眼"情报机构在支持远程军事行动时的重要地位就会越发明显。这种情报支持能力是对北约宪章第四条的补充。这一条规定北约成员国相互协助，进行集体自卫，对其中一个国家的攻击等同于对所有国家的攻击。在这种情况下，"五眼"情报机构就会在北约边界之外开展合作，并根据局势的紧急程度将情报传递给"五眼联盟"之外的国家。

2001年10月7日，英美两国海军利用战机和巡航导弹对塔

利班、基地组织训练营及其通信系统发动袭击，"五眼联盟"的
特种部队在地面作战中发挥了关键作用。2001 年 11 月 16 日，
基地组织领导人穆罕默德·阿特夫在美国的一次空袭中被击毙。
2001 年 10 月 4 日晚，"罗斯福"号航空母舰搭载第一舰载机联
队（CVW-1），从阿拉伯海北部对基地组织发动袭击。随后，它
在海上连续航行了 159 天，完全不依赖陆地支援，打破了"二
战"以来美国海军历史上最长航行时间的纪录。这一突破令人瞩
目且具有重要意义，它象征着海军力量的灵活性和可持续性。如
果没有来自"五眼联盟"的全天候可靠情报，海军的任务就会受
到限制。在这一关键时期，英美持续部署的前线军事行动是为了
摧毁来自伊斯兰极端主义者的威胁。其间，"五眼联盟"进行了
全天不间断的情报监控。

　　作为情报界人士，我不便详细评价 2003 年美英入侵伊拉克
的决定是否正确。毕竟，这获得了两国国会 / 议会的授权。2002
年 10 月 2 日，美国参众两院通过了《授权对伊拉克使用武力决
议案》，2002 年 10 月 16 日，经最高领导人签署后颁布。2003 年
3 月 18 日，英国议会下院经过长达十个小时的激烈辩论，以 412
票赞成、149 票反对的表决结果通过了布莱尔政府关于"使用所
有必要手段"解除伊拉克武装的动议。如今回头来看，对伊拉克
动武是一项战略失误，除了少数人之外，其实大多数人都要承担
责任。而我在这里要讲的是，"五眼联盟"内部有些人在那之后
意识到，情报界不应该制定政策，也不应该影响大战略的制定，
比如情报界不应该对"政权更迭"的对错做出裁决。情报界只是

发挥一种支持功能。然而，在"五眼联盟"组织内，除了提供最专业的可行性情报之外，还有许多动态因素在发挥作用。

"五眼联盟"每个成员国都在全球各个角落的战略要地设有情报基地，运营着一些重要的通信设备等情报基础设施。比如，英国在印度洋上的迪戈加西亚岛以及塞浦路斯的特定领土主权基地——阿克罗蒂里港[①]都有情报设施。事实证明，这些基地能够发挥巨大的情报和军事作用。澳大利亚的松树谷、英国约克郡的曼维斯希尔等地都有情报基础设施。无论专业情报多么出色，政治军事情报互动的复杂性往往会掩盖前者提供的巨大价值。这一点在伊拉克战争中体现得淋漓尽致。随着伊拉克战争的进展，出现了一系列以宗教派别动乱和暴力事件为特征的政治问题，在这些问题上，情报发挥的价值受到削弱。但是在内部结构更加清晰可见的情形下，情报往往是容易预测到的。比如，亚丁湾、索马里海域反海盗行动的情报支持效果就是可以量化的。这两个海域在2009年发生了197起海盗袭击事件，到2013年仅发生了13起。在我撰写本书的时候，这个问题尚未完全消除。尽管个别海域难免会有一些像绝望的罪犯一样甘冒生命危险的海盗，但基本上已经解决。

反海盗领域的成就充分证明了情报支持的效果非常好。2019

---

① 阿克罗蒂里港是英国在海外拥有的一种特殊军事基地，主权归英国所有，这一点不同于其他海外基地采用与当地政府合作或租借的方式。1960 年塞浦路斯独立时，英国为了继续占领苏伊士运河，特意保留了阿克罗蒂里港和德凯利亚港这两个军事基地的特定领土主权。——译者注

年的一系列事态显然也需要得到充分的情报支持，比如，在波斯湾、阿拉伯海、霍尔木兹海峡以及阿曼湾的入口处维护国际海洋法。2019 年 7 月 22 日，英国外交大臣杰里米·亨特在下议院称伊朗扣押英国"史丹纳帝国"号油轮是一种海盗行为。为了更好地护航，需要在例行的外交手段之外输入可靠的实时情报。

人道主义救灾以及从热点地区撤离国民一直是美国和英国在和平时期的关键任务。比如，2004 年 12 月南亚和东南亚发生灾难性的海啸，2006 年 7 月，英国皇家海军必须在以色列和黎巴嫩真主党爆发冲突期间从黎巴嫩撤离国民，2010 年 1 月海地发生地震，2013 年 11 月菲律宾遭遇毁灭性的台风"海燕"，英美两国在这些地区的救灾和撤侨任务都需要一定程度的情报支持。

除自然灾害外，还有全球政治变局。变局的诱发因素是所谓的"阿拉伯之春"。变局的暴风眼是 2010 年 12 月爆发革命的突尼斯。之后，到 2011 年初，一系列反政府抗议和起义开始蔓延，整个中东和北非地区都未能幸免，比如埃及、利比亚、也门、叙利亚、巴林、科威特、黎巴嫩和阿曼都遭到波及，而摩洛哥和约旦政府知道抗议活动可能会升级，因此提前通过各种宪法改革平息抗议。其他地方也有抗议活动，包括沙特阿拉伯、苏丹和毛里塔尼亚。到 2012 年春季，突尼斯、埃及、利比亚和也门的统治者都被迫下台。巴林和叙利亚发生了大规模的国内起义。到 2012 年中期，"阿拉伯之春"显然已经变成了"阿拉伯之冬"。

从英美情报界的角度来看，国际社会应对 2011 年的利比亚叛乱离不开情报的支持。2011 年 2 月 26 日，联合国安理会发布

1970号决议，对利比亚实施武器禁运，接着发布1973号决议，授权在利比亚上空设立禁飞区。2011年3月，多国联合部队对利比亚发起代号为"奥德赛黎明"（Odyssey Dawn）的打击行动，英国皇家海军"凯旋号"和"汹涌号"核潜艇对利比亚发射了"战斧"巡航导弹，美国海军水面舰艇也进行了类似打击。在第一轮打击中，至少112枚"战斧"巡航导弹击中了利比亚20多个目标，包括防空导弹基地、早期预警雷达和关键通信设施，主要集中在的黎波里、米苏拉塔、苏尔特及周边地区。英美情报部门为这次行动提供了全力支持。

从冷战伊始到美国1982—1983年在黎巴嫩的行动、1983年在格林纳达的行动以及1989年在巴拿马的行动，"五眼联盟"作为一个整体，在漫长的历史时期积累了丰富的情报知识和经验，并为历次重大军事行动提供了情报支持。这些行动，连同在塞拉利昂的行动以及马尔维纳斯群岛和东帝汶的行动，都有助于在情报协调方面提升"五眼联盟"的适应能力。在这些行动中，"五眼联盟"调动了多种情报搜集渠道和方法，比如，动用空中的图像情报去补充地面的信号情报和人力情报。到2020年，几乎没有什么是"五眼联盟"成员国的情报团队捕捉不到的。

然而，在某些情况下，尽管拥有一流的情报，"五眼联盟"却没有采取任何应对举措。比如，2008年俄罗斯入侵格鲁吉亚没有引起美国或西方国家的任何军事回应。2013年8月，英国下议院投票反对英国干预叙利亚危机和内战，从而彻底退出了"将政权更迭作为干预战略目标"的观念。"五眼联盟"情报机构的确出色,但其目的不是诱导或煽动政治决策。情报出色却没有政治反应的情况有很多。比如,1971 年,印度为支持孟加拉国独立而入侵巴基斯坦,但没有引起西方国家的任何反应;1978—1979 年,越南入侵柬埔寨,摧毁了红色高棉政权,当时"五眼联盟"成员国也只是保持观望而已;1978—1979 年,坦桑尼亚干预乌干达,对抗邪恶的伊迪·阿明政权,也没有得到"五眼联盟"成员国的回应;更为悲剧的是,"五眼联盟"以及整个西方国家没有介入 1994 年卢旺达发生的可怕的种族灭绝事件;在对西方国家而言非常关键的东欧地区,1956 年"匈牙利十月事件"和苏联入侵捷克斯洛伐克、武力干涉"布拉格之春"的阴影浮现出来之后,"五眼联盟"也没有采取实际措施作为回应。

1999 年 8 月,苏联克格勃官员弗拉基米尔·普京成为鲍里斯·叶利钦时期的总理。第二次车臣战争爆发后,在 1999 年 12 月底,普京成为俄罗斯总统。2008 年 8 月,俄罗斯出兵格鲁吉亚,吞并了克里米亚,引起广泛关注。最终,"五眼联盟"国家放弃了对俄罗斯的干预。

在此过程中,情报部门一直在提供支持,但仅此而已。事实上,1990—2020 年的 30 年里,全球大多数干预行动并非"五眼联盟"擅自发起的,而是在联合国的主持和授权下进行的。这一观察在一定程度上打破了人们通常以为联合国在面临挑战时软弱无作为的误解。其中,1989—2013 年,联合国指导和支持了 53 项维和行动,这些都是有记录可查的,"五眼联盟"国家为这些行动提供了支持。

美国与"五眼联盟"其他成员国在一个领域出现了分歧，这个领域就是《联合国海洋法公约》（UNCLOS），但政治分歧并没有多么大，只是在外交立场上存在细微差别。到1993年11月16日，已有60个国家批准该公约，于是该公约按事先规定于一年之后的1994年11月16日开始生效。在公约编写过程中，已有166个国家和实体，包括"欧盟"这一国际组织，加入了该公约的谈判。国际律师倾向于认为该公约实际上编纂了已经被普遍接受并在以前的判例中得到体现的国际惯例。联合国在执行该公约方面没有任何作用。国际海事组织、国际捕鲸委员会、国际海底管理局（依据《联合国海洋法公约》设立）等机构都发挥了非常积极的作用。美国参加了1973—1982年的联合国海洋法第三次会议，以及1990—1994年的后续谈判和修订，但美国至今没有加入《联合国海洋法公约》。[1]该公约本质上是海洋法，定义了各国使用世界海洋的权利和责任，描述了海洋商业和海洋环保规则，最重要的是制定了海洋自然资源管理准则。美国法律界知识分子曾经强烈支持美国国会批准以及美国总统签署《联合国海洋法公约》。该公约在实施过程中的很多争论都是围绕南海和东海的现状展开的。

"五眼联盟"情报机构与核问题

"五眼联盟"情报机构在应对核问题方面也提供了支持。伊朗和朝鲜在发展核武器项目方面都对西方构成了挑战。就伊朗的情况而言，2015年，伊朗、欧盟、伊朗核问题相关六国（美、英、法、俄、中、德）在瑞士洛桑达成伊朗核问题谈判框架协议，以监督伊朗的核项目，2015 年 7 月 14 日，伊朗核问题全面协议正式宣布。

这份协议具体定义了伊朗需要采取什么措施才能换来解除制裁，能给伊朗带来巨大的经济利益，如果违反协议，那么丧失这些利益的风险很大。时任联合国秘书长潘基文和国际原子能机构总干事天野之弥都对这项协议表示欢迎。国际原子能机构负责对伊朗的履约情况进行监督，该机构视察员的工作在其同行眼中是非常称职的。但 2018 年 5 月 8 日，美国总统唐纳德·特朗普宣布美国将退出该协议。[2] 英国、加拿大、澳大利亚或新西兰的政治领导人都没有发表官方政治声明称有证据表明伊朗违反了该协议。这些成员国加上美国动用和协调多种来源和方法，以确保伊朗没有在履行协议过程中存在作弊行为。除了国际原子能机构的核查工作之外，"五眼"国家还开展了独立的情报工作。这或许比过去五年来任何一件事情都能证明情报的作用仅限于此。如一句古老谚语所说："领马河边易，逼马饮水难。"情报的作用从来不是直接决定政策。但反过来说，就像我们在"五眼"国家入侵伊拉克的例子中看到的那样，情报往往可能被政客利用，为他们的政策和行动做辩护，甚至有时遭到扭曲。

"五眼联盟"驻扎在伊朗的情报人员对伊朗供应链上的各个环节清清楚楚地进行监视、监听、观察、取样和追踪。伊朗核计划有一个非常详细和明显的供应链。正是这个供应链的存在，才使伊朗这样的国家能够为发展核能力组装基础设施，无论这种核能力是为了获取能源，还是为了制造武器。以 GDP（国内生产总值）计算，伊朗 2017 年为 3876.11 亿美元，全球排名第 29 位，介于印第安纳州（3617.32 亿美元）和马里兰州（3978.15 亿美元）之间，而 2017 年马里兰州的 GDP 在美国排名第 15 位，印第安纳州的 GDP 在美国排名第 16 位。[3] 美国的进一步制裁无疑降低了伊朗的 GDP。如果没有美国制裁，伊朗 2020 年的 GDP 数据或许更高。

这些数据让我们了解到伊朗的国家资产和财富在全球背景下所处的位置，它其实并不富裕，有点类似于俄罗斯的经济地位。显然，伊朗无法仅凭一己之力制造出核计划的所有关键零部件，不得不高度依赖其他国家在经济资源、知识和资本方面的援助。

原子武器科学家和技术专家不是凭空出现的，而是必须事先接受培训，才能获得管理和发展核武器计划所需的全部技能。"五眼联盟"情报人员获得了核专家的支持，这些专家来自劳伦斯利弗莫尔、洛斯阿拉莫斯、橡树岭等国家级实验室，从而能够充分明白伊朗核武器系统的每一个环节和每一个零部件。这些实验室的关键技术人员是技术情报部门的重要构成力量。在"五眼联盟"内另一个拥有核武器的国家——英国，情况也是如此，国家级实验室的专家为情报部门提供了支持。

关键零部件和知识产权的流动是"五眼联盟"情报人员监控的目标，因为这一流动过程会暴露出还有哪些国家与伊朗合作。这些国家同伊朗合作，也许更多是为了经济利益，而不仅仅是获得伊朗的政治忠诚以及让伊朗配合一下自己对中东的政治立场。

这些国家的人员也被"五眼联盟"情报人员置于密切观察、监听和监视范围之内，以摸清伊朗同外国的技术依赖关系以及同外国某些关键人物之间的关系。伊朗核科学家或许会试图躲避"五眼联盟"情报人员的监控，但这是一项极其困难的任务，关键人物越想隐蔽，反而越容易暴露，他们同其他人员的合作也就越容易暴露。一个非常有能力、知识渊博、经验丰富的叛逃者或流亡者可以带来大量的情报，从而可以让外界很好地理解伊朗核计划自上到下的整个体系。

军情六处曾经开展的一项人力情报行动为我们展现了打入这种体系内部的诸多方式之一。2010 年 11 月，英国《卫报》首席记者理查德·诺顿-泰勒发表的一篇报道导致这次行动进入了公众视野，也在一定程度上揭示了"五眼联盟"的谍报能力。军情六处雇了两名商人去监控萨达姆·侯赛因的核武器计划，分别来自英国考文垂的一家机床公司"丘吉尔模型公司"和另一家名为"奥德科技"的公司。军情六处不顾英国对伊拉克的贸易禁令，下令这两家公司向伊拉克出售可用于制造核武器的材料。这次行动之所以为公众所知，是因为两名关键高管——"丘吉尔模型公司"的保罗·亨德森以及"奥德科技"的约翰·保罗·格雷西亚——被英国政府机构指控违反了英国对伊拉克的多项贸易禁令。英国政府部门事先不知道这两人同伊拉克的贸易是受命于军情六处的指示，结果在没有与情报部门沟通的情况下，直接对他们提起诉讼。英国情报部门自然希望其深藏不露的项目远离政府贸易监管机构的管辖范围，因此实际也没有将这一计划通报给其他政府部门。这两人都是在伦敦的中央刑事法院受审之后被证明无罪，并得到了英国政府的丰厚补偿。不幸的是，军情六处的关键事实由此遭到了曝光，即允许一家英国公司向萨达姆的核项目出售零部件，借此打入核计划内部，从而了解巴格达发生的大部分事情。

今天，"五眼联盟"一直密切关注着与核武器有关的材料、零部件和人员的全球性流动情况，比如具体涉及什么人、什么材料、来自哪里，等等。这种情况也适用于与核武器无关的放射性核素材料，比如钴-60和锶-90，因为这些材料如果使用不当，就可与各种烈性炸药结合，用于制造放射性炸弹。

在数字微波通信时代，"五眼联盟"必须应对微波发射塔的电子溢出的复杂后果，尤其是大部分未加密的通信遭到泄露的后果。在这种任务中，卫星至关重要。在最终的信息分析中，需要借助高度复杂的关键词搜索引擎锁定关键信息，就像从谷壳中筛出麦粒一样。搜索引擎需要不断地进行软件升级，还要应对关键语种的不同方言带来的挑战。如今，"五眼联盟"需要对海量信息进行实时分析，相比之下，"克雷计算"在20世纪70年代所做的信息分析工作就相形见绌了。

从某种角度看，与伊朗相比，朝鲜给"五眼联盟"带来的挑战要大得多，原因是众所周知的，尤其重要的一个原因在于，朝鲜是一个封闭的社会，没有显而易见的情报工作渠道，来自西方的访客总是面临被逮捕和监禁的风险。朝鲜通常以间谍活动为由逮捕这类访客。在没有人力情报的情况下，太空卫星发来的情报就变得格外重要了。这一点非常类似于冷战时期的苏联。

核建筑工地不可能隐藏到完全逃避卫星监视的地步。朝鲜的导弹设施和发射场也是如此。现代商业卫星系统的功能非常强大，拍到的图像可以让全世界都看到。虽然设施不能隐藏，详细的技术计划和进展情况不太容易获取，但可以根据良好的科学技术情报分析出来这些信息，比如，朝鲜的导弹遥测技术就会泄露其试图隐藏的诸多宝贵信息。即使朝鲜使用移动发射装置，并试图隐藏和伪装发射系统，美国政府的卫星系统以及美国企业的商业卫星系统都可以看得到。

美国国家地理空间局利用其独有的图像处理与显示技术，为美国国家侦查局的情报搜集工作提供了远超其他机构的支持。地下设施和掩体自然会给卫星监视造成难题，但卫星可以拍到它们的施工图像。

"五眼联盟"情报机构在搜集和分析核武器计划相关情报方面拥有丰富的历史知识和经验，最早可以追溯到苏联早期的核项目以及 1949 年 8 月 29 日苏联在塞米巴拉金斯克核试验场（位于今天的哈萨克斯坦）进行的首次核爆炸。"五眼联盟"针对空中爆炸和地下核试验的情报搜集技术已经发展得非常完善了。"测量与特征情报"（MASINT）就属于这种技术的范畴。这种技术看似非常新，但实际并非如此，它涵盖了"二战"后数十年内多个得到完善发展的细分情报领域，包括雷达情报、声学情报、核情报、射频和电磁脉冲情报、电子光学情报、激光情报、材料情报以及各种形式的辐射情报。

这些非机密情报搜集领域凸显了"五眼联盟"在专业技术情报搜集方面的发展程度。除了这些领域的科学技术之外，"五眼联盟"还开发了高度专业化的秘密搜集方法和手段，可以用来测量一些细节信息，比如测量苏联的核武器计划已经发展到了发展周期的哪个具体阶段。目前，英美已经运用积累了数十年的经验去评估伊朗、朝鲜的核设施。先验知识库是实现这一目标的基础。美国和英国在发展核武器、核潜艇和潜射导弹技术方面建立了强大的先验知识库（美国根据 1962 年 12 月肯尼迪总统和麦克米伦首相在巴哈马的首都拿骚签署的协定，同英国分享了北极星潜射弹道导弹）。

"五眼联盟"关于核武器的情报主要包括两个部分，一个是掌握指标，另一个是发出预警。为此，需要每周 7 天、每天 24 小时地监视（除英美以外）其他国家可能发射核武器的行为，尤其是一个被定义为"流氓国家"的国家。这两方面的情报能力需要动用多种来源和方法。显然，最令人担忧的情况之一是"意外发射"。造成意外发射的原因有很多，包括系统故障，网络渗透和攻击，以及流氓集团接管发射场及所有必要的指挥和控制设施。意外发射不含核弹头的导弹是最具挑战性的，原因一目了然。未经宣布的试射也享有很高的优先级，需要每周 7 天、每天 24 小时加以监视，以便将试射和攻击区分开来。比如，日本政府自然而然地对朝鲜发射的经过日本领空的弹道导弹格外关注。在这种情况下，特别是当威胁国使用各种欺骗技术时，每一种情报来源和方法都会被调动起来发挥作用。

上述事实在一定程度上或许能看出"五眼联盟"在国际事务中的行为。2018 年 6 月 12 日，周二，美国前总统特朗普在新加坡与朝鲜领导人金正恩会晤。这是美国总统首次与朝鲜现任领导人会面，试图就朝鲜开始无核化进程展开谈判。从那次会晤之日起，几乎全世界的媒体都分析认为这条崎岖的道路最终必然瘫痪。关于这次会晤可能带来的结果，以及关于新加坡可能会发生什么，全球每一位政治评论员都有自己的版本。接下来，2019 年 6 月 30 日，特朗普与金正恩在韩朝非军事区举行会晤，随后特朗普总统进入朝鲜。世界媒体的猜测再次大量浮现。在 2018 年 6 月 12 日和 2019 年 6 月 30 日之后充满不确定性的世界中，有一个事实是最确定的，即"五眼"情报界将时刻保持警惕，不仅在太空中部署"哨兵"，而且动用所有的情报来源和搜集方法，以监视朝鲜的动向。

微波和数字革命对情报的影响

伴随着微波和数字革命，我们能够通过海底电缆和太空传输海量的声音、数据和图像，从而给冷战时期的技术带来了重大变革。"五眼联盟"既拥有高度防御的通信系统，又要有能力渗透和获取各种频谱的威胁性通信。我们看到，网络攻击改变了情报来源和方法。一个信息系统在开发和采购阶段最容易遭到渗透和网络攻击，威胁者会提前了解"五眼联盟"正在开发什么样的系统。

"五眼联盟"的一些信息系统及太空资产，特别是全球定位系统依赖的卫星和相关基础设施必须得到很好的保护，使其免受网络攻击，这一点至关重要。全球定位系统不仅是无数军事及情报系统的手段和目标，还用于定位全球每个角落的人的活动，远远超出了我们日常使用的地图和定位功能。全球定位系统还是全球金融体系的支柱。可靠的商业卫星系统是全球经济活动的重要支撑。侦测和反击这些卫星系统面临的威胁是"五眼联盟"情报机构的优先事项。

回顾过去，我们发现从雷金纳德·霍尔及其父亲、英国首任海军情报局长威廉·霍尔生活的 19 世纪 80 年代开始，到通信大变革的 21 世纪，有一个方面的情报工作在此期间并未发生改变，这就是开源情报，或者说从别人所写的公开信息中分析出来的情报。在开源信息中存在着大量的情报，比如有些信息涉及一个国家的潜在意图。人们很容易忽视这个有价值的信息源。聆听和阅读开源信息能够带来无价的情报。这一点不仅适用于主要领导人的讲话，也适用于外国社会各个领域的开源信息，包括科学技术期刊，各种外国技术、政治、经济新闻和媒体，以及政府的官方声明和讲话。开源情报有时可能会被忽视，但它的确会揭示出一些严重问题。比如，"五眼联盟"成员国及其他国家的开源文献会定期探讨海底通信电缆的脆弱性问题，还会发布一些关于国外侵入重要海底电缆节点的报告。这显然为我们揭示出一个严重的问题，不仅"五眼联盟"情报界，而且"五眼联盟"每个成员国的政治领导层都不能忽视这个问题。

自"9·11"事件以来，世界地缘政治发生了重大变化。在技术层面，数字和微波技术领域发生了一场变革，与 20 世纪的技术水平拉开了巨大差距。无论是在制度领域、文化领域、技术领域还是在行动方面，"五眼联盟"必然没有错过每一个关键事件。在当今世界上，"五眼联盟"最不可能失去的就是固有的知识和经验，尽管我们的世界已经发生了重大变化，但积累的这些知识和经验或许依然能够派上用场。重新积累这些基础性的知识和经验需要付出沉重代价，即便重新发明一个车轮的代价都很沉重。

　　1984 年 2 月 27 日，在 20 世纪 60 年代做过英国下议院议员及国防部长的丹尼斯·希利提出了以下观点："自'二战'期间搬到布莱切利庄园开始运作以来，到今天为止，政府通信总部一直是英国政府最有价值的情报来源。英国在拦截和破译密码方面的技能是独一无二的，我们的盟友对此高度重视。40 多年来，政府通信总部一直是我们维持与美国关系的关键因素。"[4] 希利说完这番话的 12 年后，即从 1996 年开始，一直到 2003 年，英国政府通信总部在切尔滕纳姆的新楼完成了规划设计、施工建设和竣工验收。因其形状像甜甜圈，所以这座大楼俗称"甜甜圈楼"。政府通信总部前身——英国政府代码及加密学校的那些元老，比如休·福斯（Hugh Foss）、迪利·诺克斯（Dilly Knox）、阿拉斯泰尔·丹尼斯顿（Alastair Denniston）司令、爱德华·特拉维斯（Edward Travis）司令，以及军情六处的早期领导人曼斯菲尔德·卡明和休·Q. 辛克莱（Hugh Q. Sinclair），肯定会为这座新的总部大楼感到自豪。

　　值得注意的是，政府通信总部早期并没有从英国政府那里获得多少资源支持，于是，1941年10月21日，布莱切利庄园四位有突出贡献的支持者——休·亚历山大（Hugh Alexander）、斯图尔特·米尔纳·巴里（Stuart Milner Barry）、戈登·威尔士曼（Gordon Welchman）和无可匹敌的艾伦·图灵——在上级未批准和不知情的前提下，直接写信给温斯顿·丘吉尔首相，要求为布莱切利庄园提供更多资源。从1941年10月的黯淡时光到20世纪90年代冷战结束后的光辉岁月，政府通信总部面临的处境发生了重大改善。如今，随着新的总部大楼的竣工，政府通信总部也迎来了光明的前景。政府通信总部及其在加拿大、澳大利亚、新西兰和美国的同类机构成为"五眼联盟"情报合作的见证者。

　　1941年，温斯顿·丘吉尔首相看到了布莱切利庄园不可思议的价值，立即进行了必要的投资。我们回想一下，正是得益于这种投资，马克斯·纽曼和汤米·弗拉尔斯这两位教授才能够在伦敦多利士山的邮政研究局为布莱切利庄园建造第一台"巨人计算机"。英国和美国之间的深度合作体现在数据分享协议上，1941年1月，美国开始与英国分享"魔术"，作为交换条件，英国同美国分享其破解德军恩尼格玛密码之后形成的"超级机密"。1942年9月，布莱切利庄园的副主管爱德华·特拉维斯和布莱切利庄园海军业务处负责人弗兰克·伯奇前往华盛顿特区，签署了《霍尔登协议》。该协议启动了英美在破译德国海军交通密码方面的全面合作和资源整合，其中，破译德军恩尼格玛密码是一个关键组成部分。1944年，英美合作范围进一步扩大。1943年

5 月签署的《英美通信情报协议》将双方合作范围扩大到了破解德国陆军和空军的信号情报领域。根据法国军事情报官员古斯塔夫·贝特朗所述，1945 年，温斯顿·丘吉尔曾经对英国国王乔治六世说，布莱切利庄园破译德军恩尼格玛密码后形成的"超级机密"帮助英国赢得了战争。20 世纪 30 年代，古斯塔夫·贝特朗曾在破解德军恩尼格玛密码的过程中发挥了关键作用。[5]

　　1945 年之后，一切都没有改变，英美继续全面合作。成功合作的一个范例就是"维诺纳计划"（VENONA Project）。通过该计划，两国成功渗透了苏联克格勃的通信系统，从而帮助英国发现了一些为苏联效力的间谍，包括唐纳德·马克林、盖伊·伯吉斯、约翰·克恩克罗斯以及最为知名的吉姆·菲尔比。其中，吉姆·菲尔比给英国军情六处造成了重大创伤。英国还通过类似手段发现了原子能领域的苏联间谍克劳斯·福克斯。英国同澳大利亚之间的合作也越来越多，莫斯科与堪培拉之间的电缆通信几乎能够实时被英国政府通信总部读取。[6]1945 年 11 月 21 日，英国第一海务大臣、海军上将、首位坎宁安子爵安德鲁·布朗·坎宁安（Andrew Browne Cunningham，绰号"ABC"）曾在日记中写道："我同美国在信号情报方面进行全面合作进行了大量讨论，双方一致决定，达不到 100% 的合作是不值得的。"[7]坎宁安上将的这句话恰如其分地概括了从"二战"之后一直到现在这个时代的英美情报合作局面。

　　但在这一时期，并非一切都是美好的。比如，当 1950 年 6 月 25 日朝鲜战争爆发时，英美两国都被吓了一跳。当时，杜鲁门总统对情报部门的表现颇有微词，便于 1952 年下令实施高度保密的"K 计划"，在马里兰州米德堡正式组建了美国国家安全局。但到 1956 年，英国政府通信总部和美国国家安全局都未能预测到苏联入侵匈牙利。同样，由于英国情报机构关于苏联发展核武器的情报非常少，人们深感不安。[8] 1968 年 8 月 21 日，苏联陆军入侵捷克斯洛伐克，镇压杜布切克领导的"布拉格之春"。尽管之前有一些高度可靠的地面情报来源发出了预警，清楚地表明苏联及其华约盟国并不只是在做准备，实际上正在向捷克边境移动，具备明确的入侵意图，而且驻扎在民主德国的英军特派观察团之前也发出了非常响亮、清晰的入侵警告，但英国内阁联合情报委员会却做出了非常失败的评估，未能向首相、"五眼联盟"及北约盟国提供明确的行动方向。英国国防部对内阁联合情报委员会的工作人员提出了强烈批评。美国中情局的表现也好不到哪里去。在这一惨败之后，内阁联合情报委员会开始更多地将情报权力向国防情报部门倾斜。苏联入侵捷克斯洛伐克之后到 20 世纪 70 年代，再到今天，英国国防部逐渐在情报搜集和分析方面积累了大量"资产"。

信号情报的重要性

从积极的角度来看，"五眼联盟"的信号情报工作之所以变得至关重要，实为形势逼出来的。1967 年 6 月战争之后，中东局势一度非常紧张。1973 年 10 月 6 日，埃及和叙利亚突袭以色列，开始了众所周知的"赎罪日战争"，即第四次中东战争。此后不久，土耳其入侵塞浦路斯。一些分析人士和历史学家认为，西方国家的情报机构关于这场突袭的研判出现了严重失误，这种失误同日本偷袭珍珠港甚至希特勒入侵苏联的情报失误没有什么区别。虽然这场突袭已经过去了 47 年，但西方情报界是否存在失误还没有确凿完整的证据，我们依然需要继续相信"五眼联盟"的各种情报来源和方法的神圣地位。

在这场突袭中，最震惊的国家无疑是以色列，因为这次突袭其实是一次先发制人的入侵，叙利亚和埃及谋划袭击以色列，并进行了大量准备工作，存在诸多明确证据，美国及时分析了相关情报并传递给英国，在华盛顿和伦敦都引起了反响。同样，1979年 2 月伊朗国王巴列维倒台后，大西洋两岸的权力走廊里也弥漫着类似的不安情绪。英美的信号情报部门在塞浦路斯和土耳其等地都有情报搜集地点，并没有在这个紧要关头沉睡，军情六处、中情局及其他间接情报来源也没有沉睡。尽管如此，西方国家能够采取的措施其实非常有限，无力改变伊朗伊斯兰革命已经取得胜利的事实。

1982 年春季，阿根廷派兵登陆马尔维纳斯群岛，在这个问题上，英国的情报也存在失误。这在其他地方已经讨论过了，但我在这里只想说，独裁者莱奥波多·加尔蒂耶里将军和他的战友、海军上将豪尔赫·阿亚纳以及空军上将拉米·多索事先为这次登陆制订了周密计划，所有相关的证据都存在，英国情报界也发出了预警，随着形势的恶化，英国政治领导人却没有事先在政治层面上采取应对举措。英国外交大臣卡林顿勋爵的辞职说明了一切。

这类失误让"五眼联盟"的政治领导人明白，信号情报和其他关键的渠道与方法都发挥了令人钦佩的作用，真正失败的地方在于没有对有关信息进行深入分析，没有协调相关机构采取应对举措，在某些情况下，没有倾听在官僚体系和流程内级别较低的专家的意见，以至于无法确定能够做出哪些政治选择。

由于吸取了这些教训，西方世界的领导人发现他们越来越依赖于截获信号来获得及时准确的情报。当英国白厅的官员们意识到阿根廷派兵登陆马尔维纳斯群岛的事实之后，情报界便能找到创新的方法去应对两军能力差异。比如，挪威人截获了苏联卫星数据，其中包含阿根廷海军资产的移动和轨迹信息。这一关键数据被传递给挪威的盟友英国及北约成员国。应该注意到，之前也发生过类似的情况。比如，1979年苏联入侵阿富汗时，"五眼联盟"情报机构事先也通过渗透苏联通信而获得出色的信号情报。到1982年6月15日，英国军队进入阿根廷港、阿根廷军队投降时，大部分情报是由"五眼联盟"从多个源头提供的。

从整个信号情报背景来看，英国皇家空军从阿森松岛及智利蓬塔阿雷纳斯起飞的带有特殊信号情报设备的"猎人"侦察飞机扮演的角色其实并不是很显眼，因为其他源头和方法带来的信号情报占据着主导地位。

一个关键事实凸显了英国在信号情报领域的失败。这个事实就是，直到1982年3月31日（周三），伦敦的内阁联合情报委员会才收到不容置疑的情报，表明1982年4月2日（周五）将发生一场迫在眉睫的入侵。在这一重大教训之后，英国政府通信总部主管布莱恩·托维承诺加大针对英国政府通信总部专用的信号情报卫星的投资。其实英国早就应该这么做,为美国广阔的太空卫星网络提供补充力量。

1972 年,英国加入欧盟的前身——欧洲经济共同体之际,美国开始有些怀疑英国在履行传统情报合作协议方面的承诺。亨利·基辛格担任美国国务卿期间,英美之间的情报合作出现过一些摩擦,但从长远来看,这些都不算什么,要知道,当时在美国的全面参与下,英国正在试飞速度高达三马赫的 SR-71 侦察飞机,并联合开展其他更敏感的行动。此外,美国在英国贝德福德郡中部奇克桑兹村的情报设施负责跟踪苏联空军的行动,在苏格兰埃德塞尔的情报设施作为美国海军的特殊通信设施,在冷战最激烈的时期创造了一些具有传奇色彩的功绩。英美两国还在公众视野之外执行了一系列高度敏感的项目。基辛格似乎对欧洲人未来可能采取的行动很敏感,尤其是在英国协助欧洲其他国家提高情报搜集能力的情况下,基辛格疑心更重。暂且不论法国立场如何,基辛格这种怀疑是一种对北约主要盟国的狭隘看法。

一些历史学家非常赞赏基辛格在情报合作问题上对英国表现出来的敌意,但不可否认的事实是,两国之间的情报合作协议不仅仅是坚如磐石的协议,事实上还是不容违背的条约,而且还有英国政府通信总部和军情六处每天 24 小时与美国国家安全局和中情局保持密切联系以及人员交流,还同加拿大、澳大利亚和新西兰等国的情报机构保持密切沟通。这种合作局面在很大程度上打消了基辛格的怀疑。在"五眼联盟"情报人员看来,亨利·基辛格的任何象征着猜疑的举动无非是脾气暴躁的表现，而且当时基辛格服务的总统尼克松正一步步朝着下台的方向迈进。

加拿大、澳大利亚和新西兰加入了英美的特殊关系联盟，在很多方面为英美两国增添了力量。仅在中国香港这一个地区，美国、英国和澳大利亚就夜以继日地工作，开展信号情报行动，运作情报网络以及盘问一些来到中国香港的中国内地人。在 20 世纪 50 年代至 60 年代，随着"二战"后国际新秩序的巩固，美国很快意识到中国香港作为一个海外情报中心的重要性，还意识到澳大利亚、加拿大、新西兰领土上的其他多个基地的重要性。澳大利亚信号情报工作目标包括中国、印度尼西亚和越南。在 20 世纪 60 年代印度尼西亚同西方对抗期间，英国人和澳大利亚人在联合情报行动中密切合作。这些行动为特殊"战术、技术和程序"（TTP）的发展奠定了基础，为英国陆军特别空勤团、英国皇家海军陆战队特别舟艇团以及澳大利亚陆军特别空勤团等特种作战部队提供了实时或近乎实时的信号情报支持。

许多"战术、技术和程序"已经得到了扩展，并应用到多个行动及地点，包括在北爱尔兰对爱尔兰共和军的行动。冷战最激烈的地方莫过于柏林，在那里，美国和英国联合行动，入侵了苏联的通信系统。对苏联通信来说至关重要的地下电话线其实很脆弱，因为它没有加密，而且苏联人认为它深埋地下，因此不受攻击。在这种情况下，窃听苏联的地下电话线就会产生相当重要的情报价值。为此，特工需要开挖隧道，穿越戒备森严、通常无法逾越的边界和防御工事（比如柏林墙）。这一直是避免被发现的最有效方法。

英国为了窃听苏联地下电话线而在柏林墙下面开挖了一条隧道，搜集了大量信号情报，包括苏联克格勃、格鲁乌特工人员及有关行动的信息。一直到 1956 年，这个隧道的事情才暴露，因为军情六处一名军官乔治·布莱克充当苏联的间谍，将这个隧道的事情泄露给了苏联人。与地下电话线类似的是，海底通信电缆也容易受到高度复杂的窃听行动的影响，早在 1914 年 "一战" 爆发前，雷金纳德·霍尔已经有力地证明了这一点。"五眼联盟"在高空军事侦察、高空秘密照相侦察、信号情报搜集和电子情报搜集等方面实现了充分配合。

1960 年，弗朗西斯·加里·鲍尔斯驾驶的 U-2 侦察机在苏联上空被击落。关于这件事的后果以及随后美国对卫星信号的依赖，人们写了很多文章进行探讨。美国第一颗信号情报卫星是在 1960 年发射的，其实就在鲍尔斯驾驶的侦察机被击落后不久。不过，直到今天，"五眼联盟" 依然使用侦察机获得信号情报，只不过现在使用的是高度专业化的飞机。事实上，U-2 项目获得了新生。美国 SR-71 黑鸟侦察机的表现就非常出色，直到它的技术变得过时，而且成本效益消失之后，才退出现役。然而，在服役期间，它一直被部署在英国米尔登霍尔皇家空军基地等关键地点，随时准备根据临时通知执行任务。

卫星受制于轨道、星座设计和覆盖面，不可能总是在正确的时间出现在正确的地方，无法携带各类高度专业化的情报搜集设备，也无法携带人员开展情报搜集活动。侦察飞机则可以弥补这些不足。如同水面舰船和潜艇一样，飞机也可以按照卫星无法媲美的方式和频率获取情报。自1960年以来，"五眼联盟"已经利用多种型号的飞机开展敏感的信号情报和电子情报搜集行动。比如，英国皇家空军的"猎人"远程侦察机就部署在全球多个基地，提供关键的信号情报。英国皇家空军在阿曼沙迦及伊朗国王巴列维倒台前的多个秘密地点，也被用于开展远程侦察机的秘密飞行任务。当卫星数据不可用的时候，或者当情报搜集任务的性质要求必须采用飞机而不是卫星的时候，这样的飞行就尤为必要。

如今，高度专业化的侦察飞机得到了无人驾驶汽车和无人机的辅助，依然是"五眼联盟"搜集情报的关键工具。"自由"号和"普韦布洛"号这两艘所谓的"情报搜集船"遭到袭击后，"五眼联盟"对利用水面舰船搜集情报的信心有所下降，但潜艇依然是秘密搜集最敏感情报的关键工具。在苏联解体前的那些年，以及在21世纪的数字和通信革命发生之前，英美情报合作的记录总体上一直非常紧密，但也不乏一些令人伤感的污点。其中，唯一一个真正的情报合作死角或许就是1956年的"苏伊士运河危机"。1956年10月29日，英国首相安东尼·艾登下令发动"火枪手"行动，从埃及纳赛尔政权手中夺取苏伊士运河。英国的信号情报在这次行动中发挥了关键作用。艾登决定不与美国总统艾森豪威尔分享他的计划，也不分享英国政府通信总部掌握的信号情报。除此之外，艾登犯的另一个致命错误就是低估了纳赛尔政权接管苏伊士运河的决心，以至于没有同艾森豪威尔进行磋商及合作。然而，积极的一面在于，英美之间和谐的情报合作局面只是暂时被打破，两国在"二战"期间及之后形成的情报共享很快就恢复了良性状态。

"五眼联盟"内部存在"糟糕关系"吗？

在"五眼联盟"内部，其他几个成员国在情报方面的投资都不及美国力度大。我在前文提过亨利·基辛格脾气急躁，但这五个国家普遍认识到一个关键事实，即抱团远远胜于单打独斗，所以五国之间一直保持良好关系，并不存在所谓的"糟糕关系综合征"。这就是五国在"二战"的黑暗岁月中凝聚在一起并经受住冷战时期的考验，一直走到今天的原因。如同任何一个和睦的家庭可能偶尔会出现问题一样，"五眼联盟"也难免存在问题，但它们一直保持着统一行动。

当身处现代的我们回顾这一切时，必须问自己一个问题：我们是否过于专注当下，而忘记过去了呢？当下的技术进步确实改变了情报搜集的硬件设备，但在当代技术变革的喧嚣中，过去种种挑战及创新都消失了吗？

如今，地下电话线的重要性不亚于冷战最激烈时埋在柏林墙下面的电话线。海底光纤电缆每毫秒传输的国际通信数据规模根本不可能根据常规数字去理解，但它的脆弱性和容易遭到窃听的问题跟1914年霍尔下令切断德国海底电缆时相比并无多大改变。邮件是18世纪的一种拦截目标，早在英国都铎王朝和斯图亚特王朝时期，王室特工们就开始跟踪西班牙和法国等国家的信使，以截获书面邮件中的信息。如今，越来越多的毒品通过邮件实现转移和出售，以减少毒贩、街头毒品小贩及其上级毒枭遭到拦截的风险。邮件在"五眼"的世界里有了新的地位，需要借助新的技术来探测和跟踪发送者和接收者。犯罪团体和外国情报机构越害怕电子邮件和手机被拦截，就会越依赖以前的方式，比如通过信使口头传递信息。探测和跟踪这类信使将需要额外的专业技术技能。英国和其他欧洲国家长期以来使用老式密码系统与海外特工进行通信，如今借助深藏不露的信使身份，这些密码系统终于获得了新生。

对当代高度复杂的计算机网络而言，及时发现和挫败恐怖组织及其他犯罪分子的洗钱计划显然是一项重要任务，这个任务是可以完成的，毕竟在全球经济和银行网络中，每天的转账交易多达数万亿美元，而秘密的武器交易绕不开跨境支付这一关。比如，伊朗为真主党购买的俄罗斯武器，无论在掩护身份和运输方面做得多么隐蔽，都必须在关键时刻支付费用，因为背后操纵这一切的俄罗斯黑手和寡头想要伊朗的钱。这时，确认并阻止这些支付至关重要。出于同样的原因，还必须及时发现和追踪秘密运送巨额现金（数千万美元或同等金额的其他币种）的行为。这方面没有什么新的技术含量，英国海军和商船经常从西班牙等国的船舶拦截并转运价值数十亿美元的黄金。

拦截恐怖组织和犯罪组织的现金支付，国家支持的洗钱活动，以及为武器、特工和其他活动（如通信中心和宣传机器）提供的秘密资金，具有至关重要的意义。网络黑客和犯罪分子必须得到报酬，而这种转账已经脱离了较为传统的国际银行转账模式，因此，定位、追踪和拦截他们的资金是最重要的。

情报欺骗技术的升级

在情报实践方面，欺骗的历史非常悠久。欺骗的艺术很容易令人迷失在被拦截下来的多达数万亿比特的通信、视频和其他数据迷雾中。英国在"二战"中发明了"双十字系统"去欺骗德国，这种欺骗艺术的光芒已经湮没在现代通信的噪声之中。在现代社会，除了一些明显的媒体工具之外，还有其他多种渠道和传播途径可以用来精心设计和控制虚假信息。数据挖掘和分析能够使作案者决定用信息（这种信息就是"宣传"）去说服和影响某事，比如一些人就是这样干预 2016 年美国大选的。

更大规模的情报欺骗艺术被应用于中途岛战役之中，使这场战役成为太平洋战争的关键转折点，洗刷了珍珠港的悲剧。新技术有时会导致欺骗艺术的前景变得模糊，使人们误以为好像只有纯粹的技术才能提供解决问题的答案。单纯依赖新技术去解决问题意味着高昂的代价。在踏上技术导向型路径之前，我们应该问自己一个关键的问题，即我们想要实现什么目标。出于同样的原因，"五眼联盟"还需要时刻警惕潜在对手在这个领域可能做的事情，以防自己的盟友在遭到蒙蔽和欺骗后误以为一切都好。比如，伊朗和朝鲜是否会在军备控制问题上采取变通措施去欺骗"五眼联盟"的盟友？如果"五眼联盟"突然承认自己的盟友或友好国家遭到了欺骗，那么外交手段可能会突然失去用武之地。

德国和日本在 20 世纪 30 年代都擅长隐藏本国的武器发展计划，所以，当张伯伦政府忽然醒悟过来，前往慕尼黑并试图与希特勒谈判时，面临的处境就非常被动，如同后来温斯顿·丘吉尔在成为英国首相时所描述的那样，"当你的头已经被老虎叼进嘴里时，你无法同它讲道理"。在冷战时期，"五眼联盟"深入调查过苏联在核武器控制方面的沉默，以确保美国谈判代表是在与善意的对方谈判，避免温斯顿·丘吉尔说的那种自己的头被老虎叼进嘴里的问题。在这种情况下，"相互确保毁灭"原则才能发挥作用，使双方确实完全出于善意进行谈判，确保全球安全免受核战争之害。

在当代国际海事领域，"五眼联盟"成员国共同参与船舶自动识别系统的管理和使用。这个系统是现代通信和数据结构中的优秀组成部分，由国际海事组织负责管理。它是专门负责管理航运的联合国下属机构，总部设在伦敦。其前身是"政府间海事协商组织"，最早在 1948 年 3 月 17 日成立于日内瓦，组织结构先后于 1959 年和 1982 年发生过变化。目前有 174 个会员国和 3 个准会员国。国际海事组织总部位于伦敦的艾伯特堤岸，内设一个秘书处和职能全面的委员会，拥有一大批全职人员。国际海事组织的秘书长来自不同国家，包括英国、丹麦、法国、印度、加拿大、希腊、日本和韩国，所有成员国都签署了《国际海事组织公约》。除了太平洋岛国密克罗尼西亚联邦和瑙鲁之外，大多数非成员国都是内陆国家。国际海事组织控制着大约 60 份对成员国具有约束力的法律文书。

国际海事组织有多个涉及海洋技术和海上安全的委员会，还有数量更多的小组委员会。它的工作和组织过于繁杂，无法在此详细描述。船舶自动识别系统是国际海事组织的一项卓越服务和能力，被用于实时了解成员国所有商船的身份信息和移动情况，包括航速、航向、出发港、预期到达港、货物以及每艘船舶的其他技术细节，所有这些信息都可以实时传递给其他装有自动识别系统的船舶（所有船舶必须安装自动识别系统及全球定位系统的接收器和发射器），从而有助于保证海上安全，特别是避免船舶碰撞。今天的船舶严重依赖自动识别系统。这套系统堪称除了雷达之外的另一双慧眼，而它的数据则是由商业卫星实时或近乎实时提供的。

我的帆船已经在马里兰州的安纳波利斯停泊很多年了。那艘船上安装了一套自动识别系统以及全球定位系统。我可以在任何航行区域内查看所有安装了自动识别系统的船舶的详细信息。有些船只因其尺寸而被强制安装了自动识别系统，但它并不分享数据，这些船只显然容易被标记为具有非商业意图的船只，比如海盗、枪支走私、毒品、人口贩运或情报搜集等意图，从而成为被监视和跟踪的目标。要跟踪这样的流氓船只，可采用其他秘密手段。如果这些船只在自动识别系统上发送信号，并且在"五眼联盟"的流氓船只名单上，那么它们肯定会被监视。这一点在卫星商业化之前是不可能实现的。那时，美国国家侦察局、苏联以及英国的信号情报卫星主导了卫星情报领域。今天，国际海事组织控制的卫星和多种其他商业卫星系统提供了出色的图像数据，任何拥有笔记本电脑或类似设备的人都可以查看到商业卫星拍摄的相关图像。

到目前为止，"五眼联盟"成员国政府控制下的卫星图像一直高度保密，但这些政府面临着一个绝佳的转变契机，那就是可以将这些卫星数据同商业卫星数据结合在一起，在必要时发布给公众，增强公众的危机意识，使其更好地意识到某些国家为了破坏国际秩序而采取的不友好的、威胁性的举动，比如一个国家对于其他国家或地区构成的威胁，甚至是正在准备执行一项秘密的入侵计划。

在今天的商业卫星面前，几乎没有什么可以隐藏起来。进入21世纪20年代，这些商业卫星的数据将变得更好，如果"五眼联盟"以负责任的方式分享这些信息，而不是由商业卫星公司和个人发布令人担忧的数据，那么它将为增加公众的知识和提高公众意识提供更好的服务，而且有助于解决海事组织关注的问题，比如某些船只在沿海和国际水域倾倒垃圾，非法捕鱼和过度捕捞，以及运输各种违禁物品。在这些情形下，"五眼联盟"向其他国家的执法机构和海岸警卫队提供卫星数据援助只会有好处，而不会产生危害。不仅如此，卫星数据分享也有助于应对一些更阴险的情形。比如，一些国家和非国家实体资助下的国际黑客，以及一些犯罪团伙和黑手党资助的黑客组织，已经渗透进了全球性的海事公司，或许会干扰关键的海运码头业务和马士基集团等大型船运公司的具体运作，从而造成严重的经济后果。船舶上面的硬件设备遭到黑客攻击之后，会对滚装船压载系统的运转造成危险。因此，海事领域的网络安全必然是"五眼联盟"和国际海事组织成员国的关键国家利益所在。

同样，海上油气钻井平台以及那些运输石油和天然气的大型商业船舶也面临着网络威胁。要知道，这些船舶堪称西方和亚洲国家的经济命脉。因此，无须击沉任何一艘船，只要给船舶运输制造一点障碍，就可以迫使西方国家的经济运行陷入中断。这就凸显了保护海上贸易的重要性。如果某种类型的网络攻击阻碍了船舶自由航行和货物运输，那么它也算是封锁和禁运的一种表现形式。比如，如果有效的网络攻击可以使港口处理系统陷入混乱，船舶的机舱和导航系统失去控制和正常功能，那么霍尔木兹海峡地区的活动可能就失去了必要性。电子海图面临的威胁是最阴险的。由于现代船舶采用了大量的自动化设备，上面的船员数量非常有限，因此严重依赖电子海图导航，一旦这种导航系统遭到黑客渗透，尤其是全球定位系统遭到渗透，那就可能引发灾难性后果，当船只处于自动驾驶状态时后果更严重。2019年，我听取了有关最新非机密商业技术的简报和演示。在演示之后，我试用了一款高性能的全球定位系统干扰设备，这个设备非常小，可以拿在手里，但能够在一艘船舶周边的特定距离之内，有效地干扰船舶的全球定位系统。同样，它还可以在特定距离内干扰其他关键点位和交通工具的信号，包括机场和飞机上面的定位系统。全球定位系统信号的传输模式决定了它非常脆弱。在21世纪，海上贸易面临的威胁不仅有了新内涵，而且出现了一些全新的威胁，"五眼联盟"需要加强自身保护海上贸易的能力，这是它们的命脉所在。

在国际商业领域中，航运保险公司对上述风险存在直接的经济利益和安全关切。对于一家全球保险公司而言，一旦海运风险增加，航运保险公司就要付出很高的代价。最有代表性的全球保险公司是伦敦的劳合社。劳合社是从爱德华·劳埃德（Edward Lloyd）于 1688 年开办的一家咖啡馆发展起来的，它本身并不是一家保险公司。英国议会于 1871 年专门通过决议，承认劳合社为一个保险社团组织，由一群金融和保险大亨为了分散风险而聚集组成的辛迪加组织，其成员既有个人，也有公司。根据劳合社 2017 年的年报，劳合社当年承保的保费总额达到 336 亿英镑。我在这里之所以提到劳合社，是因为它出版的《劳氏情报》（*Lloyd's List Intelligence*）提供了全球领先的综合性船舶跟踪和海运情报服务。它的数据库非常详细，每天提供关于全球航运的最新实时数据。"五眼联盟"一直对它的数据和数据源倍感兴趣。

如果出现类似于 2019 年伊朗在波斯湾扣押英国商船这种威胁因素，引发紧张局势，那么可能会对劳合社的保险业务产生重大影响，保险费率可能会立即上升，或者劳合社可能会禁止其承保的商船通过局势紧张的海域，以降低索赔风险。如果商船无视这类限制，坚持穿行于高风险海域，那么将自行承担风险，不会获得保险赔偿，这对 10 万 ~50 万吨级的油轮来说堪称一项重大风险。在当前国际形势下，网络攻击带来的风险不亚于秘密采矿造成的威胁。因此，"五眼"情报机构与海军必须能够持久地对接劳合社的数据库。

集体性的记忆缺失

撇开现代的电子战和网络战不提，或许我们应该重新思考"二战"和战后初期给我们带来的经验和教训。当时的英国及其"五眼"盟国成功地实施了多次非常规的战争、渗透和间谍活动。英国特别行动处当时的运作方式有别于我们今天所说的"有组织的特种部队"，比如英国军情六处、美国中情局、美国海豹突击队第六分队特战队员、美国"绿色贝雷帽"、美国"游骑兵"，以及苏联和俄罗斯的"雪域特战队"。"五眼"已经集体忘记了在"二战"时期，英国特别行动处如何在纳粹占领欧洲的情况下招募、训练和运作情报人员。这些已经缺失的记忆大多保存在英国国家档案馆里。一些早已过世的特工撰写的非常重要的书面叙述材料也能给我们提供非常有益的启发。

"二战"期间，英国特别行动处的人不同于今天各种特种部队和军情六处的典型特工，但他们不仅成功地执行了温斯顿·丘吉尔明确下达的"点燃欧洲"（Set Europe Ablaze）等命令，还以一种极其微妙、欺骗和高效的方式暗中扰乱了纳粹占领欧洲的图谋。威廉·约瑟夫·多诺万（绰号"野蛮的比尔"）创立的中情局前身——美国战略情报局其实从未真正赶上英国特别行动处，主要是因为美国参战较晚，实际上直到1942年才真正参战。

当时，英国特别行动处的特工使用了许多隐秘的手段，不仅在身份掩护、渗透等方面拥有一系列特殊技能，还掌握了一整套涵盖文化、语言、技术和心理的技能，参与其中的人的确非常特殊，也非常能干，包括很多非常优秀的女性特工。他们的人员构成、技能组合及运作模式都不同于经典的代理人管理模式及人力情报运作模式。然而，这些技能已经随着岁月的流逝湮没了。今天，中情局、军情六处以及加拿大、澳大利亚和新西兰的情报组织开办的专业学校无法传授这些技能。"五眼联盟"或许会希望重新评估英国特别行动处当年如此成功的原因和方法。

现代各种各样的媒体为英国特别行动处的受训人员及特工提供了最隐蔽的通信能力，给他们提供了很大的帮助，降低了他们面临的风险。我们之前注意到，如果没有核武器和大规模的网络攻击部队，俄罗斯在重大的国际事件中难有立足之地。俄罗斯国内生产总值比美国加利福尼亚州还低，能源出口是它的经济命脉，核武器和网络作战能力使俄罗斯能够成为一方有威慑力的国际力量。但在我看来，在俄罗斯发展特工的时代已经过去了，除非俄罗斯公民自愿投靠过来。在俄罗斯人自愿投靠的情况下，英国特别行动处的人员不必前往俄罗斯，而是可以利用现代媒体去遥控指挥。俄罗斯、朝鲜、伊朗以及其他几个不那么令人担忧的国家拥有的国家安全和反情报机构由一大批忠诚的专家充当支柱，数以万计的工作人员提供支持，工作对象不仅涵盖外国人，还包括表达不满和异议的本国人。在这种情况下，定期的外交接触、实地观察、摄影和电子窃听要比引诱国民泄露机密有效得多。像中情局那样利用外交掩护从事情报行动的方式越来越过时了。在这个新的世界秩序中，英国特别行动处会更加有效，最重要的是，就个人安全和生存能力而言，几乎可以保证不会被发现、逮捕、审讯、折磨和谋杀。

"五眼联盟"可能需要共同分析这一需求，并重新思考过去。在这些全面的能力中，有一些技能必须留到最后的紧要关头才能使用。事实上，希特勒和武装党卫军并未消失，而是一直在我们身边，只是形式不同而已。残酷的独裁统治依然存在，但无法通过武力加以解决，除非它们首先做了一些必须用武力去回应的事情。与中情局和军情六处传统上招募的人员相比，现在需要的人才必须多才多艺，掌握不同的技能以及更微妙、更安全、更有效的技术和程序。这些技能并不是为了让现代特工像英国特别行动处的特工那样执行温斯顿·丘吉尔指示的行动，比如从事破坏活动、刺杀盖世太保领导人以及为解放欧洲囤积武器，而是为了执行一些更为复杂的任务，全面渗透其他国家，完全不被察觉地融入其他社会，以便着眼长远、搜集情报、发布预警，这类活动都不涉及招募高风险特工或在敌方反间谍行动中暴露真实身份。

在"9·11"事件前后，标记、跟踪和定位技术以及"作战概念"（CONOPS）变得至关重要。知道威胁在哪里是一回事，能够持续监控是另一回事。美国空军的"联合星"预警机（由波音707客机改装）能够跟踪大量移动的地面目标并传递数据，但在燃料和机组人员方面面临续航能力的限制。"全球鹰"等大型无人机有较广的监控范围和较长的续航能力，后来出现的一些隐形无人机甚至能够24小时持续不断地提供数据，对卫星图像情报、电子情报和信号情报构成了强大补充。

从1991年第一次海湾战争结束后直到前不久，我一直担任一个项目的领导者，致力于处理两个问题，即如何获取数据，以及之后如何及时分发数据。我所在团队的一项重要成就是在近乎实时的情况下，将上述所有数据以及其他许多战术性数据和战场传感器系统传回的数据进行整合，融入单一的情报搜集和分发系统。与第一次海湾战争时期的情报搜集和分发系统相比，这堪称一次巨大的飞跃。我们借助严格而真实的"舰队战斗实验"和"有限目标实验"，使用海豹突击队制造非常逼真的威胁，获得了作战经验，并为用户研究出更为先进的"作战理念"。多年后，这种理念的非机密名称"分布式通用地面站"（DCGS）终于进入了词典，让人们从一个非机密的视角窥探。

在各种传感器背后，当情报数据太少或过多的时候，人力情报及智能的情报整合与分发技术就能帮助我们找出主要问题的答案。一个人如何根据迥然不同的、经常令人困惑的数据做出可靠的决定？借用情报界一句著名的话说就是："你如何知道你不知道的事情？"当基于概率论的传统统计方法无法派上用场时，你怎样才能根据不精确的数据做出合理的决定？为此，我的团队采用了一种较为高级的工具：贝叶斯公式。这种对数似然函数使我们能够在纷繁复杂的数据样本中去粗取精。我的同事卡尔·巴洛和西奥多·卡多塔博士是使用贝叶斯公式来解决棘手情报问题的典范。托马斯·贝叶斯（1701—1761年）是一位英国统计学家、哲学家和长老会牧师，曾在爱丁堡大学接受教育，生前堪称一位令人惊叹的天才，却鲜为公众所知。他去世后，友人理查德·普莱斯（Richard Price）整理出版了他的笔记与核心理论。贝叶斯的工作使我和同事为美国情报部门解决了几个重大问题，比如在复杂的物理环境中定位和跟踪敏感目标，这些目标包括材料、设备及人员。

外勤行动的工作经历使我明白，我必须时刻铭记经常面临困难和危险的一线行动人员，为他们提供最好、最安全、最难侦测的通信手段以及最佳的实时数据，包括内容非常丰富的天气信息。整合地形数据、天气数据以及前面提到的其他多种情报便成了当务之急。然而，包括气象学和海洋学数据在内的天气数据不太容易获取，而且传递信息的方式也未必适合一线部队的作战场景，比如海豹突击队在海况恶劣的夜里从潜艇上发起攻击时。我的同事杰伊·罗森塔尔提出了一个完美的科学解决方案。他曾经是美国海军一名杰出的气象学和海洋学专家。他和我们一起研究了复杂的海洋、陆地和天气数据，将这些数据同国家地理空间局提供的三维地形数据整合在一起，再与特定位置、场景和作战需求的相关情报结合，堪称帮助秘密特工和特种部队作战向前迈出了一大步。

在情报界，"目标锁定"是一个常用术语。根据场景，它有不同的含义。大多数读者可能会把"目标锁定"与武力解决方案联系起来，比如锁定恐怖分子，然后从潜艇上发射"战斧"导弹，或者从"捕食者"无人机上发射"地狱火"导弹。这种理解也没错，但这里的"目标"并不仅局限于武装打击的对象，还包括一些电子目标，比如位于其他国家的个人电脑，一个不太友好的国家开展的高技术研发项目，从事洗钱、贩毒或人口贩卖的个人或团体，以及最近攻击美国选举基础设施的人员，等等，都属于需要锁定的目标，但不同的目标需要不同的情报搜集技术，其中人力情报活动是重要的目标锁定方式。

　　然而，人力情报活动曾经一度陷入低谷。中情局特工西奥多·沙克利（1927—2002年）是中情局行动处所有特工都知道的传奇人物，被称为"金发幽灵"，拥有大量的秘密行动经验，后来成为中情局行动处副主任，换句话讲，他是中情局所有秘密行动的二号总指挥。但到了1979年，即卡特政府时期，海军上将斯坦斯菲尔德·特纳担任中情局局长后，开始重视技术情报，轻视人力情报，认为中情局开展秘密行动的业绩不佳，而更加注重技术设备的国家安全局却能提供较好的情报，于是对中情局进行了大刀阔斧的改革，数百名特工遭到解雇，包括沙克利在内。沙克利于1979年退休。之后，到里根政府时期，威廉·凯西担任中情局局长（1981年1月—1987年1月在任）。尽管当时中情局许多关键人员要么退休，要么离职，要么在美国政府的其他部门找到了工作，但威廉·凯西对人力情报持有不同于前任的观点，从而使秘密行动获得了重生。

　　沙克利确实退休了，但他从未真正离开过。后来他联系我，让我去他位于弗吉尼亚州阿灵顿罗斯林的办公室，请我代表美国总统，到某国（我不便透露这个国家）为中情局执行一次秘密行动。这项任务非常敏感，而且存在重大风险。最终，我完成了任务，并得到了适当的报酬和答谢。在执行任务期间，我遭到投毒，在目标国之外某国的一家医院治疗几天后才恢复过来。我搜集的信息被直接送到白宫的椭圆形办公室。这一案例表明，当其他种种情报搜集渠道都无法及时派上用场之际，偶尔动用一下人力情报是无价的，不过这种情况比较少见。

为美国太平洋舰队潜艇部队提供特殊情报支持的这段经历是特殊的。"五眼"情报机构为美国在太平洋海域仍能保持压制性地位起到了重要作用。由于潜艇并非随处可见，美国太平洋舰队部署在前沿随时待命的核动力攻击型潜艇数量肯定是有限的。我所在的这一支情报小组提供了实现潜艇优化部署的最佳方案，并确保在可能出现紧张局势时，或者（在最坏的情况下）出现对抗性冲突时，太平洋舰队司令部可以利用这些作战能力惊人的潜艇获得最佳的军事打击效果。

我在前文中暗示了不同人对于人力情报的价值持有不同态度，但有一点是无可置疑的，即人力情报可以由无价的开源信息去补充。开源信息包括政治声明，国外关于新技术和创新技术的科技报道，经济和物流数据，以及从互联网获取的其他无数种类的信息。所有这些信息往往都与政府搜集的非机密信息有关，比如海关数据（人员进出英国和美国的数据，他们从哪里来，要去哪里，是否采取了迂回路线，所持护照是假的还是合法的，等等），指纹和眼部扫描数据，实时视频采集，航空和船舶乘客信息，以及对互联网元数据的分析（这些元数据可以产生很多关于个人和技术的信息）。关键的开源数据库有好几个，其中一个是伦敦劳合社数据库，包含船舶动向、货物数据和终端用户数据等，可以对全球船舶自动识别系统构成补充。所有这些类型的信息都可以同高度机密的人力情报、信号情报、测量与特征情报及电子情报结合在一起。英美计算机系统中可以对所有这些信息进行整合，形成我们感兴趣的数据集，而我们的团队就可以通过上述离散的开源数据进行分析。

新的量子计算技术将允许情报人员实时破译海量信息，而这些数据的规模和复杂性将超出我们这一代人的处理能力。比如，在战术层面上，美国特种作战司令部正在为特工开发智能手机应用程序，允许用户在隐蔽的前提下实时搜集、传输和分发指纹等生物特征数据，以应对地形险峻的地点以及温度、湿度和场景构成的挑战。我们这一代人也有类似的能力，但在数字化时代，这些能力将在很大程度上被技术创新取代。

美国的沃克间谍网向苏联泄露了大量宝贵的情报。之所以出现这种局面，是因为美国在很多技术领域领先于苏联。我在英国领导的团队以及移民美国后参与的团队都从事多项领先技术的研发。我们通过领先的数据搜集和分析，能够研判如何在声学、非声学、潜艇消声、指挥、控制和通信方面取得领先于苏联的进展。我的评价是在与苏联等国的任何重大对抗（除非是任何形式的核升级）的初期，英美两国及其在北约和亚洲的盟友将削弱苏联的能力。在我看来，从纯粹的情报搜集来源和方法来看，英国政府通信总部和美国国家安全局在长达50年的时间里始终如一地提供了最有价值的情报，就连英国军情六处和美国中情局也无法与其相提并论。当然，中情局的分析机构和其他一些情报机构同样出色，比如美国国家海上情报中心（NMIC）以及曾经的美国空军外军技术部（Foreign Technology Division），该部门办公地点位于俄亥俄州代顿的莱特·帕特森空军基地，冷战结束后，美国空军外军技术部改组为美国国家空中情报中心。

到 21 世纪 20 年代，军情六处和中情局的新一代情报工作人员将倒逼自己成为一名数据"极客"，引诱外国公民在秘密会面中泄露国家机密。尽管不速之客和经过多次接触的消息来源仍然可能提供有价值的信息，但"极客"同样有可能利用开源信息获取有价值的信息。用"极客"这个俚语来称呼这种人非常合适。这种做法将非常时尚，而且运营成本也比较低，就像刚刚找到了某个重要线人一样。与无止境地寻找背叛国家的完美代理人相比，数据分析或许更有意义。

然而，值得注意的是，"千里之堤，毁于蚁穴"，英国的吉姆·菲尔比和美国的奥尔德里奇·埃姆斯等人分别泄露了整个英国和美国的特工网络。在任何情报组织中，内部威胁都是危险的，不管是人力情报搜集者、信号情报搜集者，还是其他任何类型的工作人员。根据我从事人力情报工作的经验，人力情报的确可以带来巨大的收益，但它具有随机性，不连贯，因此其整体效率赶不上各类技术情报。

在数字时代，指标研判和预警是英美情报界被严重低估的职能，但事实上这一职能与冷战时期一样重要，因为我们依然需要提醒政治领导人提防各种威胁因素，不仅包括日渐出现的威胁，还包括潜在的武装冲突及网络渗透。网络渗透行为可能干预选举，利用漏洞对某些基础设施发起攻击，或者对重要的国家安全领域实施干扰。美国国家情报总监、英国内阁联合情报委员会以及白宫和唐宁街10号的国家安全委员会必须在所有领域以协调一致的、高度整合的方式履行指标研判和预警职能。

在"二战"期间以及之后的50年里，美国海军和英国皇家海军持续开展了大量高度机密的情报活动，有些是联合开展的，有些是独立开展的，我依然认为这些行动是情报搜集和分析的黄金引线。它们如同灯塔和印迹，烙刻在英国海军上将雷金纳德·霍尔、美国海军上校约瑟夫·约翰·罗切福特等杰出的先辈身上，他们都是"二战"能够取得胜利的关键人物。

第七章
面向 21 世纪的"五眼联盟"

2001 年 9 月 11 日以来发生的国际事件动摇了许多国家的决心，尤其是北约成员国，因为它们目睹了北约在其他国家的军事行动。可悲的是，从战略上来说，这些行动已经打破了国际力量对比，在一定程度上导致各国对军事行动不再抱有幻想。谈到此，伊拉克、阿富汗和利比亚立即浮现在人们的脑海中，北约对每一个国家的行动都凸显了一点，即缺乏宏大的战略思考，这些思考不仅应该涵盖如何行动、采取什么行动，还应该涵盖为何采取行动。比如，几个世纪以来，伊斯兰世界一直存在巨大的文化差异和教派分歧，关键的种族、宗教和地区又存在亲缘关系，但这些因素都在某种程度上遭到了忽视。北约如此轻率，只是想不顾一切代价地为"9·11"事件寻求报复。然而要知道，这个事件的制造者起初只是一个小型的恐怖组织，成员主要是沙特人，而非伊拉克人或伊朗人，其可用的资金和资源也很有限。

　　事实证明，明智地吸取过去的经验教训，将会带来巨大的价值。"五眼联盟"共同的记忆有时会因为时间的推移和世代的变化而变得黯淡，在这期间，一些情报技术和方法没有得到接力。"五眼联盟"当下不能仅停留在英美两国延长双边情报合作协议上，"五眼联盟"国家应致力于联合它们所有的代理人及其政治领导层，共同制定面向 21 世纪的情报搜集和分析合作策略。"五眼联盟"情报机构必须充分发挥联盟力量，使其成为这些联合起来的国家强大的战略工具。据此判断，就需要"'五眼联盟'情报组织共用一只眼"。

情报必须具备及时性、可靠性和可操作性，必须优于普通开源信息，令决策者对特定主题产生深刻的洞察与了解，为决策过程提供好处。唯有如此，情报才算得上对使用国有价值。如同冷战时期世界大国之间的人力情报活动一样，情报博弈最终必须产生核心信息，否则就会变得无关紧要。在间谍小说里，一个常见的主题就是情报机构之间的秘密较量，但事实上，这与情报活动提供真正有价值的、可操作的机密没有多大关联。

我们看到，在过去十年里，技术变革的速度和实质均大为改观。在应对技术变革方面，政府往往落后于形势发展，因为从研发阶段到具备初期作战能力，政府采用的承包制和时间表是过时的，进度缓慢，步履沉重，着实令人感到悲哀。由此造成的一个结果就是商业性的、非国防情报类的企业在技术发展中远远占据领先地位，因为它们拥有快速有效的创新能力。规模较小的初创企业及创业孵化器已经成为商业技术的代名词，不仅在硅谷是这样，在"五眼联盟"所有成员国的工业和科技领域都是如此。五国政府试图加快技术革新步伐，但迄今为止尚未成功。美国国防部高级研究计划局之后出现的类似组织，比如国防创新实验室，由于官僚主义、资金和政治原因未能实现这一目标。我们之前注意到，大型国防类和航空航天类公司签订了大量多年期合同，这些合同严重影响了它们的利润和年度股东回报，而小型初创公司的研发项目由于更为灵活、进展更快，最终反而可能抵消这些大公司研发项目的价值。这是一个亟待解决的问题，但也不是没有解决方案。比如，这些大公司的项目无论性质如何，都可以尽可能多地采用开放架构，这有利于直接引入重大技术创新变革，而无须从零开始研发。国防和情报部门传统上那种持续多年的技术采购方案成本高昂，而在这种开放架构下，重大的技术创新可以迅速得到应用，从而降低采购成本。可以说，技术采购在情报工作中占据的分量非常重。

"五眼联盟"中的一些情报机构是所在国年度预算规模最大、雇用人数最多的关键机构，且处于技术发展前沿。它们也要存活和呼吸，如果未来在技术方面领先于威胁者一步或更多步，就能继续存活，反之，技术落后就会招致失败和死亡。简单地说，解决技术问题的核心在于人！这些人必须非常聪明。"五眼联盟"将越来越多地寻找、招募和培训下一代人，最重要的是允许基层的创新，就像"二战"时期战争和生存的压力以及各种紧急情况逼迫英国政府招募最优秀的人加入布莱切利庄园、特别行动处以及"双十字系统"一样。"五眼联盟"所有成员国都需要打造一个"智囊团"，招募最优秀、最聪明的人才来保持情报机构的领先地位。在相互分割、安防严密的项目上，加强合作与分享将变得更加重要，这与美国海军和英国皇家海军在一些特殊的情报搜集和分析项目上的合作非常相似。

"五眼联盟"的情报产品用户里面既有军事机构，也有非军事机构。从表面上看，非军事机构对"五眼联盟"的要求似乎迥异于军事机构的要求，但如果仔细观察，就会发现这两类机构的情报需求其实存在诸多相似和重叠之处。比如，在 21 世纪，数字通信变革既会影响外交机构制定对外政策，又会影响军事机构理解和应对威胁性的武器系统，这两类机构对于"五眼联盟"情报机构的要求在一定程度上是重叠的。这些情报产品和它们的用途可能不同，但在一个日益以人工智能为导向的世界里，情报来源、搜集方法和分析方法本质上可能非常相似。在当前这个世界里，数据来源与冷战时期毫无相似之处，这就需要"五眼联盟"对情报教育和培训环节进行重组，招募有成功经验的专家来设计和实施激励创新的课程。

新一代技术打造新的世界

5G 领域的国际竞赛已经进行了一段时间，任何赢得这场竞赛的公司都将拥有空前的商业实力。因此，从情报的角度看，美国、英国及其"五眼联盟"合作伙伴不仅要充分掌握相关信息，还要规划在未来这场全球电信革命中的应对举措，这一点至关重要。

你可能会问，5G 究竟是什么？会带来什么影响？ 5G 是指具有颠覆性的第五代移动通信技术，它将使我们目前使用的手机和其他数字设备的功能变得异常强大。目前，5G 设备的速度至少比传统设备快一百倍，而且能耗极少、带宽极大（数据传输快得令人难以置信）、稳定性强、移动性好（可以在任何时间和地点使用）、延迟极低、全球覆盖范围极广，最重要的是成本也非常低。由于5G设备延迟极低,可以既不影响设备性能,又能延长电池寿命,并以更快的速度处理数据,因此在节约能源的同时,也提高了设备的数据处理能力。无论谁能克服5G技术挑战,赢得这场技术竞赛都将获得巨大的商业利益。

从情报界角度来看,了解5G技术的复杂性以及利用相关系统和辅助架构是至关重要的。为此,情报界需要具备最先进的技术情报知识。那么,谁是5G竞赛的关键参与者呢?为了方便起见,它们可以分为"大角色"和"小角色"。前者是全球最大的电信运营商和制造商,例如爱立信、诺基亚和三星。后者规模相对较小,包括德国电信、Sprint(美国第四大无线运营商)、Orange(法国电信运营商)、韩国SK电讯、韩国电信、T-Mobile(德国电信子公司)、美国电话电报公司、威瑞森电信和US Cellular(美国第五大无线运营商)。在适当的时候,可能还会有其他公司加入竞争。"五眼联盟"务必预测到这场竞赛的每一个技术层面,包括谁做了什么,在哪里做的,以及怎么做的。从战略上讲,这种预测势在必行,而且情报界设计和实施5G高科技战略的步调必须远远领先于主要参与者的系统和电信架构进入全球市场的步调。

5G之后,下一代技术会是什么样子?这是"五眼联盟"要预测、谋划和解决的战略性问题。"五眼联盟"情报系统和采购系统的一个特点就是一直以来更为注重技术的线性改进,而非创新性变革。换句话讲,"五眼联盟"政府机构的承包商在一个自然商业周期内只是一直在改进上一个系统。在某种程度上,这是有道理的，因为如果你能把一个情报搜集系统或分析工具改进得更好，那么这种做法完全说得通，但不足之处就是整个技术体系和采购系统更加倾向于保守性的变化。美国国防部高级研究计划局曾在某个历史时期注重规避这一陷阱，非常支持领先性创新，甚至是最高风险的创新。然而，即便如此，它的一些项目在最终变成现实世界的应用程序之前，研发周期也非常久，以至于在很多情况下，等到能够应用时，其创新之处已经无从谈起了，而且维护成本可能非常高昂。我参与过该机构一个高度机密的项目，这个项目酝酿了好几年，尽管它的成果从技术角度看是创新的，但当它可以被整合为一个操作系统时已经失去了优势，而且维护成本过高。它背后的科学成就或许是卓越的，但美国政府根本无法在正确的时间轴上将其转换成一个可操作的系统。

温斯顿·丘吉尔在直接下达命令时有一句简单的话："今天就行动！"如今引用这句丘吉尔式格言似乎过时了，但细究之下，发现并非如此。在未来的几十年里，灾难性的网络攻击将需要同样力度的行动，通过充分准备、迅速实施的反击措施来预测和减轻威胁。这就是所谓的"金蛋方案"。换句话说，"五眼联盟"的情报机构要在自己的篮子里装满"金蛋"，不仅能够预见威胁和挑战，而且具备现成的有效手段，通过高度安全的、秘密的方式去回击、欺骗和削弱敌人。

这种韧性对于未来的"五眼联盟"来说至关重要。这需要各个成员国的情报机构愿意开展最大程度的合作，并以最安全的方式分享知识产权。对有关合作项目参与者的审查必须非常严格，新的安全防范系统必须到位，以避免内部背叛行为的发生（这种行为是最糟糕的）。为了防范这种行为，需要一套全新的风险管理系统，需要一个全新的技术基础。比如，当另一个爱德华·斯诺登开始访问高度机密的数据，试图将其下载到拇指存储器时，这套新的风险管理系统不仅会立即发出预警，追踪和询问这些行为，还会从一开始就动用最严格的人工智能应用阻止此人访问。如果屏幕上出现了"系统拒绝"这几个字，那么此人将不得不向上司解释自己的行为。

我们知道，2016年，海底有大约300条主要的跨洋光缆，全球约95%的语音通信和互联网数据通过它们实现传输，其中包括价值约四万亿美元的银行、商业和各种形式的个人交易数据。[1] 到2020年，这些数字已经呈现指数级增长，从情报角度来看，世界上95%的关键数据和通信通过海底光缆传输。情报机构应该调查一下这些光缆的铺设者、所有者、运营者和维护者，调查过程中肯定会出现一些具有情报价值的关键问题。这是不是有雷金纳德·霍尔的影子？答案很简单：是！许多数据、声音和图像将被高度加密，并以谨慎的传输方式传递。对于情报单位而言，这些海底光缆加上天基通信系统、陆地电话线以及微波塔式传输，堪称发掘情报价值的"金矿"。然而，单单是这些数据流量的规模，对"五眼联盟"来说就是一个巨大的技术挑战。"五眼联盟"需要具备最复杂的人工智能工具来筛查这些数据，但前提是它们能够及时地获取数据。

如果我们重新回顾一下雷金纳德·霍尔的团队拦截并解密齐

默尔曼电报的速度和效率，然后对比一下 21 世纪 20 年代及以后的类似任务，人们将理解形势的变化以及情报界未来面临的挑战。好消息是，人类发明、设计、构建和实施的东西都可以通过类似的方式加以理解和对抗。"五眼联盟"必须利用其创造力和智慧，建立一套高弹性的系统，以实施新形式的伪装和欺骗行为。

从内部来说，"五眼联盟"需要越来越多的备用设备、备用电源及配电保护，确保通信系统弹性，建立审慎、独立的网络探测系统，通过巧妙使用新型电子防骗工具减少威胁性访问。随着时间的车轮从 21 世纪 20 年代进入 30 年代，与确保全球定位系统和数据传输的安全性、耐久性的需求相比，冷战期间那种传统的电子干扰似乎过时了。

"五眼联盟"情报界从来都不喜欢发生意外。比如，某些国家及其代理人采取隐秘手段危害"五眼联盟"成员国及其盟友、友好国家，破坏重要的基础设施，或者在军事方面削弱它们及时有效地向受威胁地区运送军事人员和补给装备的能力。

在技术层面，最坏的意外情况或许来自量子计算技术对于加密领域的威胁。"五眼联盟"必须集中脑力和资源，以避免其通信安全和电子技术主导优势遭到威胁。加密对"五眼联盟"的内部安全至关重要，但任何硬币都有两面，"五眼联盟"的密码也可能被其他国家破解。目前，人们担心高容量、高性能的量子计算机将会破解当前最复杂的加密技术。从"五眼联盟"的角度来看，面对这项技术，传统加密技术将呈现出令人无法接受的弱点。目前，人们普遍认为复杂算法下的加密是随机生成的数字，但实际上并非如此，量子计算机将能够破解这些加密算法。量子计算机利用光子、中子、质子和电子来执行非常复杂的计算，而不是仅仅用 1 和 0，堪称一次重大的技术飞跃。量子计算机将成为 21 世纪 30 年代及以后的新型超级计算机。加密技术是信息安全的关键支柱，"五眼联盟"必须确保这一支柱不会遭到破坏，同时必须在技术层面打击对手利用这一技术的能力。"五眼联盟"的目标是创造一种抵抗量子计算的加密技术，同时利用其破解其他国家的信息传输过程。

新形式的伪装和欺骗技术有助于为民用、军事、政治和商业基础设施提供一道防范攻击的屏障。"五眼联盟"的强大之处是其盟国分布在全球各地的多种多样的情报资源，因此必须将共享数据放在首位，加强人员交流，在相互隔离的安全防范制度下加强情报合作。21 世纪 20 年代与"二战"结束后那个时代最显著的区别在于，和平时期的平民世界容易受到广泛的电子攻击，而在此之前的技术不可能做到这一点。个人、银行、国际金融机构、交通运输以及所有其他形式的关键基础设施（电力、供水、通信、媒体）都容易遭受国家支持的网络攻击，包括国家支持的代理人、犯罪组织及黑客发起的攻击。

针对下一代技术，"五眼联盟"计划积极开展基础研发，在技术能力和研发进度方面保持领先地位，以应对当前的威胁因素，并且还要预测未来 10~20 年可能出现的威胁。"五眼联盟"在民用和军用领域都面临挑战，包括反介入与区域封锁武器，网络战与更广泛的电子战，广泛的信息威胁以及一系列的不对称威胁等。

事实上，伊斯兰激进组织并没有彻底沉寂，而是正在以前所未有的方式在非洲和亚洲扩散。"五眼联盟"仅仅掌握大数据分析、人工智能、自动化系统、机器人、动能武器、高超音速技术、生物技术以及先进的空间和机载监视系统与传感器（包括无人机和无人空战系统）等先进技术是不够的，还必须将这些技术集成到战术和战略作战系统之中，以最安全的方式建立内部威胁防范系统，既有广度，又有深度，以便五个成员国协同作战。合作是至关重要的，毕竟没有任何一个国家可以垄断所有的关键技术。我们见证了"二战"期间情报共享如何帮助盟国打败法西斯国家。为了实现合作前景，"五眼联盟"成员国必须共同制订和执行必要的情报工作发展和培训计划。一个底线就是必须证明这些计划能够影响各国的情报决策，这样才能体现"五眼联盟"在这方面的投资具有合理性。

对于"五眼联盟"情报界的未来发展而言，开展情报教育至关重要，科技情报部门和一线行动人员有必要一起接受教育，以确保情报合作项目可以得到最有效的落实。在设计教育培训课程时，必须确保培训标准具有全面适用性，使"五眼联盟"情报人员能够在共同的标准之下接受培训。

我们从历史经验中得知，国际情报部门之间的人员情谊以及相互交流能够带来诸多好处。建议文职人员和军事人员混合接触教育培训，以便对威胁、需求和解决方案形成共同认知，同时围绕新的谍报技术、来源、方法和分析进行探讨。"五眼联盟"可以在这一过程中共同开发出新的情报理论和作战计划，并将这些作为现有情报合作协议的附加条款，投入新的合作协议中，以保持新的合作高度安全。但如同历史情形一样，上述前景能否实现也要取决于政治领导层。历史上，在情报投资规模、全球情报资源数量以及分析方法上投入最多的国家一直是美国。然而，为了实现情报合作目标，美国必须同其他国家共享情报资源。在投入、训练和教育方面，"五眼联盟"的军事学校和战争学院也应该同时参与进来。"五眼联盟"内部不同机构之间必须有更多对话。情报培训学校和军事学院需要加强协同。我们知道，自"二战"以来，没有什么比人员交流项目更能促进这种合作了。在人员交流过程中，不仅思想和信息得到了交换和发展，而且大部分人的人际关系也得到了培养，这可以为他们余生的职业生涯奠定一个基石，在危急形势下，这种人际关系带来的好处数不胜数。我记得在冷战高峰时期，我经常拿起保密电话打给"五眼联盟"其他成员国的同行，而且几乎每天都会在某些情况下离开我的办公室，去其他国家的驻英大使馆或各种情报站拜访各类情报人员。在这种交流上，我们从来没有打过退堂鼓。借用美国海军上将、前海军特种作战指挥官以及特种作战司令部司令威廉·麦克雷文于2014年6月在得克萨斯大学毕业典礼上演讲时的原话来说："我们从来没有摇铃，从来都没有！"[1]五个国家虽然有时

---

[1]　麦克雷文曾经是美国海军海豹突击队队员，在日常训练中必须早上五点起床，然后接受长跑、游泳、障碍赛跑、体操等磨炼毅力的训练，如果哪位队员希望退出训练，可以摇一摇放置在训练场中间的一个铜铃。所以，麦克雷文用"摇铃"指代"退出"。——译者注

可能无法就所有问题达成一致意见，但从来没有停止过紧密的合作。

俄罗斯利用社交媒体上的一些信息攻击西方媒体，在西方社会各个阶层（从知识精英到受教育程度较低者）中间造成猜疑和分歧。很难从总体上衡量这种"撕裂战略"的影响，但俄罗斯情报机构的目标是明确的，即在关键民主国家内部以及民主国家之间制造政治和社会撕裂。散布虚假消息是一种强大的欺骗武器，那些原本意志坚定和崇尚公正的人会在虚假信息的恐吓战术面前被迷惑和欺骗。克里姆林宫直接推动了这些策略，目标是在众多事件、问题和政策上干扰公众舆论。除此之外还包括利用社交媒体在其他许多事件上发起虚假信息运动。

事实上，"五眼联盟"拥有雄厚的潜在实力去对抗网络攻击，还能扭转局势反过来打击攻击对手。我在这里举一个非机密的例子，即人工智能。"五眼联盟"和对手一样注重利用人工智能，所以，"五眼联盟"必须始终领先对手许多步。美国国防部实施的"Maven 计划"就是一个发展人工智能的项目。美国国防部只用了两个月就签下了该项目的发包合同，之后六个月，该项目就具备了初步发挥效用的能力。[2] Maven 团队也被称为"算法战跨职能小组"，能够使用先进的人工智能算法去实时分析来自多个源头的关键数据。

俄罗斯完全理解人工智能的价值，2017 年媒体曾报道，人工智能带来了巨大的机遇，也带来了难以预测的威胁，谁成为这个领域的领导者，谁就会成为世界的统治者。[3] 由于俄罗斯先期研究基金会（一个类似美国国防部高级研究计划局的机构）在加紧研究人工智能，而且恐怖分子利用社会网络关系图、人工智能驱动的无人机以及社会工程攻击[①]去招募新成员、破坏稳定的人口结构，"五眼联盟"必须始终在该领域保持遥遥领先的地位。英国、美国和"五眼联盟"其他成员国的反恐组织、情报机构需要携起手来集中资源，在全球网络上实时识别和清除此类恐怖主义信息。激进主义和极端主义一直在蔓延，而非减少，"五眼联盟"必须一起扩大当前这种公私部门之间的技术合作关系，以便领先于威胁者，并在其产生不利影响之前就将其毁灭。

　　在军事方面，"五眼联盟"及其关键盟友在打击恐怖分子目标时，可能会使用人工智能技术以及各种先进的传感器和制导系统，比如"收割者""全球鹰"等无人机搭载的"地狱火"导弹，这类致命的自动化武器在早期的技术体系中是不可能实现的。未来，实时处理大规模秘密情报数据的能力以及超越人类正常运转速度做出准确决策的能力将改变反恐战争的游戏规则。2018 年 9 月，美国先后发布了《国家网络战略》和《网络安全战略》，呼吁保卫美国安全，守护美国繁荣，发现、威慑和惩罚恶意行为者，同盟友一起促进互联网的"开放性、互操作性、安全性和可靠性"，同时也保护美国的太空资产。在公共部门、私营部门及军政网络环境都危机四伏的情况下，"五眼联盟"显然不只是需要超前一步，而是很多步。上面提到的这两份高级别政策文

[①] 社会工程攻击指通过利用弱点、顺从意愿、满足欲望等方式与他人进行交流，以使其心理受到影响，做出某些动作，或是透露机密信息。——译者注

件的目标已经表述得非常明确了，即便不太懂行的外行人也能看出来。

"五眼联盟"之间要实现合作，美国不能单打独斗。五角大楼曾宣布一个目标是加强盟国和伙伴国的能力，并提高国防部利用其合作伙伴的独特技能、资源、能力和视角的能力。在某种程度上，这可能会被美国国防部的一些人视为美国给予其他成员国的一种恩惠。但事实上，美国同"五眼联盟"其他成员国建立了强大的历史纽带，美国国防部的年轻一代对"五眼联盟"的历史知之甚少，甚至一无所知，需要对他们进行"五眼联盟"历史教育和引导。

英美情报机构在欺骗技术方面拥有丰富的历史经验，能够为应对外部网络攻击提供一个关键的解决方案。欺骗技术帮助盟国赢得了"二战"，当然也缩短了"二战"的持续时间，英国"二战"情报史官方历史学家哈里·欣斯利爵士评估，多亏破译了恩尼格玛和"魔术"密码系统，"二战"可能缩短了两年之久。如今，网络技术为"五眼联盟"提供了无数的手段，使其能够在思维、策略和行动方面开展合作，击败国家层级的威胁者以及其他层级的威胁者，比如恐怖组织、犯罪黑客和他们的资助方。在这方面，我自然无法披露一些机密信息，但可以说美国、英国以及其他三个"五眼联盟"成员国已经掌握了庞大的资源，并且打下了深厚的知识基础。

现在，到达一个战略性冲突区域，成功地渗透进去并完成各种任务，已经不像十年前那么容易了。为了维持前沿的存在，比如在太平洋地区，美国必须拥有完备的武器类型和完整的军力结构，确保在各种形势下完成符合美国国家战略规划的各项任务。然而，情报显示美国的存在和干预可能会被阻止或打断，最糟糕的情况是直接面临武力反抗。在这种日益复杂的环境中，欺骗技术就变得至关重要，决不能让对方掌握它不知道的事，并动用一切最微妙、最有效的手段去欺骗、干扰对方，诱骗其相信一大堆相互矛盾的信息；决不能让对抗力量知道"五眼联盟"正在做什么，以及随着形势恶化可能会继续采取什么措施。各种撒手锏都需要隐藏起来，在亮出之前要一直保密，以应对最终的威胁。温斯顿·丘吉尔、富兰克林·罗斯福以及他们的主要高级军事指挥官都是这种技能的杰出榜样。他们隐藏和保护自己最秘密的计划和技术，只有在合适的时机才会出手。

　　"五眼联盟"成员国之间除了拥有历时数十年之久的约束性合作协议之外，还有足够的智力、技术、文化及社会凝聚力去对抗缺乏凝聚力的一方。"五眼联盟"国家除了动用欺骗技术之外，还可以使用其他先进技术，从陆地到海面，从水下到空中，都有机器人作战系统，这些无人作战系统搭载了先进的数据处理系统，拥有嵌入式和移动式的传感器，并且采用人工智能技术，从而能够辅助作战人员做出高效决策，而不是被饱和信息冲击得不知所措。"五眼联盟"可以赋予指挥官重要的决策信息，再加上人工智能支持的太空卫星通信系统，可以在对抗激烈的环境中为指挥官提供游刃有余的决策空间。为了实现这些目标，必须将高科技武器纳入发展计划，包括高能激光器、高超音速飞行器和武器，以及运载它们的高超音速推进系统。在适当的时候，"五眼联盟"将能够以十年前无法想象的方式回击大多数威胁。乔纳森·沃德（Jonathan Ward）在《中印海上竞争》一文中对多种威胁因素进行了非常广博的分析。[4] 如果这些先进技术越来越多地展现在对手面前，就能形成一种主要的威慑力量，阻止对手采取激进行动，各种威胁就不会变成现实，从而防止危机的发生。美国前海军部长理查德·丹泽格曾经有一句至理名言："促进武器创新和提高武器致命性应该成为比获得更多船只更优先的考量。"他的这句话或许会成为现实。[5]

　　情报界的评估必须具备公信力。2018 年 6 月 4 日的《时代》杂志刊载了该杂志记者与时任美国国家情报总监丹·科茨讨论和分析多方面情报问题的内容。文章指出科茨总监曾任职于美国参议院特别情报委员会，并于 2001—2005 年担任美国驻德国大使，可以说资历颇深，但同时警告称，即便如此，他也可能无法让总统相信美国情报界在一些问题上所做的评估的价值，比如伊朗悄然发展核武器的问题。

　　在这种环境下，作为情报可信度的集体喉舌，"五眼联盟"情报界变得越来越重要，必须基于充分而准确的来源和方法做出合理分析，而且在这方面，政治监督和领导的作用呈现出新的维度。这一点在 2019 年 8 月变得不言而喻。当时，科茨总监辞职，之后不久，他的主要副手苏珊·戈登也辞职了。这两人的辞职凸显出良好的、确凿的、非政治导向的情报只有在不受政治影响的情况下，才能服务于国家利益。请注意，这里的"政治影响"与

"政治监督"的概念截然不同，不要将二者混淆起来。

基于以上讨论，"五眼联盟"需要联合制定一项大战略。这项战略必须基于一个关键的理念，即情报是一个动态的过程，而不是一个静态的过程。建议"五眼联盟"情报部门的所有关键人物每两年举行一次峰会，可以在五个国家的首都轮流举行。在峰会之间的两年内，来自诸多专业情报机构的工作组和圆桌会议可以讨论当前的问题，预测未来的问题，同时开展相关工作，并将最重要的问题提交下一届峰会解决。在这个时代，为了应对当前多种多样的威胁因素，以及许多我们无法预见的潜在威胁，需要进行思想上的交流，情报人员定期召开会议是必不可少的。这些首脑会议可以就威胁达成共识，敲定解决方案，开展技术和业务合作，并制定必要的规划和预算。参加这种情报峰会的人员可以邀请本国最优秀的顾问一道出席。峰会的一项关键目标就是围绕下一阶段的技术革命及其对情报搜集与分析的影响达成共识或协议。从安全的角度来看，"五眼联盟"峰会需要在特殊项目之间采取隔离措施，制定安全防范和指导方针。从更广泛的安全视角来看，"五眼联盟"成员国需要就统一处理内部威胁达成共识，并毫不犹豫地分享有助于削减内部背叛的系统和技术，这一点非常重要，有助于减轻内部背叛问题的严重后果。事实上，如果不同项目之间的隔离措施落实到位，即便出现了一个"坏苹果"，也不意味着它会毁掉整桶苹果，但一旦出现一个"坏苹果"，还是有可能造成巨大破坏的。历史上英国的菲尔比、美国的沃克这两大间谍就是典型事例。

　　"五眼联盟"峰会必须面对的一个越来越具有战略性的问题就是如何改进政府同民众和企业界的互动。如今，各领域的社会民众及其活动都面临网络威胁，关键的商业知识产权和国防安全技术也经常遭到网络攻击。在此形势下，"五眼联盟"成员国需要采用新的方法去教育和训练公众及企业，以应对这些无处不在的威胁。知识产权的外泄堪称重大的经济威胁和安全威胁。

　　"五眼联盟"峰会还必须关注一个遭到忽视的情报，至少从公众角度看，这个领域被忽视了，它就是经济情报领域。我们往往把太多的注意力集中在其他方面的情报以及我们面临的许多威胁上，以至于很容易忘记全球性的经济问题。要知道，这些问题很可能转化为威胁。大多数人逐渐意识到了石油和天然气问题带来的影响。数十年来，油气安全问题一直是外交和商业政策背后的驱动力，如何保护油气流向"五眼"国家的经济至关重要。未来，这一点不会改变。其他同样普遍存在的经济问题未来也可能构成严峻威胁，比如水资源以及矿产资源的分配和供给问题。且不提国内普通消费品，仅分析一下汽车和飞机零部件及整机系统里面所需的关键矿物，就能揭示出微妙的国际经济态势。哪些国家拥有哪些矿产，以及矿产流向哪些商业目的地，都是值得关注的问题。在 21 世纪，哪些地区会成为全球经济的中心地带，很可能取决于哪些行业和产品需要什么矿产，以及这些矿产所处的位置及供应链环节。

　　为了让这些峰会取得成功，其实也是为了让"五眼联盟"的所有项目在可预见的未来取得成果，我们必须清楚地说明什么是

"战略"。宏大的情报战略讲的并不是各个情报机构应该如何做、做什么以及怎么做才能提供好的情报产品，简单地说，它所讲的是情报机构"为什么"需要在某个时候做自己所做的事情。首先要考虑的是"为什么做"，至于"做什么"、"怎么做"和"落实得怎么样"，都是后来发生的事情。决定"为什么做"的因素里面，有一个是最重要的，即"五眼联盟"每个成员国的切身利益以及它们的共同利益。这些利益是"为什么做"背后的驱动力，无论是当下，还是可预见的未来，这些利益都驱动着"五眼联盟"情报机构为其盟友提供至关重要的安全保障。

　　至于何为至关重要的国家利益，这一点需要明确界定，而且事实上，由于全球形势变幻莫测，这些利益也会随着时间的流逝发生变化。因此，如果没有明确界定国家利益的范畴，那么"五眼联盟"的历史经验就难以传递下去。要知道 1941 年美国总统罗斯福之所以乘坐"奥古斯塔"号巡洋舰前往纽芬兰岛附近的普拉森舍湾，于 8 月 10 日同英国首相丘吉尔在"威尔士亲王"号战舰上举行会晤，就击败纳粹的大战略达成共识，就是为了维护各自的国家利益。击败纳粹战略的基础在于这是英美两国共同的重大国家利益。"五眼联盟"将不得不持续应对不断变化的全球形势，调整各自的情报行动、技术、来源、方法和分析，以符合五眼国家的政治领导层所界定的重大国家利益。

　　"五眼联盟"的核心和灵魂在于来自美国、英国、加拿大、澳大利亚和新西兰的情报专家协同工作，是他们在为这个不一般的组织提供服务。他们曾经并将继续为之效劳。在过去 50 年中，我加入这个巨大的组织，享有莫大的接密权限。在真正的国际形势下，我的角色微不足道，但所有情报人员的努力结合在一起，催生了巨大的变化。我认为这个国际情报组织反映并代表了美国、英国、加拿大、澳大利亚和新西兰国家的核心实力和价值观。无论是在"二战"期间的黑暗时刻，还是在迎来"二战"胜利的光明时刻，每个国家都能够坚持到底，没有放弃，统一战线且保持忠诚。

"五眼联盟"的文化根基

回想起来，"五眼联盟"做过的事情的确令人难以置信，因为自 1945 年以来的 76 年里，各国政府多次发生更迭，但"五眼联盟"一直保留下来，其存在并未受到任何严重威胁。挑战的确存在，但总体而言，无论过去还是现在，强烈的"忠诚"价值观一直将大量个体凝聚在一起。这种凝聚力的影响比政治更迭还要深刻与持久。从某种程度上讲，"五眼联盟"在一个充斥着不确定性的世界中凸显了价值观的力量，正是这种力量在支撑西方国家。

虽然"五眼联盟"的政治领导层之间确实在一些问题上存在分歧，比如，与英国有关的苏伊士运河战争和与美国有关的越南战争，但这些分歧从来没有破坏合作关系的基石。1950 年 6 月 25 日，朝鲜战争爆发时，"五眼国家"统一战线共享情报，直到 1953 年 7 月 27 日双方达成停战协议及战争结束。英国在马来西亚进行反叛乱行动期间，也曾得到"五眼联盟"成员国最大程度的支持。在越南战争期间，英国曾在东亚秘密支持美国，而美国在 1982 年的马岛海战中也曾支持英国。虽然美国和英国的中东外交政策存在政治分歧，"五眼联盟"另外三个成员国又倾向于通过联合国发挥各自的国际政治角色，但工作层面的核心关系一直是"五眼联盟"情报合作不曾中断的根基。

附　录
本书重要人物简介

1. 英国皇家海军上将雷金纳德·"眨巴眼"·霍尔爵士

"齐默尔曼电报事件"堪称英国历史上显赫的情报战绩之一。2017 年，人们庆祝了它的百年纪念日，但比庆祝更重要的是要认识到自 1917 年以来，这一事件产生的影响如何延续至今。这场史上最著名的情报大捷的策划者就是英国皇家海军上将雷金纳德·霍尔爵士。他有神经性眨眼的习惯，导致面部不停抽搐，人称"眨巴眼"霍尔。霍尔的天才之处在于他很早就成功地利用了无线电报及其密码学基础。他同美国缔结了情报合作关系，分享最敏感的秘密。他当时并不知道自己和一些关键下属的情报行动为"二战"期间抵抗纳粹暴政奠定了基础。霍尔对"五眼联盟"做出了很大贡献。他建立了"五眼联盟"的基础，并且不顾两次世界大战期间爆发的大萧条和金融危机，坚持维系英国的情报破解能力。如果没有他的一番作为，很难想象英国人如何能够在1939年在布莱切利庄园建立一个高度机密的、扭转战局的密码破译组织，也无法想象英国如何能够与美国海军情报局实现全面合作。

霍尔的父亲是英国海军情报局首任局长威廉·亨利·霍尔（William Henry Hall）。可以说，当霍尔1884年加入皇家海军时，情报已经融入了他的血液。作为一名上尉，霍尔在"一战"期间就担任了皇家海军情报局局长的职务。由于取得了巨大的成功，他在1917年"齐默尔曼电报事件"之后被提拔为海军少将。后来，他在1922年晋升为海军中将，1926年晋升为海军上将。

英国海军情报局成立于1887年，主要是为了维护大英帝国的贸易利益。1887年，这个机构只有10名参谋人员，年度预算只有5 000英镑。皇家海军的许多领导人都反对这样的参谋部，像海军上将费舍尔这样的高级军官曾明确表示，参谋部会把优秀的海军军官变成非常冷漠的职员。

1914年8月，"一战"爆发。之后，霍尔成为皇家海军情报局局长。许多人对霍尔这个机构存在偏见和无知，且不愿意妥协。我们今天所理解的"行动性情报"在当时还处于原始阶段，甚至可以说完全不存在。霍尔迈出了一大步，彻底改变了海战方式。今天回过头来看，他做出的改变似乎显而易见，没什么值得惊讶的，但1914年，一切却笼罩在迷雾之中。霍尔意识到，如果利用无线电报及其密码学将有助于成为战争的赢家，用现代的说法就是成为"技术领域游戏规则的改变者"。霍尔在剑桥大学机械工程教授阿尔弗雷德·尤因爵士（Sir Alfred Ewing）的研究成果的基础上进一步采取了预见性举措。尤因爵士被派到海军部担任海军部训练局长之后，创建了第一个密码破译小组。在尤因的基础上，霍尔的"40号房间"成为"一战"期间英国海军情报工作的核心和灵魂，培养出了一流的密码学骨干。霍尔面临的最大问题是如何与海军部的作战部门打交道，因为当时新加入海军的技术专家都不是军人，而是平民身份，虽然他们截获无线电报、为作战部门提供建议，但作战部门依然对"40号房间"这个隐秘机构存在着体制上的偏见。霍尔很清楚这个问题的根源，即作战人员不希望与"40号房间"那些非军人身份的密码破译人员分享作战数据。就这样，这些密码破译人员丧失了分析和解释密码情报的关键机会，不了解英国皇家海军当时正在开展的行动以及规划中的行动，最重要的是不了解他们的德国对手。等到日德兰海战爆发时，无法明智地利用情报的问题其实已经达到了最严重的地步。在理解英国皇家海军为何没有在日德兰半岛取得英国想要的成功时，情报短板其实是很大的原因，而这个因素的影响被严重低估了。

既然存在情报短板，霍尔在1917年1—3月又做了什么足以被历史记录，并在很久以后为"五眼联盟"的成立描绘了蓝图？第一，我们看一下霍尔及其"40号房间"团队所处的政治和军事背景。1917年1月，美国没有参战。德国人计划从1917年2月1日起重新发动无限制的U型潜艇战争，试图通过打击英国最重要的国家利益——海上贸易，使英国经济陷入瘫痪，而一旦德国这么做，可能促使美国总统说服他的人民加入德国率领的同盟国，从而给"一战"带来转折点，因为1917年美国的反英情绪依然很高涨，爱尔兰裔美国人和德裔美国人经常直言不讳地抨击英国。第二，1917年1月11日，德国外交部部长亚瑟·齐默尔曼向美国驻德国大使詹姆斯·杰拉德递交了一份加密电报，后者同意以加密形式发送这份电报。美国驻德国大使馆在1917年1月16日，也就是五天后，将这封电报发送了出去。

为什么德国外交部要利用美国驻德国大使馆，借道华盛顿特区向德国驻墨西哥大使海因里希·冯·埃克哈特发送电报呢？因为霍尔及其工作人员很早就意识到，海底通信电缆是一个巨大的情报来源，如果切断电缆，敌人可能会丧失至关重要的通信工具。于是，英国在1914年"一战"爆发之初就切断了德国横跨大西洋的电缆。1914年，美国保持中立，美国总统伍德罗·威尔逊鼓励和平谈判，希望确保柏林能够与美国进行外交对话，便允许德国有限度地使用欧洲与美国之间的跨大西洋电缆。

齐默尔曼这份电报的主要内容是指示德国驻墨西哥大使通知墨西哥总统卡兰萨，一旦美国加入对德战争，德国就会向墨西哥提供大量资金援助，支持墨西哥与美国作战，收复在美墨战争中被美国占据的领土。如果这份电报被美国政府和人民知道了，必将是一枚重磅炸弹。

然而，欧洲跨大西洋海底电缆从英国最西南端兰兹角过境，附近的波尔斯库诺中继站就成了拦截点，因为在这里，衰减的信号必须经过放大和中继，才能跨过大西洋。按照相关法律和规约，英国不得趁机拦截，但霍尔借助地理之便，秘密监听所有跨洋电报通信，包括美国的通信以及从美国驻德国大使馆转发过来的所有德国通信（有的加密，有的不加密）。1917 年 1 月 17 日，英国拦截了这份电报，第二天，霍尔手下两位平民身份的密码专家奈杰尔·德格雷和威廉·蒙哥马利就成功地破解了。为什么这么迅速和高效？这得益于霍尔及其团队之前斩获的两份情报战绩：一个是"40 号房间"在 1916 年的美索不达米亚战役中秘密缴获了德国外交部的密码本（代号"13040"），另一个是俄国人在德国失事的"马格德堡"号巡洋舰上发现了一套代号"0075"的德国海军密码本，而由于霍尔曾秘密处理英国与俄国之间的事情，同俄国人秘密建立了良好关系，因此，俄国人便将这套至关重要的密码本转交到了霍尔手上。

霍尔的天才之处在于他知道接下来要做什么和不做什么。如果直接将这份电报发给美国，那么美国人很可能会认为这一切都是英国为了把美国卷入战争而实施的狡诈阴谋。这份电报明确提出了两个方面的内容：一个是 1917 年 2 月 1 日，德国将恢复无限制的 U 型潜艇战；另一个是德国提议建立以德国为资金来源的德墨军事联盟。霍尔需要编造一个故事来证明他对德国密码的了解，并避免美国人知道"40 号房间"一直窃听美国和其他国家的电报通信，同时让美国总统威尔逊及其政府相信电报内容是真的，而不是英国人伪造的。霍尔从未咨询过英国外交部或海军部的任何人，而是单独和他的下属采取行动，实施他的欺骗计划。霍尔及其团队所做的出色工作展示了他们的天赋。霍尔知道一个关键的事实：德国驻美国大使馆一旦收到电报，就必须将其传送到德国驻墨西哥大使馆，而德国人用的是一家私营的商业电报公司。于是，霍尔的特工们贿赂了一名墨西哥电报公司的雇员，让他交出密码，这样霍尔就可以告诉美国人，这些密码直接来自华盛顿特区的墨西哥电报公司。这件事虽然看似简单，却显露了霍尔的睿智。与此同时，霍尔还采取了另一项相当引人注目的行动：什么也不做，等待时机。1917年2月1日，德国果然宣布了无限制U型潜艇战，之后，美国于1917年2月3日与德国断绝外交关系。接下来，霍尔做了两件重要的事情。他于1917年2月5日通知了英国外交大臣，并强烈要求英国外交部推迟与美国的所有外交行动，直到霍尔本人采取各种行动。

在英国外交部知情的情况下，霍尔于1917年2月19日会见了美国驻英大使的秘书爱德华·贝尔，第二天会见了美国驻英大使沃尔特·海因斯·佩奇（1855年8月15日—1918年12月21日），并把电报交给了他。第三天，佩奇大使会见了英国外交大臣亚瑟·鲍尔弗，在霍尔的强烈建议下，佩奇给白宫发回一份被盗的墨西哥密文副本和齐默尔曼电报全文的英译本。华盛顿那边进行分析和讨论之后，威尔逊总统终于被说服了，于1917年2月28日向美国媒体公布了这封电报，立即激起了美国公众对德国和墨西哥的反感。威尔逊及其高级助手们也意识到必须保护英国的密码破译能力。美国对英国的秘密保护实际上是一种特殊关系的开端，为英美情报合作奠定了基础。在这里，我想借用1942年《卡萨布兰卡》这部电影结尾处亨弗莱·鲍嘉饰演的里克·布莱恩对克劳德·瑞恩饰演的法国警察局长路易斯·雷诺说的一句话："路易斯，我认为这是一段美好友谊的开始。"

对霍尔及其"40号房间"来说，另一个好消息是，墨西哥总统卡兰萨已被告知德国的资金援助是不可靠的，德国不太可能打败美国，也有人规劝卡兰萨，使其意识到即使获得了德国的资金，阿根廷、巴西和智利这几个南美国家也不会把武器卖给墨西哥，不支持墨西哥与德国结盟，更不支持墨西哥与美国开战。尽管如此，墨西哥政府在"一战"期间依然没有对德国实施禁运，而是继续与德国做生意，这让美国非常懊恼。但墨西哥没有在"二战"中重复历史，它于1942年5月22日向轴心国宣战。

1917年3月3日，亚瑟·齐默尔曼在一场新闻发布会上鲁莽地宣布那封电报是真的。1917年3月29日，他很天真地在国会发表声明表示，他的计划是只有美国对德国宣战，德国才会资助墨西哥。威尔逊对德国的政策忍无可忍，于1917年4月2日请求国会批准宣战，4月6日，美国国会正式决定向德国宣战。

霍尔及其"40号房间"的密码破译团队终于取得了胜利，此后不久，霍尔被提升为海军少将。要理解霍尔的成就及其与美国同行的关系的重要性，必须放在103年后的2020年的大背景中考虑。美国驻英大使沃尔特·海因斯·佩奇将霍尔描述为"一战"中最有影响力的人物，实际上是天才。伦敦威斯敏斯特教堂至今仍有一块佩奇大使的纪念牌。他和霍尔之间存在一种特殊的关系，使英美两国在分享敏感情报方面长久保持合作。

2. 迈克尔·霍华德（Michael Howard）

迈克尔·霍华德出生于1922年，先后在惠灵顿学院和牛津大学基督教堂学院接受教育。之后，在意大利战役期间服役于冷溪近卫步兵团，1944年在蒙特卡西诺的第一场战役中因英勇作战而获得十字勋章。他在伦敦国王学院建立了战争研究系，当时的身份只是一名助理讲师，级别较低，但凭借卓越的研究和教学实力，以及充满活力、坚持不懈的领导力，该系逐渐发展壮大，实力逐渐增强，但规模依然很小。之后，就在我加入国王学院的时候，他正巧离开了，去牛津大学担任奇切利战争史教授。1980—1989年，他一直在牛津大学工作，最终获得了近代史专业的"钦定讲座教授"的荣誉。在他之前获得这份殊荣的是知名作家、畅销书《希特勒的最后日子》的作者休·特雷弗-罗珀（Hugh Trevor-Roper）教授，即后来的戴克爵士（Lord Dacre）。迈克尔·霍华德活跃的学术生涯主要是在美国度过的，1989—1993年担任耶鲁大学军事和海军史专业的罗伯特·洛维特席讲座教授。

我在考文垂市的巴布莱克中学上学时，就读过迈克尔·霍华德撰写的《1870—1871年普法战争》（*The Franco-Prussian War of 1870—1871*）。当时，我就很欣赏他不仅熟知细节，而且精通分析和运用语言之妙。我开始在国王学院做研究时，跟他的继任者劳伦斯·马丁爵士（1928年出生）一起合作了很多次。劳伦斯·马丁曾就读于剑桥大学基督学院和耶鲁大学，在国王学院待了十年，直到1978年才成为纽卡斯尔大学副校长，1991年成为

皇家国际事务研究所所长。我和劳伦斯·马丁相处得很好。他主
张用美国的方法去研究国防和情报，我深为赞同。当我的研究初
具规模时，他和我一样很快意识到其他人也需要密切参与进来。

3. 布莱恩·兰夫特与丹尼斯·希利

我首次与布莱恩·兰夫特教授接触是在格林尼治的皇家海军
学院，他当时担任该校海军历史和国际事务系的负责人。"二战"
爆发前，兰夫特曾就读于曼彻斯特文法学校和牛津大学巴利奥尔
学院。如同迈克尔·霍华德一样，兰夫特也是"二战"老兵。在
贝利奥尔学院读书期间，兰夫特与丹尼斯·希利（1917—2015）
是同辈，希利于 1964—1970 年担任英国国防部长，1974—1979
年担任财政大臣，1980—1983 年最终担任工党副党魁。如同兰
夫特一样，希利在 1940—1945 年"二战"期间在英国皇家工兵
团服役，在北非、意大利和安齐奥等地作战，获得少校军阶。希
利出身普通，在布拉德福德文法学校获得奖学金之后，才读了牛
津大学贝利奥尔学院。在牛津大学，希利一直是一名共产党员，
当法国落入纳粹之手时选择了离开。希利是一位杰出的牛津大学
学生，1940 年毕业时获得了双重一级荣誉。在牛津大学贝利奥
尔学院读书期间，兰夫特和希利都结识了后来的保守党首相爱德
华·希思，成为希思的终身朋友及政治对手。兰夫特在牛津大学
的博士学位论文是关于保护海上贸易的，这是一篇精彩的研究论
文，详细追溯了英国先后多次推行的以保护贸易为核心的海上
战略。

兰夫特和希利在战略思想上发生了严重冲突，因为希利在国防部任职期间采取了一系列重大举措，为大幅削减皇家海军规模、结构、能力和部署奠定了基础。比如，希利取消了航空母舰更换计划，从而在最后一艘航母退役后，有效地终止了皇家海军的舰载固定翼战机，以至于能飞的只剩下直升机。此外，希利还决定关闭皇家海军的一些海外基地，从远东和地中海持续存在的前沿阵地撤回海军力量，导致英国海军沦为仅在大西洋东北部活动的力量。希利主要是在压缩海军，这是因为当时他面临着严重的预算问题，但兰夫特认为，从战略上讲，希利的政策是失衡的，因为希利过分注重部署在欧洲中部前线的"莱茵军"（即英国陆军驻扎在联邦德国莱茵河地区的地面部队）。许多海军专家都认为这是不必要的，因为美国陆军和空军在那里的投入非常大，而且一旦苏联红军和华约盟国试图越过"战区前沿"，北约（其实就是美国）有能力动用战术核武器，英国陆军不必投入过大。兰夫特在几篇颇具说服力的论文中指出，苏联的扩张主义和侵略性姿态主要体现在海上。苏联海军上将谢尔盖·戈尔什科夫在苏联领导人的支持下遵循传统的海上战略，追求对苏联至关重要的国家利益。时间证明兰夫特是完全正确的，但要弥补希利对部队结构和皇家海军部署所造成的严重损害，已经为时太晚。

20世纪60年代末，兰夫特很快意识到我研究的课题差异过大，而且均未得到充分探索，今天回头看，似乎很不寻常。当时，我一边研究纳粹时代的特征，一边研究海战，以及情报在盟军取得欧洲战场和太平洋海战胜利方面发挥的重要作用。这些研究一直激励和鼓舞着我。兰夫特的确是一个非常善良慷慨之人。

4. 哈里·欣斯利爵士

1918 年 11 月 26 日，欣斯利出生于英国中部的沃尔索尔，1998 年 2 月 16 日因肺癌在剑桥逝世，享年 79 岁。他出身普通，但智商很高，颇具天赋。20 世纪 30 年代有一种普遍的观点认为，在一个等级森严的社会中，工人阶级的孩子缺乏上升机会，但欣斯利却打破了这个成见，考上了沃尔索尔的玛丽女王文法学校，并于 1937 年因成绩优秀而获得了一份奖学金，去剑桥大学圣约翰学院学习历史。他是剑桥大学的优秀毕业生，1985 年，他成为英国不列颠学会的会员。

纳粹德国于 1939 年 9 月 1 日入侵波兰后，英国首相内维尔·张伯伦于 1939 年 9 月 3 日对德宣战，位于布莱切利庄园的政府代码及加密学校正在寻找最优秀、最聪明的人才来应对纳粹的挑战。于是，欣斯利就去报名了。面试他的人是英国皇家海军传奇指挥官亚历山大·阿拉斯泰尔·德尼斯顿（1881 年 12 月 1 日—1961 年 1 月 1 日）。面试结束之后不久，他就正式加入了布莱切利庄园，被安排在"4 号营房"工作。数十年后，到 20 世纪 70 年代末、80 年代初，这个庄园才成为帮助盟国获胜的"密码破解"的代名词。"4 号营房"的密码破解工作为成功对抗纳粹及其盟友的关键行动提供了一把钥匙，特别是帮助盟国在对抗德国 U 型潜艇方面取得了大捷，并以最秘密的方式帮助盟国在大西洋上取得胜利。温斯顿·丘吉尔知道，如果英美之间的海上贸易无法维持，那么英国在战争中付出的努力就会付诸东流，后劲就会枯竭，结局将会非常痛苦。他的战时演讲反映了这一残酷的现实。在布莱切利庄园，欣斯利同美国保持密切合作，特别是与美国海军情报局的合作。德尼斯顿非常认可欣斯利的智慧和天赋，以及布莱切利庄园的其他杰出人物，如艾伦·图灵和戈登·韦尔奇曼。1943年末，相对年轻的欣斯利被派往华盛顿特区与美国谈判一项高度机密的情报合作协议。

　　战争快结束的时候，欣斯利的上司是爱德华·特拉维斯爵士（1888年9月24日—1956年4月23日）。特拉维斯在"二战"期间是布莱切利庄园的副主管，后来在布莱切利庄园改组后建立的英国政府通信总部担任负责人。特拉维斯是布莱切利庄园的关键人物，于1906年加入了皇家海军，职务是一名发薪官，在"铁公爵"号战舰上服役。1916—1918年，他效力于霍尔上尉手下著名的"40号房间"，1925年成为丹尼斯顿在政府代码及加密学校的副手。在"二战"期间，特拉维斯成为布莱切利庄园的一个关键人物，很多书都提到过这一点。英美两国于1943年签署《英美通信情报协议》之后，又于1946年签署高度机密情报协议，特拉维斯在这一过程中发挥了重要作用，巩固了战后时期英美之间的特殊关系，为"五眼联盟"情报协议的签订和历史上持续最久的情报合作奠定了基础。特拉维斯于1944年6月被授予爵位（授予爵位的原因是保密的）。从表面上看，授予爵位似乎是在表彰他的外交工作，但在某种程度上，他的外交工作确实也值得回报。

　　战争结束后的 1946 年，他因杰出工作而被授予大英帝国勋章。他的妻子是他在布莱切利庄园认识的希拉里·布雷特·史密斯，他们结婚后就一起回到了剑桥。1945 年当选为圣约翰学院院士。1969 年，当我开始与他共事时，他刚刚当选为国际关系学教授。在此之前，他于 1962 年发表了主要著作《权力与追求和平》（*Power and the Pursuit of Peace*），[1] 在国际上备受好评，奠定了他的学术声誉。

　　他对"二战"期间英国情报史的研究极大地改变了历史学家、分析人士、媒体、当前情报机构工作人员、退役和现役军人的观念。1985 年他被授予爵士是当之无愧的。1989 年，他以剑桥大学圣约翰学院院长的身份退休，直到 1998 年 2 月去世，享

1945 年 11 月，哈里·欣斯利、爱德华·特拉维斯爵士和约翰·提特曼在华盛顿特区（图片来源：美国国家档案馆）

年 79 岁。1972 年 12 月 6 日，我终于获得了孜孜以求的荣誉：伦敦大学国王学院的哲学博士学位。[2]

5. 海军中将诺曼·丹宁爵士

我有幸能够经常见到的最好的人之一是退役海军中将诺曼·丹宁爵士（1904—1979 年）。"二战"期间，他曾加入著名的"39 号房间"。在后来的职业生涯中，他曾担任海军情报局局长（1960—1964 年），负责情报业务的副国防参谋长（1964 —1967 年）以及格林尼治的某个高级职务（1956—1958 年）。

我通过布莱恩·兰夫特首次见到丹宁爵士。当时，丹宁爵士已经退役，担任著名的国防和安全媒体顾问委员会的负责人，这个至关重要的委员会有一个更加广为人知的名字："D 通知委员会"（D Notices Committee），旨在确保英国媒体不会在发布新闻时无意间泄露英国机密。这意味着丹宁爵士每天都要同新闻界发生直接的工作关系，包括媒体云集的舰队街所有报社的编辑、独立电视网络和英国广播公司负责人，以及任何其他可能泄露有害国家安全信息的媒体。我定期跟丹宁爵士会面，他允许我自由地进入他那令人难以置信的经验和记忆库，真的令人惊讶。他的职业生涯从史上最大的战争一直持续到冷战。我吸收了他的故事、他的见解、他的逸事，最重要的是他所有的智慧。我们每次会面大约两个小时，通常会在吃完午饭后结束。这对我而言堪称一项巨大的特权。

丹宁爵士也是大法官阿尔弗雷德·汤普森·丹宁（1899—1999

年）的弟弟，玛格丽特·撒切尔曾经形容他可能是现代英国颇受敬仰的法官。丹宁爵士于 1921 年考入林肯律师学院，并于 1923 年 6 月获得律师资格，是牛津大学莫德林学院的优秀毕业生。1980 年 11 月，林肯律师学院也曾授予我律师资格。得益于命运的奇妙巧合，我有幸认识了兄弟二人，他们出身普通，后来逐渐上升，担任了堪称英国最高的职位，从而打破了 20 世纪早期和中期英国社会等级森严的说法。

6.詹姆斯·麦康奈尔

我到格林尼治的第二年，和同事们（既有军人身份的教师，也有平民身份的学者）迎来了一位美国人。他供职于美国国家安全局和美国海军重要智库——海军分析中心。这个人就是詹姆斯·麦康奈尔。他是研究苏联海军的专家，也是一位能力超强、信誉卓著的苏联情报分析员。他是哥伦比亚大学俄语专业的毕业生。在格林尼治，只有他一个人不仅能说流利的俄语，还能读懂苏联军事和战略思想的细微之处。他是苏联开源数据方面的终极专家，非常清楚这些数据是什么，如何获取它们，最重要的是如何结合信号情报、人力情报等高度机密的情报来源去解释这些开源数据。他的加入深受布莱恩·兰夫特团队的欢迎。他和我不仅成了亲密的同事，还成了终身的朋友。我之所以于 1976 年到华盛顿特区任职，他发挥了重要作用，那是一件改变我职业生涯的大事。我从他那里学习了很多关于苏联的资源和分析方法，了解了苏联的战略思维、建造计划、作战部署以及如何使用海军力量来谋求利益。他沉浸在苏联军事文学和思想中，但我对这一切不感兴趣。他堪称一位最优秀的独立思考者，从不将传统智慧当作真理。我从他那里吸收了我所能学到的一切。

从 20 世纪 70 年代初到苏联解体，他的情报研究方法令美国海军、英国及盟国受益匪浅。在适当的时候，他和其他人，包括我在内，都会质疑美国情报机构的各种评估，包括它们的准确性和所依赖的数据。他之所以选择把自己在英国的"工作基地"设在格林尼治，而不是中情局设在美国驻英大使馆的情报站，也不到英国国防部做一名国防情报或海军情报分析员，就是因为他想要思想上的独立，想在英国某些特定的部门或地区（这些地区在开展对苏联工作方面积累了丰富的知识，包括学术界、国防部门和情报部门的知识）自由走动。他和我分享了关于苏联角色和任务的开创性思考，以及苏联海军关键的核威慑资产的详细战术部署。苏联这些资产主要是核动力弹道导弹潜艇，相当于 20 世纪 70 年代早期英国和美国的"北极星"潜艇。

詹姆斯·麦康奈尔做出的一些假定精准地揭示了苏联海军的战略思想，其中一个体现就是他所谓的"保留战略"（Withholding Strategy）。苏联必然将核动力弹道导弹潜艇作为核决战开始之后的备用报复力量，因此将尽力保护这些资产，将其隐藏在所谓的"堡垒"中，保护它们神圣不可侵犯，而这种"堡垒"可能位于北极冰盖之下。同时，苏联人还可能在冰间湖附近寻找某些地点或在北冰洋上寻找冰层较薄的地点，以便发射潜射核弹道导弹，对美国及其盟友发起第二次核打击。这样一来，苏联人需要加固他们的潜艇，并将北极作为关键的堡垒，受到多种战术资源的充分保护，至于其他海域，比如挪威海北部和巴伦支海，则被定义为防御范围内的海域。

麦康奈尔这种将秘密数据同开源数据相结合的研究方法代表了一种思维和评估方法的创新，对传统的情报报告、分析以及大多数美国国家情报评估发起了挑战。他的这种研究方法与传统上那种情报来源、分析方法及情报产品存在很多区别。但对于西方而言，获取苏联开源数据的难度并不小，往往只能诉诸秘密手段。在苏联，开源数据并不经常用于公共用途，尽管没有被定性为机密资料，但发布渠道受到很大限制。除了苏联军政机构这些比较谨慎的开源数据之外，苏联科学家和工程师在他们的专业领域发表的科技论文也没有被定性为机密资料，但苏联依然对获取这些论文实施了限制举措。麦康奈尔却能掌握大量这类开源数据，并进行分析。这些文件非常可靠，如果与高度机密的英美情报来源放在一起去解读，可能会让解读者对苏联意图产生新的看法。我沉浸在他的成果之中，同时深刻地意识到我们其他人的确是"菜鸟"，只能说几句微不足道的俄语。麦康奈尔可谓独树一帜，他访问格林尼治的那段时光令英国受益匪浅，而且英国情报界的一些关键人员也开始熟悉他的情报分析方法和产品，并在随后的数十年里向他学习。

7. 阿拉斯泰尔·布克安（Alastair Buchan）教授

我清楚地记得曾在 20 世纪 70 年代初收到一个通知：我和一

位英国皇家海军军官、两位英国陆军军官以及两位英国皇家空军军官一起被选中，到牛津大学参加蒙塔古·伯顿国际关系讲席教授阿拉斯泰尔·布克安设计和主持的特别课程。布克安教授生于1918年9月，去世于1976年2月，父亲是著名作家、前加拿大总督约翰·布克安。他是牛津大学蒙塔古·伯顿国际关系讲席教授，在加入牛津大学之前曾担任英国国际战略研究所所长和帝国国防学院的指挥官（帝国国防学院于1970年更名为皇家国防研究院）。"二战"期间，他在加拿大军队中打过仗。布克安教授这门课要求很高，也给了我灵感。在参加课程的人里面，只有我在情报界拥有完整的职业生涯，但我也同其他行业的人建立了持久的人际关系。我在撰写这本书的时候下意识或者说无意识地使用了当时从阿拉斯泰尔·布克安教授及其他导师那里学到的内容。

8. 大卫·卡恩（David Kahn）

通过情报圈和学术圈的关系，我很熟悉美国人大卫·卡恩的情况。他出生于1930年，是《密码破译者》一书的作者。该书对密码学的历史进行了很好的描述和分析，时间跨度从古埃及一直延续到1967年，也就是该书出版那年。我在攻读博士期间研究过他的著作。所以，当他以研究学者身份来到牛津大学圣安东尼学院时，我便计划与他会面。后来，他于1974年获得牛津大学博士学位，专业是德国近代史，导师是牛津大学近代史专业的钦定讲席教授休·特雷弗-罗珀。我自然很想亲自拜会他。我多次拜访过前面提到的其他牛津大学名人时，终于找到机会跟他会面了。我对他在出版《密码破译者》一书时遇到的一些困难很感兴趣，因为尽管他使用的是公开资源，但美国国家安全局希望他的出版商对不同部分进行编辑。我对他的密码学研究有了很深的了解，也明白了他如何搜集到如此庞大的数据集。我对他评价很高，在我看来，他的工作是无与伦比的。后来，他把所有重要的研究论文和个人文件都捐给了美国国家安全局档案馆。尽管早期与美国政府发生过一些分歧，但大卫·卡恩最终成为一位捐助者和备受尊敬的密码学及科学史专家，美国国家安全局也将其视为自己的一员。

9. 彼得·杰伊（Peter Jay）

彼得·杰伊出生于 1937 年，曾在英国皇家海军服役，也曾在财政部担任公务员，后来转行到新闻业，在《泰晤士报》担任了长达十年的经济新闻编辑。他从牛津大学基督教堂学院毕业时，获得了哲学、政治学、经济学专业第一名，还担任过牛津大学辩论社的主席，显然很有天赋。他的父亲是工党政治家道格拉斯·杰伊（即后来的杰伊男爵）。

彼得·杰伊是一位很有能力、很受欢迎的讲师，对自己研究的课题非常了解，并且阐述得非常清楚和幽默，能够技巧娴熟地回答有关英国和世界经济的问题。我本来没有特意惦记他，后来有一天，海军少将特迪·埃利斯将我叫到他的办公室。跟他聊天总能令人感到愉悦。他当时在那个学院做院长，这是他退役前最后一个岗位。我很熟悉他的儿子，他的儿子也是皇家海军军官，资历跟我差不多。埃利斯说他想请我帮个忙，我自然很感兴趣。他说他不能命令我按他的要求去做，但显然希望我能同意。他接着解释说他知道我认识彼得·杰伊，听过他的讲座，但他要说的问题是彼得·杰伊是詹姆斯·卡拉汉的女婿，计划驾驶一艘船横渡大西洋去美国，那时候还没有全球定位技术，帆船也没有安装台卡导航仪或罗兰导航仪。彼得·杰伊将自己的想法告诉了埃利斯少将，表示很想学习太空导航技术，希望能帮忙找到合适的人来教他。当时，我是学院教师里面唯一研究导航的人。"你能教他吗？"埃利斯少将问道。"是的，先生，我很高兴这么做。"我脱口而出。他很高兴，我离开他的办公室的时候，他对我的信任又增加了几分。我尽职尽责地照他的吩咐去做。坦白地说，我非常享受这种互动。彼得·杰伊非常聪明，我教了他必要的技能，帮助他安全渡过大西洋。

当时我完全没有意识到，我培训的这个人竟然是未来的英国驻美大使，而他的岳父后来成了英国首相。几年后，在华盛顿的英国驻美大使馆，这段往事给我带来了一点麻烦，我要向上级解释我和这位新大使的关系。彼得·杰伊接替的是彼得·拉姆斯博瑟姆爵士。拉姆斯博瑟姆爵士从1974—1977年担任英国驻美大使，是一位职业外交家，深受美国人的尊敬和使馆工作人员的爱戴。1979年，玛格丽特·撒切尔成为首相后，很快让彼得·杰伊离开了英国驻美大使馆，接替他的是另一位职业外交官尼古拉斯·亨特爵士。

10. 海军上将尼古拉斯·亨特（Nicholas Hunt）爵士和海军上将詹姆斯·埃伯尔（James Eberle）爵士

在海上的那些年里，英国皇家海军两位高级军官对我的职业生涯和思想产生了持久的影响。我非常尊重他们的领导力和智慧。两人后来都成了四星上将，并因他们为国家的卓越服务而被封为爵士。第一位是我在皇家海军"无畏"号舰艇上服役时的舰长尼古拉斯·亨特（1930—2013年）。他于1985—1987年担任舰队司令，后来担任英吉利海峡盟军总司令以及东大西洋盟军总司令。他的儿子是杰里米·亨特议员，曾担任英国卫生大臣和外交大臣，直到2019年辞职。当我和亨特舰长一起在皇家海军"无畏"号舰艇上服役时，"二战"老兵、皇家海军上将詹姆斯·埃伯尔（1927—2018年）正担任航母和两栖舰艇旗官。他于1979—1981年担任舰队总司令，1981—1982年担任海军司令，1982年退休，之后于1984—1990年担任皇家国际事务研究所所长。这两位军官影响了我的思想和领导力。在后来的海军生涯里，我一直与他们保持联系。1983年我永久定居美国后，也一直与他们保持着联系。他们都是思想家，影响了我关于海军和战略的思维。他们对我的职业发展感兴趣，为我树立了一个很好的榜样，我欠他们二位一个人情。

11. 丹尼尔·奥康奈尔

1973年是格林尼治皇家海军学院建校100周年。后来，该院于1998年关闭，因为当时英国陆、海、空三军的参谋学院并入了新成立的英国联合指挥参谋学院，这所新学院位于牛津郡的瓦奇菲尔德。今天，格林尼治基金会负责管理这一历史遗址。在百年庆典期间，我作为一名资历较浅的教师（至少从年龄看是这样），院长指示我负责会议的所有后勤工作。这样一来，我就有机会同伊丽莎白女王和其他资深与会者共进晚餐，因此感到非常荣幸。作为庆祝活动的一部分，我们举行了一次关于海洋法的专题研讨会，我认为这是世界上有史以来第一次关于海洋法的重大会议。好消息是，在我接触的所有与会嘉宾里面，有一个人脱颖而出，发表了一系列杰出的演讲，成了大会最重要的贡献者。这人就是丹尼尔·奥康奈尔教授（1924—1979 年）。他是新西兰人，出生于奥克兰，1972—1979 年一直担任牛津大学国际法专业的奇切利讲席教授。我认为他的两部著作至今依然是海洋法领域的重要杰作，一部是《法律对海权的影响》（ *The Influence of Law on Sea Power* ），另一部是《国际海洋法》（ *The International Law of the Sea* ，逝后出版 ）。[3]

他的《国际海洋法》颇具权威。通过奥康奈尔的开创性工作以及此次海洋法会议记录的出版，英国政府和海军为《国际海洋法》的立法工作提供了更大推动力。后来，到 1982 年 12 月 10 日，终于有 157 个国家签署了《联合国海洋法公约》，这份公约于 1994 年 11 月 16 日开始生效。因为我负责后勤事务，所以同奥康奈尔教授的交流机会很多。我们共同感兴趣的一个想法是把情报与海洋法融合起来。他认为情报工作是为了维护国际秩序，而这种维护秩序的活动不仅涉及公海，还涉及更广泛的海域，从而引发诸多海洋法问题。为了进一步探索我们这个想法，我后来多次去牛津大学拜访他。在此期间，我还拜访了布克安教授和休·特雷弗-罗珀教授，维系了我同他们二人之间的密切关系。我同奥康奈尔教授一起探讨法律、情报和近代史的融合，然后借此预测冷战走势以及如何应对苏联及其华约盟友，这的确是一段启发性经历。

我通过奥康奈尔教授涉足海洋法领域之后深受鼓舞，开始更广泛、更详细地研究法律问题。多年之后，这对我研究海洋领域打击国际恐怖主义、走私枪支、贩卖人口、海上国际货物贸易及非法武器运输提供了诸多优势。如今，我除了继续关注情报方面之外，还会关注复杂交织的法律问题。随着我对海洋法的研究日益投入，1975 年 7 月 29 日，我被英国四大律师学院之一的林肯律师学院录取，并在适当时候成为一名英国律师。当时我已经离开了格林尼治，正在海上执行任务。

12. 海军上将赫伯特·里士满爵士（Sir Herbert Richmond）

格林尼治皇家海军学院的教员们有一个私人餐厅俱乐部，仅对海军战略、规划、情报和作战等关键领域的老牌学者开放。此外，国际关系和国际政治领域涉及上述几个方面的人员也可以进入。我非常幸运地享有跻身其中的权限。这个俱乐部是以海军上将赫伯特·里士满爵士（1871—1946 年）命名的。里士满退休的时候是一名四星上将。他不仅是一位成功的海军指挥官，还是一位知名的知识分子。1912 年 10 月，里士满等人共同创办了《海军评论》(*The Naval Review*),目标是在皇家海军内部推进和传播与海军相关的高级知识。直到今天,这本期刊依然是高质量思维和论述的重要源泉,涵盖了所有与海上战略和行动有关的问题以及各种相关的政治、经济、社会、外交和历史因素。他退休后,于1934—1936年在剑桥大学担任维尔·哈姆斯沃思帝国与海军史讲席教授,1934—1946年担任剑桥大学唐宁学院院长。他被称为可能是他那代人里面最杰出的海军军官。作为一流的海军历史学家,他被称为"英国的马汉"。1920—1922年,他担任格林尼治皇家海军学院院长,并开设了面向高级军官的课程。他很早就预见到日本的威胁以及英国政府应该如何应对日本军国主义的扩张。

13. 海军中将罗伊·"古斯"·哈里德爵士(Sir Roy "Gus" Halliday)

20世纪70年代中期,我在华盛顿工作期间,要通过五角大楼海军作战部长办公室里面的Op-96系统向当时英国驻美大使馆海军武官、海军少将罗伊·哈里德汇报工作。他是一位杰出的"二战"老兵,曾经荣获杰出服役十字勋章,服役地点是英国太平洋舰队的"卓越"号和"胜利"号航母,多次驾驶飞机同日军作战。有一次他被日军击落,之后被英国海军"惠尔普"号军舰营救,当时"惠尔普"号军舰上的中尉正是希腊王子菲利普。菲利普借给哈里德一套备用制服,两人在弗里曼特尔登岸庆祝。之后,哈里德及时回到了"胜利"号航母上,于1945年3—5月参与空袭了日本先岛群岛机场。他正是在这次作战行动中被授予杰出服役十字勋章。此外，他在英美袭击苏门答腊岛的"子午线行动"中也获得了嘉奖。日本投降后，他得知曾经跟他同机作战的战友肯·伯伦斯顿在印度尼西亚巨港上空被击落，成为日军俘虏，并于日军投降两天后在樟宜战俘营遇害。"二战"结束后，哈里德的职业生涯非常顺利。1973 年，身为海军准将的他接受任命，负责海军情报业务，1975 年晋升为海军少将，并被任命为英国驻美大使馆的海军武官，负责指挥驻扎美国的英国海军人员。1978 年晋升为海军中将和副国防参谋长，1981 年从皇家海军退役，1981—1984 年，他被任命为国防情报组负责人。我很荣幸在他履职的各个阶段都能在其手下任职。在我访问华盛顿期间和之后，他对我的兴趣和职业发展提供了重要支持。

14. 美国海军上将卡莱尔·"卡尔"·特罗斯特（Carlisle "Carl" Trost）

20 世纪 70 年代中期，我在华盛顿任职期间的汇报对象是当时的海军少将卡莱尔·特罗斯特（生于 1930 年 4 月 24 日），大家都叫他"卡尔"。他来自伊利诺伊州，1953 年以第一名的成绩毕业于美国海军学院，之后加入潜艇部队，事业成功，用"杰出"去描述或许更恰当一些。

1986 年 5 月，他受到里根总统的提名，接替詹姆斯·沃特金斯将军，担任海军作战部部长。1986 年 7 月—1990 年 6 月，他一直担任该职务，在此期间我能够直接向这样一位未来的海军作战部长汇报工作。哈里德和特罗斯特这两位将军的职业生涯都是如此出色，我能跟随他们二位，着实始料未及。

15. 美国海军中将小塞缪尔·李·格雷夫利

20 世纪 70 年代中期，我被外派美国期间的最后一站是美国太平洋舰队第 3 舰队的"班布里奇"号核动力巡洋舰（舷号 CGN 25）。我被派去参加代号为"大学冲刺"（Varsity Sprint）的太平洋演习。我们从圣迭戈启航。这次演习让我大开眼界，了解到美国海军的能力是多么惊人。"班布里奇"号巡洋舰不久前刚安装了海军战术数据系统，堪称世界上同类系统中最先进的。我在这艘巡洋舰上获得了大量的实践经验。

"班布里奇"号核动力巡洋舰（舷号 CGN 25）（图片来源：维基共享）

　　第 3 舰队的指挥官是海军中将小塞缪尔·格雷夫利（1922—2004 年）。我在"班布里奇"号巡洋舰上的时候对他有了深入了解。作为美国战舰上服役的第一位非洲裔指挥官，而且是指挥一个编号舰队的将级军官，他的确是一位非同一般的领导者。他和我就许多问题进行了交流，尤其是正在进行的 85 号海战项目、苏联情报问题，以及美国海军和英国皇家海军之间的对比。当我们进行各种队形变换时，他邀请我一起站在"班布里奇"号巡洋舰驾驶室两侧的翼台之上。演习期间，这艘军舰展示了"海军战

美国海军中将塞缪尔·李·格雷夫利（图片来源：阿灵顿国家公墓）

术数据系统"同"小猎犬"导弹系统结合起来之后将会变成功能强大的工具。其间，我还乘坐直升机到其他几艘军舰上进行短期访问，其中包括该战斗群的航空母舰。那是一段愉悦的时光和卓有成效的学习经历，我希望自己的绵薄之力帮到了他们。

我返回英国后，经常与格雷夫利将军互通私人信件，联系一直没有中断。1980 年，他从美国国防部通信局局长的位置上退休，但当时我在伦敦的日程安排使我无法抽身参加他的退休仪式，为此我非常遗憾。直到今天，我都认为他是我有幸认识的优秀人物之一。

致　谢

　　本书主要介绍"五眼联盟"情报世界。自"二战"以来,"五眼联盟"构成了五国情报合作的基石,在这个变化的世界上维护了"五眼"国家的自由和民主。成员国之间建立了"特殊关系",向各自国家领导人提供情报,维护五国的共同利益,而个人层面建立的信任和关系是这种合作赖以延续的最重要因素。在"二战"之后的几十年里,各国之间的"特殊关系"一直延续,并将持久存在下去。在全球政治动荡的时代,这种持续性给西方社会的安全奠定了基石。美国、英国、加拿大、澳大利亚和新西兰之间的情报合作将继续向前发展。

　　本书讲述的就是它们的故事。

　　英美情报部门一直寻求并将继续寻求本国及其他成员国的最大利益和福祉,并尽力实现一个更加宏大的愿景,即确保"全球"未来的安全。美国知名天文学家卡尔·萨根说的很多话都体现了情报人员的精神和宗旨，体现出他们的使命以及通过提供科学的情报去做"正确之事"的责任感。

1990 年 2 月 14 日，"旅行者 1 号"探测器在卡尔·萨根的建议下拍摄了一张地球的照片。当时，"旅行者 1 号"正要离开行星系，飞向太阳系边缘。在最后一次转向观测地球的时候，距离地球 40 多亿公里，在黄道平面上方约 32°的位置，拍摄下来我们赖以生存的地球。地球悬浮在漆黑的太阳系背景中，处在一束散射光线的中心，看起来像一个淡蓝色的小光点，只有 0.12 像素大小。

下面这几段文字摘自天文学家卡尔·萨根于 1994 年出版的《暗淡蓝点》一书：

再来看一眼这个小点。就在这里。这就是家。这就是我们。在这个小点上，每一个你爱的人，每一个你认识的人，每一个你听说过的人，每一个人，无论他是谁，都曾经生活过。我们所有的快乐和挣扎，数以千万自傲的宗教信仰、思想体系、观念意识，以及经济学原理教义，每一个猎人或征服者，每一位勇士或懦夫，每一个文明的缔造者或摧毁者，每一位君王或农夫，每一对陷入爱河的年轻伴侣，每一位为人父母者，所有充满希望的小孩，发明家或探险者，每一位灵魂导师，每一个腐败的政客，每一个所谓的"超级巨星"，每一个所谓的"最伟大领袖"，每一位我们人类史上的圣人或是罪人……我们一切的一切，全部都存在于这样一粒悬浮在一束阳光中的尘埃上。

地球，只是浩瀚宇宙竞技场上一个小小的舞台。想那鲜血流淌成的河流，仍由那些帝王将相挥洒。所以，他们的胜利与荣耀可以让他们成为这样一颗小点的某一区间上瞬间而逝的主人。想想有些永无止境的残暴，竟然就发生在这个小点上某个角落里的一群人与几乎分不出任何区别的同样这一个小点上的另一个角落的另一群人之间。他们之间的误解能有多频繁，他们之间想灭掉对方的愿望能有多迫切，他们之间互相的仇恨能有多炙烈。

我们的故作深沉，我们想象出来的自我重要性，我们以为自己在宇宙里有什么特权的错觉，一直被这颗发着微弱蓝光的小点挑战着。我们的这颗星球是一粒孤孤单单的微尘，被包裹在宇宙浩瀚的黑暗中。在我们有限的认知里，在这一片浩瀚之中，没有任何迹象表明救助会从别处而来，并帮助我们救赎自己。

目前为止，地球是我们唯一所知有生命居住的世界。没有其他地方——至少是在不远的未来里——可供我们这一物种移民。造访是可以的，但尚不能常驻。不管你喜欢还是不喜欢，目前为止只有地球是我们的立足之地。

有人说，天文学是一门令人谦卑的、同时也是塑造性情的学问。也许没有什么能比从遥远太空拍摄到的我们微小世界的这张照片，更能展示人类的自负有多愚蠢。对我而言，这也是在提醒我们的责任所在：更加和善地对待彼此，并维护和珍惜这颗淡蓝色的小点——这个我们目前所知唯一的家园。

注　释

第一章　英美特殊关系的基础（1968—1974 年）

1. The volumes were published in 1979, 1981, 1984, 1988, and 1990.

2. The Old Royal Naval College is today a World Heritage site, designed by Christopher Wren and built between 1696–1712.

第二章　来自苏联的挑战（1974—1978 年）

1. The unclassified product from this work may be read in Bradford Dismukes and James McConnell's, editors, *Soviet Naval Diplomacy* (New York, NY: Pergamon Press, 1979).

2. Readers can find details of the work begun by Admiral Moorer and his board of the USS Liberty Alliance on the Library of Congress website, usslibertydocumentcenter.org, September 2013.

3. The detail is on the Library of Congress website and for just the non-intelligence aspects of the attack on the USS *Liberty* the best book in my opinion is undoubtedly James Scott's *The Attack on the Liberty. The Untold Story of Israel's Deadly 1967 Assault on a US Spy Ship* (New York, NY: Simon & Schuster, 2009).

4. A forward deployment of a military unit is one in which the unit in question is placed such that it is expected to be the first unit to make contact with the enemy or be a lead unit in movement to battle.

第四章　英美特殊关系的鼎盛时期（1983—2001 年）

1. Executive Order Number 12333.

2.All figures from *The World Factbook 2018* (Washington, D.C.: Central Intelligence Agency, 2018).

第五章　"9·11"事件及其影响

1.J. Risen and E. Lichtblau, "Bush Lets U.S. Spy on Callers Without Courts," *New York Times*, December 16, 2005.

2. J. Robertson, "Bush-Era Documents Show Official Misled Congress About NSA Spying" Bloomberg, April 25, 2015.

3. Anthony Wells, "Soviet Submarine Warfare Strategy Assessment and Future US Submarine and Anti-Submarine Warfare Technologies," Defense Advanced Research Projects Agency, March 1988, US Department of Defense.

第六章　情报角色、任务和行动（1990—2018 年）

1. Readers should note that the US does recognize the UNCLOS as a code of customary international law, though it has not ratified the actual treaty.

2. Trump's statement is available online: https://www.whitehouse.gov/ briefings-statements/ remarks-president-trump-joint-comprehensive-plan- action/ (accessed April 23, 2020).

3. *The World Factbook 2019* (Washington, D.C.: Central Intelligence Agency, 2019).

4. House of Commons records, February 27, 1984, Debate 55107, pp. 37–38.

5. Gustav Bertrand, *Enigma ou la plus grande enigma de la guerre 1939–1945* (Paris: Plon Publishing House, 1973), 256.

6. There is an excellent record of these key operations in Desmond Ball and D. M. Horner's *Breaking the Codes: Australia's KGB Network, 1944–1950* (Sydney: Allen & Unwin, 1998).

7. Cunningham Diary, entry for November 21, 1945, British Library, MSS 52578.

8. These words are taken from a Report of the British Joint Intelligence Committee, dated October 29, 1947 (JIC 1947, number 65, "Summary of Principal External Factors Affecting Commonwealth Security," The National Archives).

第七章　面向 21 世纪的"五眼联盟"

1. Bryan Clark, "Undersea cables and the future of submarine competition,"

Bulletin of the Atomic Scientists, June 15, 2016.

2. Kari Bingen, Deputy Secretary of Defense for Intelligence, stated at the Intelligence and National Security Summit hosted by INSA and AFCEA, September 2018, reported by Mark Pomerleau.

3. Quoted by James Vincent in *The Verge*, September 4, 2017, and reported by CNBC.

4. J. Ward, "Sino-Indo Competition in the Maritim Domain," The Jamestown Foundation, Global Research and Analysis, February 2, 2017.

5. R. Danzig, "Former Navy Leader Warns About Fleet Expansion," *National Defense,* January 9, 2018.

附 录

1. Harry Hinsley, *Power and the Pursuit of Peace: Theory and Practice in the History of Relations Between States* (Cambridge: Cambridge University Press, 1962).

2. Anthony Wells, "Studies in British Naval Intelligence, 1880–1945" (D. Phil thesis, King's College, University of London, 1972).

3. D. P. O'Connell, *The Influence of Law on Sea Power* (Manchester: Manchester University Press, 1975); D. P. O'Connell, *The International Law of the Sea* Vol 1 (Oxford: Oxford University Press, 1982).

306

参考文献

Abshagen, K. H. *Canaris*. Translated by A. H. Brodrick. London: Hutchinson, 1956.

Admiralty British. Fuhrer Conference on Naval Affairs. Admiralty 1947. London: Her Majesty's Stationery Office.

Aid, M. *Secret Sentry: The Untold History of the National Security Agency*. New York: Bloomsbury, 2009.

Aldrich, R. J. Editor. *British Intelligence, Strategy, and the Cold War. 1945–1951*. London: Routledge, 1992.

Aldrich, R. J. Editor. *Espionage, Security, and Intelligence in Britain, 1945–1970*. Manchester: Manchester University Press, 1998.

Aldrich R. J. *Intelligence and the war against Japan: Britain, America and the Politics of Secret Service*. Cambridge: Cambridge University Press, 1999.

Aldrich R. J. *The Hidden Hand: Britain, America, and Cold War Secret*

Intelligence. London: John Murray, 2001.

Aldrich R. J., G. Rawnsley and M. Y. Rawnsley, eds. *The Clandestine Cold War in Asia 1945–1965*. London: Frank Cass, 1999.

Aldrich R. J. and M. F Hopkins, eds. *Intelligence, Defense, and Diplomacy: British Policy in the Post War World*. London: Frank Cass, 1994.

Aldrich, Richard J. *GCHQ The Uncensored Story of Britain's Most Secret Intelligence Agency*. London: Harper Press, 2010.

Alsop, Stewart and Braden, Thomas. *Sub Rosa. The OSS and American Espionage*. New York: Reynal and Hitchcock, 1946.

Andrew, C. M. *Secret Service: The Making of the British Intelligence Community*. London: Heinemann, 1985.

Andrew, C. M. *For the President's Eyes Only: Secret Intelligence and the American Presidency from Washington to Bush*. London: Harper Collins, 1995.

Andrew, C. M. *Defense of the Realm. The Official History of the Security Service*. London: Allen Lane, 2009.

Andrew, C. M. and D. Dilks, eds. *The Missing Dimension: Governments and Intelligence Communities in the Twentieth Century*. London: Macmillan, 1982.

Andrew, C. M. and O. Gordievsky. *KGB: The Inside Story*. London: Hodder and Stoughton, 1990.

Andrew, C. M. and V. Mitrokhin. *The Sword and the Shield: The Mitrokhin Archive and the Secret History of the KGB*. New York: Basic Books, 1999.

Arnold, H. *Global Mission. Chief of the Army Air Forces 1938–1946*. New York: Harper,1949.

Assman, K. *Deutsche Seestrategie in Zwei Welkriegen*. Vowinckel. Heidelberg: Heidelberg Press, 1959.

Aston, Sir George. *Secret Service*. London: Faber and Faber, 1939.

Bamford, J. *The Puzzle Palace: America's National Security Agency and its Special Relationship with GCHQ*. London: Sidgwick and Jackson, 1983.

Bamford, J. *Body of Secrets: How NSA and Britain's GCHQ Eavesdrop on the World*. New York: Doubleday, 2001.

Bamford, J. *The Shadow Factory: The Ultra-Secret NSA from 9/11 to Eavesdropping on America*. New York: Doubleday, 2008.

Barrass, Gordon S. *The Great Cold War: A Journey Through the Hall of Mirrors*. Stanford, California: Stanford University, 2009.

Barry and Creasy. *Attacks on the Tirpitz by Midget Submarines*. September 1943. *London Gazette*, July 3, 1947. Beardon, Milton, and James Risen. *The Main Enemy: The Inside Story of the CIA's Final Showdown with the KGB*. London: Penguin Random House, 2003.

Bedell Smith, W. *Eisenhower's Six Great Decisions*. London: Longmans, 1956.

Bennett, G. *Churchill's Man of Mystery: Desmond Morton and the World of Intelligence*. London: Routledge, 2007.

Bennett, R. *Ultra in the West: The Normandy Campaign of 1944–1945*. London: Hutchinson, 1979.

Blackburn, D. and W. Caddell. *Secret Service in South Africa*. London:

Cassell and Company London, 1911.

Belot, R. *The Struggle for the Mediterranean 1939–1945*. Oxford: Oxford University Press, 1951.

Benjamin, R. *Five Lives in One. An Insider's View of the Defence and Intelligence World*. Tunbridge Wells: Parapress, 1996.

Benson, R. L. and R. Warner. *Venona: Soviet Espionage and the American Response, 1939–1957. Menlo Park*. California: Aegean Park Press, 1997.

Bilton, M. and P. Kosminsky. *Speaking Out: Untold Stories from the Falklands War*. Grafton: Grafton, 1987.

Booth, K. *Navies and Foreign Policy*. New York: Croom Helm, 1977.

Borovik, Genrikh. *The Philby Files: The Secret Life of Master Spy Kim Philby—KGB Archives Revealed*. London: Little Brown, 1994.

Brodie, Bernard. *Strategy in the Missile Age*. Princeton: Princeton University Press, 1959.

Brodie, Bernard. *The Future of Deterrence in U.S. Strategy*. California: University of California Press, 1968.

Brodie, Bernard. *War and Politics*. London: Macmillan, 1973.

Buchan, Alastair. *War in Modern Society*. Oxford: Oxford University, 1966

Buchan, Alastair. *The End of the Postwar Era: A New Balance of World Power*. Oxford: Oxford University, 1974.

Cable, James. *Britain's Naval Future*. Annapolis, Maryland: US Naval Institute Press, 1983.

Calvocoressi, P. *Top Secret Ultra*. London: Cassell and Company London, 1980.

Carrington, Lord. *Reflect on Things Past. The Memoirs of Lord Carrington.* London: Collins, 1988.

Carl, Leo D. *The International Dictionary of Intelligence.* Virginia: McLean, 1990.

Carter, Miranda. *Anthony Blunt: His Lives.* London: Farrar, Straus, & Giroux, 2001.

Cater, D. *The Fourth Branch of Government.* Boston: Houghton Mifflin, 1959.

Cavendish, A. *Inside Intelligence.* London: Harper Collins, 1990.

Cherkashin, A. *Spy Handler. Memoirs of a KGB Officer.* New York: Basic Books, 2005.

China. The State Council Information Office of the People's Republic of China: In the New Era. July 2019. This is an open source Chinese government official publication and policy statement.

Clayton, A. *The Enemy is Listening: The Story of the Y Service.* London: Hutchinson, 1980.

Cockburn, Andrew and Leslie: *Dangerous Liaison. The Inside Story of the US-Israeli Covert Relationship.* Place: Harper Collins, 1991.

Cocker, M. P. *Royal Navy Submarines 1901–1982.* London: Frederick Warre Publications, 1982.

Cole, D. J. *Geoffrey Prime: The Imperfect Spy.* London: Robert Hale, 1998.

Colvin, I. *Chief of Intelligence.* London: Gollanz, 1951.

Colomb J. C. R. "Naval Intelligence and the Protection of Shipping in War," *RUSI Journal,* vol. 25 (1882): 553–590.

Compton-Hall, Richard. *Subs versus Subs. The Tactical Technology of Underwater Warfare*. London: David and Charles Publishers, 1988.

Copeland, B. J. *Colossus: The Secrets of Bletchley Park's Code-Breaking Computers*. Oxford: Oxford University Press, 2006.

Corera, Gordon. *MI6: Life and Death in the British Secret Service*. London: Harper Collins, 2012.

Dalein, D. J. *Soviet Espionage*. Oxford: Oxford University Press, 1955.

Deacon, R. *A History of the British Secret Service*. London: Muller, 1969.

De Silva, P. *Sub Rosa: The CIA and the Use of Intelligence*. New York: Times Books, 1978.

Dismukes, B. and McConnell J. *Soviet Naval Diplomacy*. New York: Pergamon Press, 1979.

Driberg, T. *Guy Burgess*. London: Weidenfeld and Nicholson, 1956.

Dulles, Allen. *The Craft of Intelligence*. New York: Harper and Row, 1963.

Dumbrell, J. *Special Relationship: Anglo-American Relations from the Cold War to Iraq*. London: Palgrave, 2006.

Earley, Peter. *Confessions of a Spy: The Real Story of Aldrich Ames*. New York: Putnam & Son, 1997.

Elliott, G. and H. Shukman. *Secret Classrooms. An untold story of the Cold War*. London: St. Ermin's Press, 2002.

Everitt, Nicholas. *British Secret Service during the Great War*. London: Hutchinson, 1920.

Ewing, A. W. *The Man of Room 40. The Life of Sir Alfred Ewing*. London: Hutchinson, 1939.

Fahey, J. A. *Licensed to Spy*. Annapolis, Maryland: US Naval Institute Press, 2002.

Falconer, D. *First into Action: A Dramatic Personal Account of Life in the SBS*. London: Little Brown, 2001.

Fanell, James. "China's Worldwide Military Expansion." Testimony and Statement for the Record. US House of Representatives Permanent Select Committee on Intelligence. Hearing, May 15, 2018. Rayburn Building, Washington DC.

Fishman, Charles. *One Giant Leap. The Impossible Mission that Flew us to the Moon*. New York: Simon and Schuster, 2019.

Fitzgerald, P. and M. Leopold. *Strangers on the Line: A Secret History of Phone-Tapping*. London: Bodley Head, 1987.

Freedman, Sir Lawrence. *Strategy*. Oxford: Oxford University Press, 2013.

Freedman, Sir Lawrence. *Official History of the Falklands Campaign. Volumes 1 and 2*. London: Routledge, 2005.

Freedman, Sir Lawrence and Gamba-Stonehouse, V. *Signals of War: The Falklands Conflict of 1982*. Princeton: Princeton University Press, 1991.

Freedman, Sir Lawrence. *A Choice of Enemies: America Confronts the Middle East*. Oxford: Oxford University Press, 2008.

Friedman, Norman. *Submarine Design and Development. Conway Maritime Press*. London: Conway, 1984.

Friedman, Norman. *The Fifty-Year Conflict: Conflict and Strategy in the Cold War*. Annapolis. Maryland: Naval Institute Press, 2007.

Foote, A. *Handbook for Spies*. London: Museum Press, 1949.

Foot, M. R. D. *SOE in France*. London: Her Majesty's Stationery Office, 1964.

Friedman, W. F. and C. J. Mendelsohn. *The Zimmermann Telegram of January 16, 1917 and its cryptographic background*. US War department, Office of the Chief Signal Officer. Washington DC: US Government Printing Office, 1938.

Frost, M. *Spyworld: Inside the Canadian and American Intelligence Establishments*. Toronto: Doubleday, 1994. Fuchida, Mitsuo and Okumiya Masutake. Edited by Roger Pineau and Clarke Kawakami. *Midway, The Battle that Doomed Japan. The Japanese Navy's Story*. Annapolis, Maryland: Blue Jacket, 1955.

Gaddis, John Lewis. *The Cold War*. London: 2007.

Ganguly, Sumit and Chris Mason. "An Unnatural Partnership? The Future of US-India Strategic Cooperation. Strategic Studies Institute." US Army War College. May 2019.

Gates, Robert. *From the Shadows: The Ultimate Insider's Story of Five Presidents and How They Won the Cold War*. New York: Simon & Schuster, 2006.

George, James, ed. *The Soviet and Other Communist Navies*. Annapolis, Maryland: US Naval Institute Press, 1986.

Godfrey, Vice Admiral John. *Naval Memoirs*. London: National Maritime Museum Greenwich, 1965.

Goodman, M. S. *Spying on the Nuclear Bear: Anglo-American Intelligence and the Soviet Bomb*. Stanford, California: Stanford University Press, 2007.

Gordievsky, Oleg. *Next Stop Execution: The Autobiography of Oleg Gordievsky*. London: Whole Story, 1995.

Graham, G. S. *The Politics of Naval Supremacy*. Cambridge: Cambridge University Press, 1965.

Grant, R. M. *U-Boat Intelligence, 1914–1918*. Connecticut: Hamden, 1969.

Grayson, W. C. *Chicksands. A Millennium History*. London: Shefford Press, 1992.

Grimes, Sandra, and Jeanne Vertefeuille. *Circle of Treason: A CIA Account of Traitor Aldrich Ames and the Men He Betrayed*. Annapolis, Maryland: Naval Institute Press, 2012.

Halevy, Efraim. *Man in the Shadows. Inside the Middle East Crisis with a man who led the Mossad.* London: Weidenfeld and Nicholson, 2006.

Harper, Stephen. *Capturing Enigma. How HMS Petard Seized the German Naval Codes*. London: The History Press, 2008.

Hastings, Max with Simon Jenkins. *The Battle for the Falklands*. New York: W.W. Norton and Company, 1983.

Healey, D. *The Time of My Life*. London: Michael Joseph, 1989.

Helms, Richard. *A Look over My Shoulder: A Life in the Central Intelligence Agency*. New York: Random House, 2003.

Hendrick, B. J. *The Life and Letters of Walter H. Page*. Garden City, New York: Yale University Press, 1922.

Herman, M. *Intelligence Power in Peace and War*. Cambridge: Cambridge University Press, 1992.

Herman, M. *Intelligence Services in the Information Age*. London: Cassell and Company London, 2001.

Higham, R. *Armed Forces in Peacetime. Britain 1918–1940. A Case Study*. London: Foulis Press, 1963.

Hill, Rear Admiral J. R. *Anti-Submarine Warfare*. United States Naval Institute Press. Annapolis, Maryland. 1985.

Hill, Rear Admiral J. R., ed. *Oxford Illustrated History of the Royal Navy*. Oxford: Oxford University Press, 1995. Hill, Rear Admiral J. R. *Lewin of Greenwich. The Authorized Biography of Admiral of the Fleet Lord Lewin*. London: Cassell and Company London, 2000.

Hillsman, Roger. *Strategic Intelligence and National Decisions*. Cambridge: Cambridge University Press, 1956.

Hinsley, F. H. *British Intelligence in the Second World War*. London: Her Majesty's Stationery Office, 1979–1990.

Hinsley, F. H. *Hitler's Strategy*. Cambridge: Cambridge University Press, 1951.

Hinsley, F. H. and A. Stripp, eds. *Code-Breakers: The Inside Story of Bletchley Park*. Oxford: Oxford University Press, 1993.

Hoffman, David E. *The Billion Dollar Spy: A True Story of Cold War Espionage and Betrayal*. New York: Penguin Random House, 2015.

Hollander, Paul. *Political Will and Personal Belief: The Decline and Fall of Soviet Communism*. New Haven, Connecticut: Yale University, 1999.

Howard, Sir Michael. *Captain Professor: A Life in War and Peace*. New York: Continuum Press, 2006.

Howard, Sir Michael. *Liberation or Catastrophe: Reflections on the History of the 20th Century*. London: A and C Black, 2007.

Howe, Geoffrey. *Conflict of Loyalty*. London: Macmillan, 1994.

Hunt, Sir David. *A Don at War*. London: Harper Collins, 1966.

International Institute for Strategic Studies (IISS). *The Military Balance Collection*. London: IISS, 2020.

Ireland, Bernard. With Eric Grove. *War at Sea 1897–1997*. London: Harper Collins and Janes, 1997. James, Admiral Sir William. "The Eyes of the Navy. Room 40." *Edinburgh University Journal*, No. 22 (Spring 1965): 50–54.

Janes Fighting Ships. London: Janes Publishing, 1960–2015.

Jeffery, Keith. *MI6: The History of the Secret Intelligence Service, 1909–1949*. London: Penguin Random House, 2010.

Jenkins, R. *Life at the Centre*. London: Macmillan, 1991.

Johnson, Adrian L., ed. *Wars in Peace*. London: Royal United Service Institution, 2014.

Johnson, T. R. *American Cryptology during the Cold War, 1945–1989*. Volumes 1–4. United States National Security Agency. Declassified in 2009.

Jones, Nate, ed. *Able Archer '83: The Secret History of the NATO Exercise that Almost Triggered Nuclear War*. New York: The New Press, 2016.

Jones, R. V. *Most Secret War*. London: Hamish Hamilton Limited, 1978.

Kagan, Neil and Stephen G. Hyslop. *The Secret History of World War 2*. Washington DC: National Geographic.

Kahn, David. *The Codebreakers*. London: Weidenfeld & Nicholson, 1966.

Kalugin, O. and F. Montaigne. *The First Directorate: My First 32 years in intelligence and espionage against the West—the ultimate memoirs of a Master Spy*. New York: St. Martin's Press, 1994.

Kendall, W. "The Functions of Intelligence." *World Politics*, No. 4, vol. 1 (July 1949): 542–552.

Kegan, John. *Intelligence in War*. New York: Vintage Books & Random House, 2002.

Kendall, Bridget. *The Cold War: A New Oral History of Life Between East and West*. London: Penguin Books, 2018.

Kent, S. *Strategic Intelligence for American World Policy*. Oxford: Oxford University Press, 1949.

Korbel, J. *The Communist Subversion of Czechoslovakia, 1938–1948*. Oxford: Oxford University Press, 1959.

Kot, S. *Conversations with the Kremlin and Dispatches from Russia*. Oxford: Oxford University Press, 1963.

Krupakar, Jayanna. "Chinese Naval Base in the Indian Ocean. Signs of a Maritime Grand Strategy." *Strategic Analysis*, No. 3, vol. 41 (2017): 207–222.

Lamphere, R. J. and T. Shachtman. *The FBI-KGB war: A Special Agent's Story*. London: W. H. Allen, 1986.

Lewis, Norman. *The Honoured Society*. London: Collins, 1964.

Liddell-Hart, Sir B. H. *Strategy—the Indirect Approach*. London: Faber & Faber, 1954.

Liddell-Hart, Sir B. H. *The Other Side of the Hill*. London: Cassell, 1951.

Liddell-Hart, Sir B. H. *Memoirs in Two Volumes*. London: Cassell, 1965.

Liddell-Hart, Sir B. H. *The Real War, 1914–1918*. Boston: Little Brown & Company, 1930.

Lockhart, Sir Robert Bruce. *Memories of a British Agent*. London: Putnam, 1932.

Lockhart, Robin. *The Ace of Spies*. London: Hodder & Stoughton, 1967.

Lyubimov, Mikhail. *Notes of a Ne'er-Do-Well Rezident or Will-o'-the-Wisp*. Moscow: 1995.

Lyubimov, Mikhail. *Spies I Love and Hate*. Moscow: AST Olimp, 1997.

Macintyre, Ben. *The Spy and the Traitor*. London: Crown Publishing Group, 2018.

Marder, A. J. *From the Dreadnought to Scapa Flow*. 5 Volumes. Oxford: Oxford University Press, 1940.

Marder, A. J. *The Anatomy of British Sea Power*. New York: Alfred Knopf, 1940.

Martin, Sir Laurence. *Arms and Strategy*. London: Weidenfeld & Nicholson, 1973.

Mathams, R. H. *Sub-Rosa: Memoirs of an Australian Intelligence Analyst*. Sydney: Allen & Unwin, 1982.

McGehee, R. W. *Deadly Deceit: My 25 Years in the CIA*. New York: Sheridan Square, 1983.

McKay, Sinclair. *The Secret Life of Bletchley Park*. London: Aurum Press Limited, 2010.

McKay, Sinclair. *The Lost World of Bletchley Park*. London: Aurum Press

Limited, 2013.

McKay, Sinclair. *The Secret Listeners*. London: Aurum Press Limited, 2013.

McKnight, D. *Australia's Spies and Their Secrets*. London: University College London Press, 1994.

McLachlan, Donald. *Room 39. Naval Intelligence in Action, 1939–1945*. London: Weidenfeld & Nicholson, 1968.

Mikesh, R. C. B-57: *Canberra at War*. London: Ian Allan, 1980.

Mitchell, M. and T. Mitchell. *The Spy Who Tried to Stop a War: Katharine Gun and the Secret Plot to Sanction the Iraq Invasion*. London: Polipoint Press, 2008.

Monat, P. *Spy in the US*. New York: Harper & Row, 1961.

Montagu, E. E. S. *The Man Who Never Was*. London: Evans Brothers, 1953.

Montgomery Hyde, H. *George Blake: Superspy*. London: Futura, 1987.

Moore, Charles. *Margaret Thatcher: The Authorized Biography. Volume 2. Everything She Wants*. London: Allen Lane, 2015.

Moorehead, A. *The Traitors*. London: Hamish Hamilton, 1952.

Morley, Jefferson. *The Ghost: The Secret Life of CIA Spymaster James Jesus Angleton*. London: St. Martin's Press, 2017.

Murphy, D. E., S. A. Kondrashev and G. Bailey. *Battleground Berlin: CIA vs. KGB in the Cold War*. New Haven: Yale University Press, 1997.

Nicolai, Colonel W. *The German Secret Service*. Translated by G. Renwick. Frankfurt am Main: Fischer, 2007.

Nott, J. *Here Today Gone Tomorrow: Recollections of an Errant Politician*. London: Politico's, 2002.

Oberdorfer, Don. *From the Cold War to a New Era: The United States and the Soviet Union, 1983–1991*. Baltimore, Maryland: John Hopkins University Press, 1998.

Orlov, Alexander. *Handbook of Intelligence and Guerrilla Warfare*. London: Cresset Press, 1963.

Packard, W. *A Century of Naval Intelligence*. Washington DC: Office of Naval Intelligence, 1996.

Parrish, T. *The Ultra Americans: The US Role in Breaking Nazi Codes*. New York: Stein and Day, 1986.

Parker, Philip, Editor. *The Cold War Spy Pocket Manual*. Oxford: Pool of London Press, 2015.

Paterson, M. *Voices of the Codebreakers: Personal Accounts of the Secret Heroes of World War Two*. Newton Abbot: David and Charles, 2007.

Pavlov, V. *Memoirs of a Spymaster: My Fifty Years in the KGB*. New York: Carroll and Graf., 1994.

Pawle, G. *The Secret War*. London: Harrap, 1972.

Pearson, John. *The Life of Ian Fleming*. London: Jonathan Cape, 1966.

Petter, G. S. *The Future of American Secret Intelligence*. Washington DC: Hoover Press, 1946.

Petrov, Vladimir and Evdokia. *Empires of Fear*. London: Andre Deutsch, 1956.

Philby, Kim. *My Silent War*. New York: Grove Press, 1968.

Pincher, C. *Too Secret Too Long*. London: Sidgwick and Jackson, 1984.

Pincher, C. *Traitors: Labyrinths of Treason*. London: Sidgwick and

Jackson, 1987.

Pincher, Chapman. *Treachery: Betrayals, Blunders, and Cover Ups: Six Decades of Espionage*. Edinburgh: Mainstream Publishing, 2012.

Polmar, Norman. *The Ships and Aircraft of the US Fleet*. Volumes. Annapolis, Maryland: United States Naval Institute Press, 1984.

Powers, T. *The Man who Kept the Secrets: Richard Helms and the CIA*. London: Weidenfeld and Nicholson, 1979.

Pratt, F. *Secret and Urgent. The Story of Codes and Ciphers*. London: Robert Hale, 1939.

Primakov, Yevgeny. *Russian Crossroads: Toward the New Millennium*. New Haven, Connecticut: Yale, 2004.

Prime, R. *Time of Trial: The Personal Story Behind the Cheltenham Spy Scandal*. London: Hodder & Stoughton, 1984.

Raeder, E. *Struggle for the Sea*. Translated by Edward Fitzgerald. London: Kimber, 1959.

Ramsay, Sir Bertram Home. "The Evacuation from Dunkirk, May–June 1940," *The London Gazette*, July 17, 1947.

Ramsay, Sir Bertram Home. "Assault Phases of the Normandy Landings, June 1944," *The London Gazette*, October 30, 1947.

Ranft, Bryan, ed. *Technical Change and British Naval Policy 1860–1939*. London: Hodder and Stoughton, 1977.

Ranelagh, J. *The Agency: The Rise and Decline of the CIA*. New York: Simon and Shuster, 1986.

Ranft, Bryan. "The Naval Defense of British Sea-Borne Trade, 1860–1905."

D.Phil thesis, Balliol College, Oxford University, 1967.

Ransom, H. H. *Central Intelligence and the National Security*. Oxford: Oxford University Press, 1958.

Ratcliffe, P. *Eye of the Storm: Twenty-Five Years in Action with the SAS*. London: Michael O'Mara, 2000.

Rej, Abhijnan. "How India's Defense Policy Complicates US-India Military Cooperation." US Army War College. February 26, 2019. https://warroom. armywarcollege.edu/articles/indias-defense-policy-and-us/

Richelson, J. *A Century of Spies: Intelligence in the Twentieth Century*. Oxford: Oxford University Press, 1995.

Richelson, J. *The US Intelligence Community*. New York: Ballinger, 1989.

Richelson, J. *The Wizards of Langley: Inside the CIA's Directorate of Science and Technology*. Boulder, Colorado: Westview Press, 2001.

Richelson, J. and D. Ball. *Ties that Bind: Intelligence Cooperation Between the UKUSA Countries*. Boston: Allen and Unwin, 1985.

Report of the Security Commission, May 1983. Cmnd 8876. Her Majesty's Stationery Office, 1983.

Report of the Security Commission, October 1986. Cmnd 9923. Her Majesty's Stationery Office, 1986.

Rintelen, Captain Franz Von. *The Dark Invader*. London: Peter Davis, 1933.

Roberts, Captain Jerry. *Lorenz. Breaking Hitler's Top Secret Code at Bletchley Park*. Cheltenham: The History Press, 2017.

Roskill, S. W. *The War at Sea. 1939–1945*. Three Volumes. London: Her Majesty's Stationery Office, 1954–1961.

Roskill, S. W. *Hankey, Man of Secrets*. London: Collins, 1969.

Rowan, R. W. *The Story of Secret Service*. London: Miles, 1938.

Ruge, F. *Sea Warfare 1939–1945. A German Viewpoint*. Translated by M. G. Saunders. London: Cassell, 1957.

Ryan, C. *The Longest Day, June 6, 1944*. New York: Simon & Schuster, 1960.

Sainsbury, A. B. *The Royal Navy Day by Day*. London: Ian Allen Publications, 1993.

Saran, Samir & Verma Richard Rahul. "Strategic Convergence: The United States and India as Major Defense Partners." Observer Research Foundation (ORF), June 25, 2019.

Scott, James. *The Attack on the Liberty. The Untold Story of Israel's Deadly 1967 Assault on a US Spy Ship*. New York: Simon & Schuster, 2009.

Schelling, W. R. *Strategy, Politics, and Defense Budgets*. New York: Columbia University Press, 1962.

Schull, J. *The Far Distant Ships. An Official Account of Canadian Naval Operations in the Second World War*. Ottawa: Ministry of National Defence, 1962.

Schurman, D. M. *The Education of a Navy: The Development of British Naval Strategic Thought, 1867–1914*. Oxford: Oxford University Press, 1966.

Sebag Montefiore, Simon. *Stalin: The Court of the Red Tsar*. London: Vintage, 2003.

Showell, Jak P. Mallmann. *German Naval Code Breakers*. London: Ian Allan

Publishing, 2003.

Sides, Hampton. *On Desperate Ground. The Marines at the Reservoir. The Korean War's Greatest Battle*. New York: Doubleday, 2018.

Sillitoe, Sir Percy. "My Answer to Critics of MI5." *The Sunday Times*, November 22, 1953.

Singh, Zorawar Daulet. "Foreign Policy and Sea Power. India's Maritime Role." Center for Policy Research, Delhi. *Journal of Defense Studies*, No. 4, (2017).

Smith, B. F. *The Ultra-Magic Deals and the Most Secret Special Relationship 1940–1946*. Shrewsbury: Airlife Publishing, 1993.

Smith, B. F. *Sharing Secrets with Stalin: How the Allies Traded Intelligence, 1941–1945*. Kansas: University of Kansas Press, 1996.

Smith, M. *New Cloak. Old Dagger: How Britain's spies came in from the cold*. London: Victor Gollanz, 1996.

Smith, M. *Station X: The Code-Breakers of Bletchley Park*. London: Channel Four Books, 1998.

Smith, M. *The Emperor's Codes: Bletchley Park and the Breaking of Japan's Secret Ciphers*. London: Bantam, 2000.

Smith, M. *The Spying Game: A Secret History of British Espionage*. London: Politico's, 2003.

Smith, M. *Killer Elite: The Inside Story of America's Most Secret Operations Team*. New York: St. Martin's Press, 2007.

Smith, M. and R. Erskine, eds. *Action this Day: Bletchley Park from the breaking of the Enigma Code to the Birth of the Modern Computer*.

London: Bantam, 2001.

Sontag, S. and Drew, C. *Blind Man's Bluff: The Untold Story of American Submarine Espionage*. New York: Public Affairs, 1998.

Stafford, D. *Spies Beneath Berlin*. Second Edition. London: John Murray, 2002.

Stein, H., ed. *American Civil-Military Decisions*. Birmingham, Alabama: University of Alabama Press, 1963.

Steinhauer, G. and Felsted, S. T. *The Kaiser's Master Spy*. London: John Lane, Bodley Head, 1930.

Strip, A. J. *Code Breakers in the Far East*. London: Frank Cass, 1989.

Strong, Major General Sir Kenneth. *Intelligence at the Top*. London: Cassell, 1968.

Sudoplatov, P. *Special Tasks: The Memoirs of an Unwanted Witness—a Soviet Spymaster*. London: Little Brown, 1994.

Sunday Express Magazine, London. *War in the Falklands: The Campaign in Pictures*. London: Weidenfeld & Nicholson Ltd, 1982.

Svendsen, A. *Intelligence Cooperation and the War on terror: Anglo-American Security Relations after 911*. London: Routledge, 2009.

Thakur, Arvind and Michael Padgett. "Time is Now to Advance US-India Defense Cooperation," *National Defense*, May 31, 2018.

Thatcher, M. *The Downing Street Years*. London: Harper Collins, 1993.

Thomas, R. *Espionage and Secrecy: The Official Secrets Act 1911–1989 of the United Kingdom*. London: Routledge, 1991.

Thompson, Julian. *No Picnic. 3 Commando Brigade in the South*

Atlantic 1982. New York: Hippocrene Books, 1985.

Thompson, Tommy. "The Kremlinologist. Briefing Book Number 648." George Washington University, November 2018.

Thomson, Sir Basil. *The Story of Scotland Yard*. London: Grayson & Grayson, 1935.

Trento, Joseph J. *The Secret History of the CIA*. Roseville, California: Prima Publishing, 2001.

Tuchman, Barbara W. *The Zimmermann Telegram*. New York: Viking Press, 1958.

Toynbee, A., ed. *Survey of International Relations, 1939–1946*. Oxford: Oxford University Press, 1952.

United States Department of Defense. "Preparedness, Partnerships, and Promoting a Networked Region." Indo-Pacific Strategy Report. Washington DC, June 1, 2019.

United States Department of Defense. Soviet Military Power. An annual publication from September 1981 to September 1990. This series may be obtained from the Superintendent of Documents, US Government Printing Office, Washington DC, 20402. This outstanding series, contains extensive unclassified detail of Soviet: Policies and Global Ambitions; Forces for Nuclear Attack; Strategic Defense and Space Operations; Forces for Theater Operations; Readiness, Mobility, and Sustainability; Research, Development, and Production; Political-Military and Regional Policies; The US response.

United States Department of State. "Intelligence: A Bibliography of its

Functions, Methods, and Techniques." Part 1. December 1948. Part 2. April 1949.

Urban, M. *UK Eyes Alpha: The Inside Story of British Intelligence*. London: Faber and Faber, 1996. Vickers, Philip. *A Clear Case of Genius. Room 40's Code-breaking Pioneer. Autobiography of Admiral Sir Reginald Hall*. Cheltenham: The History Press, 2017.

Vincent. J. *The Culture of Secrecy: Britain 1832–1988*. Oxford: Oxford University Press, 1998.

Waters, D. W. *A Study of the Philosophy and Conduct of Maritime War, 1815–1945*. Parts 1 and 2. Published privately. Copies are in the UK Ministry of Defence Library (Navy), and the National Maritime Museum, London.

Weiner, Tim, David Johnston and Neil A. Lewis. *Betrayal: The Story of Aldrich Ames, an American Spy*. London: Penguin Random House, 1996.

Wells, Anthony. "The 1967 June War: Soviet Naval Diplomacy and the Sixth Fleet—A Reappraisal." Center for Naval Analyses, Professional Paper 204, 1977, Department of the Navy.

Wells, Anthony. "NATO and US Carrier Deployment Policies." Center for Naval Analyses, February 1977, Department of the Navy.

Wells, Anthony. "Sea War'85 Scenario." With Captain John L. Underwood, United States Navy. *Center for Naval Analyses*, April 1977, Department of the Navy.

Wells, Anthony. "NATO and Carrier Deployment Policies: Formation of a new Standing Naval Strike Force in NATO." Center for Naval Analyses,

April 1977, Department of the Navy.

Wells, Anthony. "The Application of Drag Reduction and Boundary Layer Control Technologies in an Experimental Program." Report for the Chief Naval Architect, Vickers Shipbuilding and Engineering Ltd, January 1986.

Wells, Anthony. "Preliminary Overview of Soviet Merchant Ships in SSBN Operations and Soviet Merchant Ships and Submarine Masking." SSBN Security Program, Department of the Navy, 1986, US Navy Contract N00016-85-C-0204.

Wells, Anthony. "SSBN Port Egress and the Non-Commercial Activities of the Soviet Merchant Fleet: Concepts of Operation and War Orders for Current and Future Anti-SSBN Operations." SSBN Security program, 1986, Department of the Navy, US Navy Contract N136400.

Wells, Anthony. "Overview Study of the Maritime Aspects of the Nuclear Balance in the European Theater." US Department of Energy Study for the European Conflict Analysis Project, October 1986, US Department of Energy.

Wells, Anthony. "The Soviet Navy in the Arctic and North Atlantic." *National Defense*, February 1986. Wells, Anthony. "Soviet Submarine Prospects 1985–2000," *The Submarine Review*, January 1986.

Wells, Anthony. "A New Defense Strategy for Britain." *Proceedings of the United States Naval Institute*, March 1987.

Wells, Anthony. "Presence and Military Strategies of the USSR in the Arctic." Quebec Center for International Relations, Laval University

Press, 1986.

Wells, Anthony. "Soviet Submarine Warfare Strategy Assessment and Future US Submarine and Anti-Submarine Warfare Technologies." Defense Advanced Research Projects Agency, March 1988, US Department of Defense.

Wells, Anthony. "Operational Factors Associated with the Software Nuclear Analysis for the UGM-109A Tomahawk Submarine-launched Land Attack Cruise Missile Combat Control System Mark 1." Department of the Navy, 1989.

Wells, Anthony. "Real Time Targeting: Myth or Reality." *Proceedings of the United States Naval Institute,* August 2001.

Wells, Anthony. "US Naval Power and the Pursuit of Peace in an Era of International Terrorism and Weapons of Mass Destruction." *The Submarine Review*, October 2002.

Wells, Anthony. "Limited Objective Experiment ZERO." The Naval Air Systems Command, July 2002, Department of the Navy.

Wells, Anthony. "Transformation—Some Insights and Observations for the Royal Navy from Across the Atlantic." *The Naval Review*, August 2003.

Wells, Anthony. "Distributed Data Analysis with Bayesian Networks: A Preliminary Study for the Non-Proliferation of Radioactive Devices." With Dr. Farid Dowla and Dr. G. Larson, December 2003, The Lawrence Livermore National Laboratory.

Wells, Anthony. "Fiber Reinforced Pumice Protective Barriers: To mitigate the effects of suicide and truck bombs." Final Report and recommendations. With Professor Vistasp Kharbari, Professor of Structural Engineering, University of California, San Diego, August 2006. For the Naval Air Systems Command, Department of the Navy. Washington DC.

Wells, Anthony. "Weapon Target Centric Model. Preliminary Modules and Applications. Two Volumes." Principal Executive Officer Submarines, August 2007, Naval Sea Systems Command, Department of the Navy.

Wells, Anthony. "They Did Not Die in Vain. USS Liberty Incident—Some Additional Perspectives." *Proceedings of the United States Naval Institute,* March 2005.

Wells, Anthony. "Royal Navy at the Crossroads: Turn the Strategic Tide. A Way to Implement a Lasting Vision." *The Naval Review*, November 2010.

Wells, Anthony. "The Royal Navy is Key to Britain's Security Strategy." *Proceedings of the United States Naval Institute*, December 2010.

Wells, Anthony. "The Survivability of the Royal Navy and a new Enlightened British Defense Strategy." *The Submarine Review*, January 2011.

Wells, Anthony. "A Strategy in East Asia that can Endure." *Proceedings of the United States Naval Institute*, May 2011. Reprinted in *The Naval Review*, August 2011, by kind permission of the United States Naval Institute.

Wells, Anthony. "Tactical Decision Aid: Multi intelligence capability for National, Theater, and Tactical Intelligence in real time across geographic pace and time." May 2012, Department of the Navy and US

National Intelligence community.

Wells, Anthony. "Submarine Industrial Base Model: Key industrial base model for the US Virginia Class nuclear powered attack submarine." With Dr. Carol V. Evans. Principal Executive Officer Submarines, Naval Sea Systems Command, Department of the Navy.

Wells, Anthony. "The United States Navy, Jordan, and a Long-Term Israeli-Palestinian Security Agreement." *The Submarine Review*, Spring 2013.

Wells, Anthony. "Admiral Sir Herbert Richmond: What would he think, write and action today?" *The Naval Review Centenary Edition*, February 2013.

Wells, Anthony. "Jordan, Israel, and US Need to cooperate for Missile Defense." *United States Naval Institute News*, March 2013.

Wells, Anthony. "A Tribute to Admiral Sir John 'Sandy' Woodward." *United States Naval Institute News,* August 2013.

Wells, Anthony. "USS Liberty Document Center." Edited with Thomas Schaaf. A document web site produced by SiteWhirks, Warrenton, Virginia. September 2013. This site was transferred to the United States Library of Congress in April 2018, to be maintained in perpetuity for the benefit of scholars, analysts, and historians. USSLibertyDocumentCenter. org.

Wells, Anthony. "The Future of ISIS: A Joint US–Russian Assessment." With Dr. Andrey Chuprygin. *The Naval Review*, May 2015.

Wells, Anthony. *A Tale of Two Navies. Geopolitics, Technology, and Strategy in the United States Navy and the Royal Navy, 1960–2015.* Annapolis, Maryland: United States Naval Institute Press, 2017.

Wells, Anthony & Phillips, James W, Captain US Navy (retired). "Put the Guns in a Box." *Proceedings of the United States Naval Institute*, Annapolis, Maryland, June 2018.

Wemyss, D. E. G. *Walker's Group in the Western Approaches*. Liverpool: Liverpool Post and Echo, 1948.

Werner, H. A. *Iron Coffin. A Personal Account of German U-boat Battles of World War Two*. London: Arthur Barker, 1969.

West, N. *A Matter of Trust: MI5 1945–1972*. London: Weidenfeld and Nicholson, 1982.

West, N. *GCHQ: The Secret Wireless War, 1900–1986*. London: Weidenfeld and Nicholson, 1986.

West, N. *The Secret War for the Falklands*. London: Little Brown, 1997.

West, N. *Venona*. London: Harper Collins, 1999.

West, N. *At Her Majesty's Secret Service: The Chiefs of Britain's Intelligence Agency, MI6*. London: Greenhill Books, 2006.

Westad, Odd Arne. *The Cold War: A World History*. Oxford: Oxford University Press, 2017.

Wheatley, R. *Operation Sea Lion. German Plans for the Invasion of England, 1939–1942*. Oxford: Clarendon Press, 1958.

Wilkinson, N. *Secrecy and the Media: The Official History of the UK's D-Notice System*. London: Routledge, 2009.

Wilmot, C. *The Struggle for Europe*. London: Harper Collins, 1952.

Wilson, H. *The Labour Government 1964–1970: A Personal Record*. London: Michael Joseph, 1971.

五眼联盟

Winterbotham, F. *The Ultra Secret*. London: Weidenfeld & Nicholson, 1974.

Wohlstetter, R. *Pearl Harbor, Warning and Decision*. London: Methuen, 1957.

Wolin, S. and R. M. Slusser. *The Soviet Secret Police*. London: Methuen, 1957.

Womack, Helen, ed. *Undercover Lives: Soviet Spies in the Cities of the World*. London: Orion Publishing Company, 1998.

Wood, D. and D. Dempster. *The Narrow Margin*. London: Hutchinson, 1961.

Woodward, Admiral Sir John "Sandy." *One Hundred Days. The Memoirs of the Falklands Battle Group Commander*. With Patrick Robinson. Annapolis, Maryland: United States Naval Institute Press, 1992.

Woodward, L. *My Life as a Spy*. London: Macmillan, 2005.

Wright, P, with Greengrass, Paul. *Spycatcher. The Candid Autobiography of a Senior Intelligence Officer*. New York: Viking, 1987.

Wylde, N., ed. *The Story of Brixmis, 1946–1990*. Arundel: Brixmis Association, 1993.

Young, J. and J. Kent. *International Relations Since 1945*. Oxford: Oxford University Press, 2004.

Young, J. W. *The Labour Governments, 1964–1970: International Policy*. Manchester: Manchester University Press, 2003.

Zimmerman, B. *France, 1944. The Fatal Decisions*. London: Michael Joseph, 1956.